Pregunta a tus Guías

2ª edición: octubre 2008

Título original: ASK YOUR GUIDES
Traducido del inglés por Julia Fernández Treviño
Diseño de portada: Editorial Sirio, S.A.

©   de la edición original
     2006, Sonia Choquette

©   de la presente edición
     EDITORIAL SIRIO, S.A.   **EDITORIAL SIRIO**   **ED. SIRIO ARGENTINA**
     C/ Panaderos, 14   Nirvana Libros S.A. de C.V.   C/ Paracas 59
     29005-Málaga   Camino a Minas, 501   1275- Capital Federal
     España   Bodega nº 8 , Col. Arvide   Buenos Aires
                                  Del.: Alvaro Obregón   (Argentina)
                                  México D.F., 01280

www.editorialsirio.com
E-Mail: sirio@editorialsirio.com

I.S.B.N.: 978-84-7808-546-0
Depósito Legal: B-48.488-2008

Impreso en los talleres gráficos de Romanya/Valls
Verdaguer 1, 08786-Capellades (Barcelona)

Printed in Spain

SONIA CHOQUETTE

Pregunta a tus Guías

editorial irio, s.a.

A mis maravillosos guías Joachim, los Emisarios del Tercer Rayo, Rose, Joseph, los Tres Obispos, las Hermanas Pleyadianas, Dot, Charlie, el doctor Tully y a todos los demás ayudantes celestiales. Y también a mis más amados guías terrenales, incluyendo a mi madre y a mi padre, mi hermana Cuky, mi marido, Patrick, y mis queridas hijas, Sonia y Sabrina.

Un día cualquiera

La semana pasada me ví obligada a quedarme en casa y confinada en la cama durante cinco días, debido a una fuerte gripe. Me sentía inquieta y ansiosa de cambiar de escenario pero todavía muy baja de energía, de modo que la salida más ambiciosa a la que podía aspirar era ir a recoger a mi hija a la casa de su profesora particular.

Después de salir de casa y conducir unas pocas calles, el cielo se oscureció aún más de lo que ya estaba y, repentinamente, una extraña tormenta eléctrica irrumpió entre las nubes. En medio de un pesado tráfico y sin advertencia previa, mi coche comenzó a hacer explosiones, se detuvo con una sacudida y, para mi desesperación, se negó a volver a arrancar. Me las arreglé como pude para salir de en medio del tráfico y aparcar junto al bordillo; allí intenté ponerlo en marcha varias veces sin ningún éxito; el motor parecía estar completamente muerto. «¡Caray!», chillé para desahogar la frustración que me producía encontrarme en semejante aprieto. Con unas décimas de fiebre mermando mi energía, aquello era lo único que me faltaba para sentirme aún peor. Para colmo, mi hija estaba esperando que pasara a recogerla y la llevara pronto a casa para llegar a tiempo a su siguiente clase particular.

Cogí el móvil y llamé a mi marido, Patrick, para pedirle ayuda pero me comunicó que no podría llegar antes de una hora, pues estaba atrapado en el mismo atasco, aunque en el otro extremo de la ciudad. Desesperada y compadeciéndome de mí misma —por no mencionar la preocupación que me embargaba al pensar que mi hija estaba esperándome bajo la lluvia— comencé a rezar. Pregunté a mis ayudantes espirituales, mis guías, si alguno de ellos conocía a un mecánico en el reino espiritual y, de ser así, si podían pedirle que arreglara mi coche de inmediato. Luego me quedé sentada en silencio —calmando mi frustración, rindiéndome a mis miedos y abriendo mi corazón.

«Sé que podéis ayudarme, y estaría muy agradecida de que lo hicierais. Os pido que simplemente me hagáis saber qué es lo que debo hacer», entoné.

Súbitamente, tuve el impulso de frotar mis manos para generar calor y colocarlas sobre el salpicadero. Entonces escuché un mensaje telepático: «Pásale al coche tu energía. No te preocupes si te sientes débil, coloca las manos sobre el salpicadero y deja que tu corazón reviva el motor».

Como tengo absoluta confianza en mis guías y acepto sus consejos sin cuestionarlos, hice exactamente lo que me indicaban y pronto pude visualizar la energía que salía de mi corazón y que, tras recorrer mi cuerpo, llegaba hasta el coche.

Y entonces escuché: «Ya está». Con una mano sobre el volante, respiré profundamente e intenté poner en marcha el motor que, tras una pequeña explosión... ¡volvió a la vida otra vez!

Entonces me reí de forma ruidosa, se lo agradecí profundamente a mis guías y grité: «¡Sois los mejores! Sabía que me ayudaríais».

Durante unos minutos permanecí sentada escuchando el motor para asegurarme de que estaba listo para empezar a rodar y luego, sin más complicaciones, me encontré otra vez en camino.

Cinco minutos más tarde había dejado de llover y yo llegaba a la casa de la profesora de mi hija en el preciso momento en que ella aparecía por la puerta. Entrando de un salto en el coche, me dijo: «Siento haberme retrasado; la clase duró unos minutos más de lo normal».

«No hay problema —respondí sonriente— acabo de llegar.»

Salvada una vez más por los espíritus que me ayudan cada vez que los invoco, me dirigí alegremente hacia nuestra casa. Así es un día de mi vida —llena de guías, ángeles y ayudantes del Otro Lado, que siempre están presentes para hacer mi vida más fácil.

Lo que podemos esperar

Me crié en una casa llena de guías espirituales de todo tipo. Mi madre me presentó a mis guías cuando era aún muy pequeña y, gradualmente, fui tomando conciencia de todas mis compañías espirituales. Ella hablaba todo el tiempo con sus guías, y también con los míos. Fue la primera en hacerme saber que nunca estaba sola porque dichos guías me habían sido asignados para vigilarme, ayudarme, enseñarme y protegerme a lo largo de toda mi vida.

Mi madre lo consultaba todo con sus guías y, a menudo, eran ellos los que tomaban las decisiones en nuestro hogar. Se refería a ellos como «mis espíritus» porque eso es precisamente lo que son —seres espirituales sin cuerpo físico—. Les pedía ayuda para todo género de cosas, desde dónde aparcar el coche hasta qué podía servir para la cena, y tenía espíritus especiales para todo tipo de tareas. Había espíritus para ir de compras que la ayudaban a encontrar las mejores ofertas, lo que constituía una absoluta necesidad para una familia con siete hijos que vivía del salario de mi padre, un vendedor minorista. Otros se ocupaban de la costura y la asistían para encontrar las telas adecuadas y hacer los patrones. Había espíritus sanadores que colaboraban cuando los niños enfermaban de paperas, espíritus que se dedicaban a los grupos y también espíritus especialistas en *picnics* que la ayudaban a localizar el mejor sitio de la montaña para nuestras salidas de los domingos. Espíritus comerciales que contribuían a mejorar el negocio de mi padre y espíritus pintores, a los que invocaba cuando se dedicaba a uno de sus pasatiempos favoritos, pintar al óleo. Y luego había espíritus rumanos y franceses pertenecientes a familiares fallecidos, que sólo estaban de paso.

Nuestros guías espirituales tenían un lugar en nuestra mesa y eran parte de todas nuestras conversaciones. Se los consultaba sobre cualquier tema importante o secundario y cuando teníamos alguna duda, en general, ellos tenían la última palabra. Debido a la presencia de todos estos espíritus, el nuestro era un hogar multitudinario, lleno de energía, opiniones e ideas, pero principalmente lleno de amor y de una seguridad profundamente arraigada en la convicción de que nunca estábamos solos.

Mis propios guías me ayudaron con las enfermedades infantiles, las peleas familiares y los problemas escolares. Estaban junto a mí en cada paso del camino, honrando mis días con un milagro tras otro, superando mi desbordante imaginación. Mis recuerdos más lejanos demuestran que muy precozmente ya contaba con el apoyo cordial de mis guías, me sentía protegida por sus ojos vigilantes, ayudada por sus soluciones prácticas y sorprendida por sus generosos regalos.

Fuera de los límites del entorno familiar, también oía hablar del mundo espiritual en la escuela católica del oeste de Denver a la que asistía. Allí, los espíritus eran presentados como ángeles y santos —uno para cada día del año— y también como santos personales que compartían una versión de nuestro propio nombre. Y lo que es más, teníamos a María, a Jesús y al mayor de todos los espíritus, el Espíritu Santo.

Cuando éramos niños íbamos a misa todas las mañanas, encendíamos velas para conseguir la atención de nuestros guías espirituales y teníamos profundas conversaciones en las que les implorábamos que intercedieran por nosotros en todo tipo de cuestiones, como por ejemplo, para aprobar los exámenes o conseguir un buen asiento en el comedor y, por supuesto, para ganar los partidos de vóleibol y baloncesto.

En cuanto a mí, los guías espirituales siempre me escucharon —aprobaba todos los exámenes, tenía una suerte poco común en el comedor y ganaba muchísimos partidos—. Y ¿por qué no habría de hacerlo? No solamente rezaba para recibir ayuda de los asistentes y guías espirituales, también tenía una fe absoluta en que me responderían y además era capaz de percibir su apoyo y su presencia. Por otra parte, estaba convencida de que todos lo hacían —al menos hasta tercer grado—. En cierta ocasión mi mejor amiga, Susy, se quejaba de que su madre no le había dado permiso para pasar la noche en mi casa. Entonces le sugerí que invocara a sus guías para que ellos hicieran que su madre cambiara de idea. Me miró y me respondió que no sabía de qué estaba hablando; cuando se lo expliqué, me dijo que yo era un poco rara.

Adoptando una actitud defensiva, le pregunté por qué iba a misa y rezaba todas las mañanas si no creía en la existencia de los guías espirituales. Me contestó que lo hacía porque las monjas nos obligaban pero no porque creyera en la existencia de los espíritus.

Con una enorme frustración, intenté persuadirla de que los espíritus sí existían y agregué que si se quedaba muy quieta y entrecerraba los ojos, incluso podría llegar a verlos. «No siempre tienen apariencia humana —añadí—. A veces parecen fuegos de artificio danzando en el aire, otras son como un estallido de luz blanca, como el que produce el *flash* de una cámara. En ciertas ocasiones no los ves en absoluto pero puedes percibirlos, como si el aire fuera un poco más denso, más fresco o más ventoso en algunos lugares. Y también puedes sentir su presencia únicamente en tu corazón, pero están allí.»

Susy puso los ojos en blanco, silbó y me llamó rara una vez más, de modo que decidí no decir ni una palabra acerca de mi guía favorita, Rose, que vivía encima de mi armario y era muy parecida a santa Teresa, ni sobre Joseph el Esenio, que siempre caminaba detrás de mí en el colegio. Tampoco le comenté nada sobre el guía que había visto de pie en una esquina de su dormitorio, una noche que me había quedado a dormir en su casa —y cuya apariencia era la de una anciana nativa americana, envuelta en una rústica manta de color rojo y blanco, que nos sonrió cuando estábamos en la cama. ¡Dios sabe qué hubiera dicho, si por el mero hecho de mencionar los guías ya me había tildado de rara! Además, no deseaba arriesgar mi posición social, que ya era un poco endeble, en la escuela. Aquel día me tomé a broma sus comentarios y le sugerí que pasáramos la noche en su casa en lugar de en la mía.

A partir de entonces comencé a darme cuenta de que el rico mundo espiritual del que yo extraía una gran tranquilidad era prácticamente desconocido para casi todo el mundo. Me apenaba que la comunicación bidireccional que yo disfrutaba y compartía con mis guías fuera de una sola dirección para la mayoría de la gente. No estaba demasiado segura de cómo las personas podían haberse desconectado tanto del mundo espiritual, pero de lo que sí estaba convencida era de que eso no las colocaba en la mejor situación.

Como adulta, he llegado a pensar que nuestra desconexión del mundo espiritual es una enfermedad del alma occidental. La industrialización y el racionalismo nos han arrebatado nuestro centro de conciencia del corazón —el sitio donde nos reunimos y estamos en íntima comunión con los espíritus— para instalarlo en nuestra cabeza, donde nuestros egos nos gobiernan con amenazas de aislamiento y aniquilación. Las buenas noticias son que, cualquiera que sea la razón de esta separación, podemos volver a conectar nuestra conciencia interna con nuestro corazón —si estamos realmente determinados a hacerlo y no permitimos que nuestra mente nos tome como rehenes—. Con un poco de esfuerzo y de cooperación por nuestra parte, nuestros guías espirituales nos enseñarán alegremente el camino.

¿Qué es lo que esperas?

Para empezar, es importante que cuando te reúnas con tus guías espirituales comprendas exactamente lo que puedes esperar, puesto que en el mundo espiritual hay muchísimos niveles de guías, entidades no físicas y energías. Cada uno de ellos vibra en su propia y única frecuencia, como si fueran múltiples emisoras de radio enviando simultáneamente sus diferentes señales. Y no sólo los guías tienen una frecuencia propia: cada persona que habita en este planeta posee su vibración particular.

Quienes vivimos prestando atención a lo que dice nuestro corazón tenemos una vibración *elevada*, no muy diferente a las frecuencias espirituales de quienes habitan en un plano que no es físico; esto nos facilita la conexión con los guías espirituales. Las personas que han olvidado que son seres espirituales y se identifican tan sólo con la mente y el cuerpo tienen una vibración inferior, muy lejana a la banda de frecuencia de los guías espirituales, por lo cual les resulta mucho más difícil establecer la conexión. Éste es el motivo por el que ciertos individuos tienen más conciencia de los guías que otros.

Si te detienes a pensar en ello, todo lo que existe en el Universo es espíritu y vibra en distintas frecuencias. Todos sabemos, por ejemplo, que las partículas atómicas vibran en frecuencias específicas igual que las ondas de luz. Las olas del océano tienen frecuencias —igual que el ritmo de los latidos del corazón—. Dado que todo es un mar de vibraciones en movimiento, resulta natural que nosotros, como seres espirituales, seamos capaces de conectar con otras frecuencias espirituales. Si aceptamos que somos seres espirituales, podremos reconocer más fácilmente a los habitantes del mundo no físico.

El mundo espiritual está tan poblado como el nuestro —una miríada de diferentes guías trabajan en diversas frecuencias todo el tiempo—. En consecuencia, existen muchas clases de guías con los que podemos conectar: los que una vez vivieron en el mundo físico, miembros de la familia que han cruzado al Otro Lado, guías con quienes has compartido vidas pasadas u otros que se han convertido en maestros espirituales para supervisar tu camino, sanadores que pueden asistirte en tus cuidados físicos y emocionales, ayudantes que son capaces de lograr que tu vida cotidiana sea más sencilla, guías naturales y elementales que te conectan con la tierra, espíritus animales que te enseñan el camino y también guías de la alegría para mantener tu ánimo alto cuando la vida se torna dura y pesada. Hay ángeles, santos, devas, maestros y Dios. Incluso hay guías —o mejor dicho, seres que pretenden serlo— que deben ser vigilados, pues no pertenecen a un nivel superior y lo único que hacen es causar problemas (más adelante hablaré un poco más de ellos).

Lamentablemente, también he llegado a advertir que mi segunda naturaleza —tener conciencia de mis guías y trabajar con ellos— no es algo familiar para muchas de las personas que me rodean, acaso la mayoría. Me entristece comprobar que hay muchos individuos que no son conscientes del plano espiritual y que, desvinculados de sus guías, luchan con miedo y desesperación, sintiéndose solos y abandonados en su batalla con la vida e ignorando el entrañable apoyo espiritual que en todo momento tienen a su disposición.

Como he tenido la dicha de recibir el apoyo de mis guías y he conocido su existencia desde mi infancia, mi misión en la vida es ayudar a los demás a tomar conciencia de sus propios guías. He tenido la fortuna de recibir su ayuda y mi mayor anhelo es que todos lleguen a descubrir que también pueden beneficiarse de ella. No me han ayudado por ser una persona especial; nadie lo es. Todos somos criaturas Divinas del Universo y cada uno cuenta con un sistema de asistencia espiritual dedicado a que nuestro viaje en la vida sea más fácil y exitoso, desde el mismo momento de nuestro nacimiento hasta el día en que abandonamos nuestro cuerpo físico y regresamos al espíritu. Es una gran desventaja no ser conscientes de ello.

El Universo ha sido diseñado para cuidar y orientar a todas sus criaturas: las aves tienen radar, los murciélagos tienen

sonar y nosotros contamos con los guías. Cuando desperta-
mos nuestro sexto sentido y aprendemos a conectar con nuestros guías angélicos, nuestra vida se convierte de una forma
completamente natural en un modelo de flujo continuo gracias al cual nuestras almas evolucionan, cumplimos el propósito de nuestra vida y logramos que nuestro tiempo en la tierra sea infinitamente ameno.

Este libro te ofrece algunas indicaciones que te ayudarán
a conectar con tus guías espirituales para que puedas disfrutar de la abundancia, el apoyo y el gozo a los que tienes pleno
derecho.

Todos somos «bebés» de la Madre Benevolente y Dios
Padre, y nuestro derecho por nacimiento es tener una vida
dichosa y fascinante. Sin embargo, la clave para recibir esos
regalos es aceptar que no podemos triunfar por nuestros propios medios; debemos abrir nuestro corazón y nuestra mente
para recibir la ayuda amorosa que está a nuestra disposición.
Al embarcarte en este viaje, pronto te beneficiarás de esa ayuda, del éxito y de las bendiciones hasta un nivel que superará
tus más ambiciosas fantasías. De modo que ¡vamos a poner-
nos en marcha!

Cómo utilizar este libro

La intención de este libro es enseñarte a conectar directamente con tu sistema de ayuda espiritual y comunicarte con los diversos asistentes celestiales que están a tu disposición y que te acompañarán en el viaje de tu alma. Voy a enseñarte quiénes son, de dónde proceden, de qué forma desean ayudarte, cómo puedes comunicarte con ellos fácilmente y cómo descifrar la forma en que ellos se dirigen a ti.

Conocerás el mundo espiritual paso a paso, para que tu sensibilidad se desarrolle de manera natural. En cada capítulo incluyo descripciones de los guías, y además explico sus diferencias y comparto historias que ejemplifican cómo cada tipo de guía me ha ayudado a mí o a otras personas. También te enseñaré algunos ejercicios básicos y sencillos que puedes practicar a diario para consolidar la conexión directa con tus propios guías.

Te presentaré a los guías de uno en uno, para que puedas percibir su energía e influencia, y luego llegará tu turno para poner en práctica los diversos métodos intuitivos que te conectarán directamente con cada tipo de guía. Este enfoque te servirá de entrenamiento para empezar a pensar como una persona que tiene conciencia de los espíritus y que emplea su sexto sentido para aceptar la colaboración de sus guías espirituales así como para disfrutar de una vida libre de estrés y de miedo.

Esquema del libro

Este libro se divide en seis secciones o temas y comienza con las herramientas básicas para convertirse en una persona sensible al mundo del espíritu. Una vez que lo consigas, aprenderás a preparar tu cuerpo para sintonizar con la energía sutil y luego avanzarás paulatinamente hacia los reinos más sutiles y superiores, específicos de la ayuda espiritual. Te indicaré cómo conectar con tus guías, cómo trabajar con ellos y cómo llevar una vida guiada por los espíritus.

Considera este libro como un curso de formación, que puede asemejarse a una clase de música. Al principio aprenderás las notas del reino del espíritu, luego las melodías de la guía espiritual y finalmente la composición y la orquestación de una vida creativa, guiada por lo Divino y basada en el sexto sentido. Al permitirte ser guiado por lo Divino, entrarás en el flujo de la vida y comenzarás a experimentar la magia de este maravilloso Universo.

Aproxímate a este libro con tu propio ritmo y trabaja con tus guías dando un pequeño paso cada vez. Si lo deseas, lee cada capítulo varias veces y luego practica el ejercicio sugerido al final durante un par de días para ver qué es lo que sucede. Cada capítulo se desarrolla a partir del anterior, ofreciéndote así una base sólida para reconocer la guía espiritual y confiar dócilmente en tus guías, cualesquiera que sean las circunstancias que imperen en tu vida.

Considera el libro como una especie de viaje por el mundo espiritual en el que yo soy tu guía turística cualificada. Como he trabajado con guías durante toda mi vida (y durante más de treinta años también he enseñado a otras personas a conectar con los suyos), estoy muy familiarizada con el mundo espiritual y me siento muy cómoda en él. Ahora es tu turno de aprender lo que yo ya sé.

Cuando decidas trabajar con tus guías espirituales, cambia las reglas que gobiernan tu vida para que sea más sencilla. A través de las prácticas sugeridas comenzarás a sentir la ayuda que el Universo pretende ofrecerte. Aunque todos tenemos el *potencial* para ser guiados, no es suficiente con desearlo. Así como por el mero hecho de ver un vídeo de ejercicios no se consigue tener abdominales de acero, *conocer* a los asistentes espirituales o *anhelar* su ayuda tampoco es suficiente para abrir la puerta que nos conduce al mundo del espíritu. A menos que pidas expresamente su ayuda cada día, lo único que conseguirás será bloquear la poderosa guía interior que te ofrecen.

Acaso te parezca un poco extraño estar tan pendiente del Otro Lado, pero si perseveras pronto disfrutarás del proceso —después de todo, los guías son divertidos y tienen un gran sentido del humor—. No dudes en solicitarles toda la ayuda que necesitas, pues ellos están allí para colaborar contigo.

Presta atención a todas las claves sutiles que surgen en tu conciencia y no descartes la presencia de los guías por esperar que aparezca el equivalente espiritual de Elvis. La instrucción espiritual es sutil, de modo que a ti te corresponde elevar tu conciencia lo suficiente como para reconocer y aceptar la ayuda de tus guías, tal y como te la brindan. Si te dedicas a conectarte con los diversos guías que existen de forma periódica, pronto observarás que el curso de tu vida se torna mágico y ésa será la prueba de que ellos están trabajando para ti.

Lo más engorroso es aprender a aceptar la ayuda, pues hemos sido condicionados a que para conseguir cosas hay que luchar —e incluso este aspecto de la vida nos resulta interesante—. Sin embargo, una vida guiada por los espíritus nos libera de la lucha. Antes de empezar tu entrenamiento, pregúntate: «¿Cuántas cosas buenas podré soportar?». Para una persona que utiliza el sexto sentido y que agradece recibir la orientación de los espíritus, la respuesta debería ser: «Todo lo bueno que se presente». No tardarás mucho en disfrutar de los beneficios y del apoyo a los que tienes absoluto derecho. Si te comunicas con tus guías abriendo sinceramente tu corazón, ellos te responderán. De hecho, no pasará mucho tiempo antes de que las personas que te rodean comiencen a preguntarte cuál es el secreto para tener una vida tan maravillosa.

Como seres espirituales que somos, nuestro Creador nos ofrece un amor y un apoyo muy íntimos. Nunca estamos solos y tampoco debemos afrontar más de lo que somos capaces de soportar sin haber recibido antes todo lo que necesitamos para triunfar. Aspiramos a elevarnos por encima de las luchas terrenales y a disfrutar de una vida de gracia donde todo fluya sin dificultad. Eso es lo que ansiamos porque sabemos intuitivamente, con cada una de nuestras células, que somos capaces de conseguirlo. La fórmula es muy simple: dejar de resistir y empezar a escuchar la ayuda cordial que pueden ofrecerte tus guías y el mundo espiritual. Para ellos es un placer servirte y ayudarte… ¡Permíteles hacer su trabajo!

PARTE I

Bienvenidos al mundo del espíritu

Capítulo 1

En primer lugar, debes reconocer tu propio espíritu

Antes de que puedas identificar la presencia de tus guías espirituales, primero debes familiarizarte con tu *propio* y bello espíritu. Aprender a verte de otra forma puede parecer un concepto novedoso, pero refleja la verdad de lo que eres —y de lo que todos somos.

A lo largo de toda mi vida, mi madre se ha referido a nosotros como si fuéramos espíritus y nosotros hemos hecho lo mismo con ella. En medio de una conversación informal, a menudo preguntaba: «¿Qué es lo que tu espíritu quiere?» o: «¿Qué dice tu espíritu?». Saber que yo era uno de ellos me facilitó conectarme con los espíritus que podían ayudarme, tanto en este plano como en otros. Crecí con esta idea de mí misma y de los demás, y acepté esta realidad sin esfuerzo —pero el poder de esa verdad nunca se hizo tan evidente como cuando nació Sonia, mi hija mayor.

Recuerdo la paz y la serenidad que emanaba cuando vino al mundo; parecía un Buda. Al principio estaba inmóvil y ligeramente azul, pero luego repentinamente respiró por primera vez y entró en la vida con una fuerza tremenda. Entonces su piel se tornó rosa y brillante, y gimió para anunciar al mundo que había llegado. Allí mismo, ante mis ojos, fui testigo de cómo su alma entraba en su cuerpo infundiéndolo de vida con su primera respiración. Desde entonces me resulta imposible mirar a otro ser humano, incluyéndome a mí misma, sin pensar en que todos hemos pasado por un momento similar. Reconocer que quien te otorga la vida es tu propio espíritu te ayudará a apreciar la fuerza formidable que existe dentro de ti.

Aunque todos compartimos el mismo hálito eterno de vida, éste se manifiesta de un modo diferente en cada uno de nosotros. Tu espíritu tiene su propia presencia —una vibración totalmente distinta de tu personalidad (la cual, en gran medida, se forma como un escudo defensivo alrededor de tu espíritu). La mejor manera de conectar con él es empezar por admitir qué es aquello que te da la vida.

Comienza por analizar cómo es realmente tu propio espíritu. ¿Cómo podrías describir la eterna y fogosa fuerza vital denominada *tú*? ¿Es gentil, apasionada, dominante, indecisa, creativa, tímida o juguetona? ¿En qué sector de tu vida te sientes más competente? ¿Qué actividades te absorben tanto que te pierdes en ellas? ¿Qué eleva e inspira tu alma?

A continuación empieza a tomar nota de cuáles son los elementos que *alimentan* tu espíritu. Es decir, ¿qué experiencias, actividades y energías le dan fuerza, lo vigorizan y alimentan, haciéndote sentir completamente satisfecho con tu vida y a gusto en tu propia piel? ¿Qué te deleita y te sorprende? ¿Qué es lo que te conecta con la vida, te ayuda a afrontarla con determinación y te hace sentir en paz contigo mismo?

Por ejemplo, yo me alimento de música clásica, de hermosos tejidos y perfumes exóticos. Mi espíritu ama la naturaleza, especialmente las montañas y el aroma de los pinos, los viajes exóticos, hablar francés, los bazares egipcios, recorrer Nueva Delhi en *rickshaw*... Y también contar cuentos, enseñar a otras personas a conocer su espíritu y, por encima de todo, bailar. Cualquiera de estas actividades afirma mi propio ser y me hace sentir satisfecha, realizada y conectada a la tierra.

El espíritu de mi marido es muy diferente al mío —ama la acción, el movimiento y hacer varias cosas a la vez—. Se revitaliza cuando sale a montar en bicicleta, cuando esquía montaña abajo a toda velocidad o cuando sale a pasear por la naturaleza en verano. Su espíritu también es sensual aunque más orgánico que el mío —el olor y la visión de un puesto de una granja junto a la carretera, los mercados de especias en la zona hindú de nuestro barrio en Chicago o los cubos de pescado fresco en el mercado de nuestra ciudad le producen verdadero júbilo.

¿Prestas atención a todo aquello que fortalece y alimenta tu propio e incomparable espíritu? ¿Cómo de sensible y consciente eres de tus necesidades? ¿Te alimentas con experiencias que te resultan imprescindibles para prosperar?

Recuerdo ahora una lectura que hice para una mujer llamada Valerie, aquejada de una grave depresión y fatiga y, en mi opinión, de un extremo aburrimiento espiritual. Como consecuencia, era incapaz de pasar un solo día sin sufrir un colapso que la dejara al borde del agotamiento. Ignorando qué misteriosa enfermedad podía causar tal pérdida de vitalidad, consultó con diferentes médicos, sanadores y videntes en busca de una respuesta, y se sometió a todo tipo de pruebas —desde la del hipotiroidismo, la enfermedad de Lyme y la alergia al moho y al metal, hasta el virus de Epstein-Barr—, pero lo único que obtuvo fueron resultados negativos y ninguna respuesta concreta.

Al borde de la desesperación, se puso en contacto conmigo. Identifiqué su problema de inmediato: sufría un caso severo de lo que denomino «anorexia psíquica» o, dicho de otro modo, un espíritu al borde de la inanición. Sus guías me revelaron que era artista por naturaleza y que adoraba interpretar buena música y crear jardines cautivadores. Valerie era una persona contemplativa cuya alma florecía en períodos de serena creación y oración. Su espíritu era amable y necesitaba la compañía de los animales, la belleza de las flores y la calma de una vida apacible y reservada en un entorno natural.

Unos años atrás Valerie había disfrutado de todas estas cosas en una pequeña ciudad de Wisconsin; entonces estaba sana y se sentía feliz. Poco después se casó con su gran amor del instituto, que trabajaba como mecánico de aviación y buscaba constantemente nuevos trabajos, movido por su deseo de prosperar. Desde su boda, se habían mudado seis veces en cinco años, principalmente a grandes ciudades donde compartían pequeños apartamentos con extraños porque no se podían permitir pagar el alquiler de una casa. El espíritu de su marido amaba la aventura y la excitación pero el de ella estaba traumatizado y moribundo.

Por lealtad a su marido, mi clienta había perdido la conexión consigo misma y su energía se había agotado completamente. Sus guías afirmaban que debía retornar a una vida natural y tranquila, y dejar atrás todos esos cambios abruptos y frecuentes, con el fin de revitalizar su espíritu y su cuerpo.

«¿Me sugiere usted que me divorcie?», me preguntó después de que le hubiera transmitido ese mensaje. Evitando pronunciarme sobre la decisión, respondí: «Sólo le digo que debería tener más conciencia de cuáles son las cosas que alimentan su alma y luego hacer todo lo necesario para sentirse mejor».

Hay algo curioso en relación con el espíritu: cuando eres sensible a sus necesidades y decides prestarle atención, las cosas empiezan a aclararse y todo parece recobrar la calma.

Valerie me escuchó, estuvo de acuerdo conmigo y por primera vez en años decidió estar atenta a su espíritu. Dejó a su marido para trasladarse a una zona tranquila donde pudo volver a vivir en compañía de animales, caminar en medio de la naturaleza, relajarse a solas y tocar el piano. Su marido no le pidió el divorcio —en lugar de hacerlo decidió trabajar diez días en Nueva York y luego pasar cuatro o cinco días con ella en Wisconsin—. Como a ella le encantaba estar sola y él era un apasionado de la aventura y los cambios, el arreglo funcionó de maravillas. Poco a poco, Valerie recuperó su vitalidad y su espíritu demostrando que sus guías habían acertado al sugerirle que volviera a todo aquello que realmente la nutría.

Muchos de mis clientes admiten que disfrutan de muy pocos momentos en los que su espíritu se siente alimentado y cuidado; ellos se limitan a seguir bregando, movidos por el sentido de la responsabilidad y el deber. Sienten que están *soportando* la vida en lugar de *vivirla* —¡y no hablemos de disfrutarla!

Si *tú* sientes lo mismo, debes aceptar que también te has endurecido y te has vuelto indiferente a tu espíritu y, como consecuencia, te has desvinculado del mundo espiritual y de todas sus dádivas.

En nuestra cultura puritana, donde se alienta a las personas a poner a los demás por delante de sí mismas y en la que cualquier interés o cuidado personal es tildado de «egoísmo», no es difícil comprender cómo se produce este tipo de insensibilización. Hasta que inviertas este extenuante pensamiento, tu espíritu no dejará de sufrir y te estarás negando a recibir orientación del mundo espiritual.

¿Sabes cómo alimentar a tu espíritu?
Haz la prueba de...

— escuchar música que te eleve el ánimo
— cantar
— disfrutar de largos baños con sales de agradables aromas
— meditar
— decorar tu hogar con flores frescas y plantas
— no hacer nada
— pasear
— llenar de velas tu dormitorio y usar una buena almohada
— leer revistas de viajes exóticos
— hacer ejercicio físico
— rezar
— hacer las cosas más lentamente
— reírte

Tu primera tarea es alimentar y cuidar tu espíritu. Si no estás conectado a él, lo más probable es que tampoco puedas escuchar la información que te ofrecen tus guías. Comienza por prestar mucha atención a tu vida cotidiana para reconocer los momentos en los que te sientes a gusto y en paz con lo que haces. ¿Qué es lo que estás haciendo? Céntrate en actividades que sean placenteras y te den satisfacciones —mejor aún, fíjate en los momentos en que ríes, libre de preocupaciones, sintiéndote ligero—. Éstas son las ocasiones en las que tu alma está inspirada y ésas son las experiencias que te permiten abrirte al vasto mundo de los guías espirituales. Intenta ser muy consciente (y sincero) de los momentos en que percibes a tu espíritu, porque si lo escuchas y le ofreces lo que necesita te sentirás tranquilo y satisfecho.

Posiblemente, a algunas personas les resulte muy fácil saber lo que necesita su espíritu; en ese caso les bastará con animarse a ofrecerle todo aquello que le sienta bien. Por ejemplo, si amas la naturaleza puedes dar un paseo, correr un rato por el parque o dedicar unas horas al jardín una vez a la semana *sin sentirte culpable*, y eso será suficiente para alimentar y restaurar tu espíritu. La clave es *no sentirte culpable*. Si te encanta salir de compras y explorar lugares exóticos, te bastará con pasar algunas horas en un nuevo vecindario recorriendo tiendas que no conoces. No tienes por qué comprar nada —disfruta simplemente de la aventura sin ninguna excusa ni necesidad de justificarte por dedicarte un poco de tiempo—. Y no te dejes intimidar por la idea de que atender a tu espíritu puede convertir tu vida en un caos... Cuando se trata de ser sensible a tu propio espíritu y de responder a sus necesidades, un poco significa mucho.

En ese momento inicial en el que reconoces a tu propio espíritu, encuentras por primera vez a tus maravillosos guías y compañeros. Mi madre, por ejemplo, era muy aficionada a coser y solía pasar muchas horas en silencio en la sala de costura, donde se sentía conectada con sus guías e incluso mantenía largas conversaciones telepáticas con ellos. De hecho, cuanto más nutría su espíritu y más en paz se sentía, más fácil le resultaba conectar con la energía sutil de sus guías.

Si has estado tan desconectado de tu espíritu que ni siquiera sabes por dónde empezar, no debes preocuparte. Si estás realmente dispuesto a volver a conectarte, todo lo que necesitas es una pequeña exploración para recordar el proceso. La clave para dominar los eficaces ejercicios que te propongo para alimentar tu alma reside en reconocer que no hay *un* camino correcto para volver a conectarte con tu espíritu –lo único que se requiere es estar interesado, tener curiosidad, ser sensible y, especialmente, hacer todo aquello que verdaderamente te hace crecer–. Si atiendes a tu espíritu con asiduidad, serás cada vez más consciente de él y esto, a su vez, te abrirá la puerta de conexión con tus guías espirituales para recibir su apoyo.

Tu turno

Dedica entre quince y veinte minutos cada semana a ocuparte exclusivamente de ti mismo. Durante ese tiempo permítete disfrutar de alguna actividad que te entusiasme, como puede ser tocar el piano, arreglar el jardín o simplemente soñar despierto mientras tomas una taza de té –sin sentirte culpable–. De forma gradual, añade otro período sin actividades dos veces a la semana en lugar de una, y luego podrás seguir aumentando los períodos que reservas para tu recreación. Deberás recordarte una y otra vez que esta decisión es muy valiosa, especialmente si no estás acostumbrado a gozar de tiempo libre o a conectarte con tu espíritu.

Quizás tengas que enseñar a otras personas –por ejemplo, a los miembros de tu familia, especialmente a los niños, que es posible que no estén habituados a que en determinadas circunstancias no pueden interrumpirte– que se trata de un momento íntimo y que debe ser respetado. Reconozco que puede parecer una misión difícil, pero si comienzas por intervalos de quince minutos, todos podrán adaptarse fácilmente a la nueva situación… ¡incluso tú!

También puedes destinar algunos minutos cada mañana —por ejemplo, cuando estás en la ducha o preparándote para iniciar el día— para pensar: «Si no tuviera miedo...».

Por ejemplo:

«Si no tuviera miedo, me tomaría los domingos para relajarme.»

«Si no tuviera miedo, usaría calzado de mejor calidad.»

«Si no tuviera miedo, llamaría a mi madre con más frecuencia y le diría que la quiero.»

Repítelo en voz alta y deja que tu corazón —la sede de tu espíritu— hable libremente y sin censuras. Después de unas pocas sesiones, te sentirás más libre para ocuparte de todo aquello que te fortalece y alimenta.

Capítulo 2

Entrar en el vasto mundo espiritual

Una vez que tomes conciencia de tu propio espíritu, el siguiente paso en el proceso de conectar con tus guías será reconocer la energía espiritual de las personas y de los seres vivos que te rodean, así como tenerla siempre muy presente. Los físicos cuánticos nos dicen que más allá de las apariencias, todo lo que existe en el Universo está compuesto por conciencia pura vibrando en diversas frecuencias —los objetos físicos parecen sólidos y *aparentemente* separados pero, en realidad, son energía en movimiento que se desplaza a una rapidez increíble creando una *ilusión* de solidez.

Hace muchos años, mientras aprendía las artes de la sanación y del psiquismo, mi maestro y consejero, el doctor Trenton Tully, me enseñó que las cualidades físicas son la fuente de información menos precisa y que, a la hora de extraer conclusiones o tomar decisiones, nunca deberíamos fiarnos exclusivamente de ellas. Este consejo me ayudó a abrir los ojos para ver lo que es real y verdadero, apartando el velo que existe entre los mundos físico y no físico.

El mundo espiritual vibra a un nivel totalmente diferente que el mundo físico —no puede ser registrado por el ojo pero, cuando uno comienza a ejercitar la propia conciencia y presta mucha atención, la mente puede percibirlo y experimentarlo—. Para sintonizar con estas vibraciones, comienza por reconocer las energías singulares que te rodean. Al principio quizás te parezca extraño, pero con un poco de imaginación y concentración pronto será asombrosamente sencillo. Empieza por las personas más cercanas, por ejemplo aquellas con las que convives o trabajas, e intenta sentir y describir su espíritu, tomando nota de las diferencias que identifican y caracterizan a cada individuo y lo convierten en un ser único.

Para conectar con la energía de las personas de tu entorno, limítate a cerrar los ojos y dejar que tu atención se deslice desde la mente hacia el corazón. (Las personas que tengan dones innatos para la empatía sabrán de inmediato a qué me refiero, pues es muy probable que reconozcan de un modo natural las vibraciones vitales que las rodean, aunque no las hayan identificado concretamente con los espíritus.) A continuación, detente en un individuo determinado e intenta percibir su vibración particular —incluida la de sus guías espirituales—. Describe lo que sientes, preferiblemente en voz alta, ya que cuanto más te expreses verbalmente más se ampliará tu conciencia.

Por ejemplo, yo describiría el espíritu de mi hija Sonia como amable y sensible. Puede resistirse al cambio, lo que la hace ser coherente, conectada a la tierra y sólida. Su alma es fuerte, comprometida y serena, aunque puede ser también feroz y despiadada si las circunstancias así lo exigen. Mi familiaridad con su espíritu me permite reconocer su vibración personal en cualquier sitio.

En cierta ocasión me encontraba en unos grandes almacenes cuando, de pronto, comencé a percibir la cercanía de mi hija. A pesar de saber que estaba pasando el fin de semana en casa de una amiga y que no tenía ninguna intención de salir de compras, mi percepción era tan intensa que me giré para ver si estaba detrás de mí. Al no encontrarla seguí mi recorrido; sin embargo, cinco minutos más tarde oí su voz a mis espaldas —la madre de su amiga las había llevado al centro comercial para ir al cine y habían decidido entrar en la tienda hasta que empezara la película—. Al igual que yo percibí su presencia, su familiaridad con mi propio espíritu le indicó que me encontraba cerca de ella.

Percibir el espíritu de los demás y del inmenso mundo que nos rodea nos permite aspirar a nuevos niveles de experiencias positivas. Mi clienta Harriet, por ejemplo, me comentó que nunca se había puesto a pensar que era un espíritu; con todo la idea la intrigaba y atraía, pues prometía otorgarle un poco de color y emoción a su aburrida existencia. Aunque al principio se mostraba un poco indecisa, aceptó mi consejo y pronto comenzó a intentar ver más allá de lo que le mostraban los ojos.

Harriet tenía sesenta y siete años, vivía sola desde hacía más de treinta (debido a una mala experiencia matrimonial) y trabajaba a media jornada como secretaria de una compañía de seguros. Se sentía muy limitada y su vida le resultaba monótona y tediosa; quería saber qué era lo que debía modificar para que fuera más emocionante y satisfactoria. Lo primero que observó fue que el espíritu de su jefe era denso y aburrido, y que su depresiva energía la estaba contaminando. Por otro lado, percibió el espíritu abierto, ligero y extremadamente brillante de un vecino de su edificio —algo que había pasado por alto durante tres años.

Al sentirse atraída por la energía positiva de su vecino, decidió entablar relación con él y, al hacerlo, descubrió que era un hombre muy amable. Después de varias conversaciones alegres y animadas —incluida una en la cual ella le comunicó que su espíritu le resultaba encantador—, él la invitó a participar en la reunión del club de bridge que se celebraba en su apartamento dos veces al mes. Allí conoció a un dentista que, posteriormente, la contrató como recepcionista para su nueva consulta en el centro de la ciudad. Cuando ella le preguntó el motivo de su propuesta, ¡el dentista le confesó que le había gustado su espíritu!

Por el mero hecho de percibir la verdadera energía de los demás, en un plazo de dos meses Harriet hizo nuevos amigos y consiguió otro trabajo. Al ampliar su conciencia, primero de su propio espíritu y luego del espíritu de otras personas, su existencia cambió por completo y empezó a beneficiarse de una situación muy favorable que le reportó los cambios positivos que estaba buscando.

Cuando pido a mis alumnos que describan el espíritu de los demás, su primera reacción es quedarse paralizados. Eso es algo muy normal cuando «el vasto mundo espiritual» es algo novedoso, de manera que relájate y considéralo una aventura emocionante y no una prueba metafísica. Lo curioso es que aunque tu cabeza no consiga hacer lo que le pides, con «un ligero codazo» tu corazón (que, como recordarás, es la sede de tu espíritu) hablará más alto y registrará la energía y la vibración que normalmente estás acostumbrado a ignorar.

Claire, una estudiante que practicaba este ejercicio, se sorprendió al descubrir el espíritu sorprendente y sensual de su compañera de trabajo, una mujer mayor que ella y con un estilo «muy conservador». Gracias al ejercicio se enteró de que detrás de su aspecto formal se ocultaba una mujer que llevaba años bailando flamenco los fines de semana.

«Es increíble. A juzgar por su apariencia jamás hubiera sido capaz de adivinarlo», comentó Claire entre risas. Al conectar con el espíritu de su compañera, a la que antes consideraba tranquila y apocada, mi alumna pudo disfrutar de uno de los mayores beneficios del vasto mundo espiritual: permitir que su propio espíritu se reuniera con otros espíritus semejantes para enriquecer su vida —¡e incluso ir a bailar flamenco de vez en cuando!

¿Sabías que...

...la mayor ventaja de aprender a ver el espíritu de todas las cosas es que tu mundo adquiere vida y tu corazón y tu imaginación comienzan a dedicarse a la creatividad a jornada completa? Al ver el mundo a través de los ojos del espíritu comenzarás a conocer las conexiones ocultas, las oportunidades y el apoyo que están a tu disposición y delante de tus propios ojos. ¡Esta percepción es otro pequeño salto para conectar con los planos que no son físicos y con tus propios guías espirituales!

Un método para ampliar dicha percepción es aprender a distinguir las energías particulares de tus mascotas. ¿Puedes percibir e identificar el espíritu de tu perro, de tu gato o incluso de tus peces? Yo, por ejemplo, sé que el espíritu de mi caniche, Miss T., es muy sensible, humorista y bastante orgulloso. Se siente infeliz cuando está desaliñada, y sale contenta de la peluquería canina después de un baño con champú y un corte de pelo elegante. Sin embargo, la perra de mi vecina, Emily, tiene un espíritu menos especial que Miss T. —de hecho, le importa menos estar acicalada, es bastante aventurera y siempre está dispuesta para correr y jugar—. Su espíritu es tonto, curioso y mucho más confiado que el de mi caniche.

Durante veinte años he preguntado a las personas cómo es el espíritu de su mascota y nunca he encontrado a nadie que no fuera capaz de describirlo exactamente —y con mucha más precisión que cuando definen el de las personas que forman parte de su vida—. El hecho de que su alma nos sea tan familiar y que siempre estemos atentos a sus necesidades acaso se deba a que los animales de compañía son muy cariñosos y aceptan nuestra propia alma de una forma incondicional.

Para ampliar aún más tu conciencia, intenta percibir el espíritu de las plantas que tienes en el interior de tu casa y el de las flores de tu jardín. ¿Encuentras alguna diferencia entre una planta que está sana y otra moribunda, entre una orquídea y un lirio, entre una planta que crece en una maceta y otra que lo hace en la tierra? Quizás tu mente rechace este tipo de ejercicios por considerarlos una majadería pero cuando prestes atención al nivel espiritual de todas las cosas, ten por seguro que no te estás inventando nada.

Con un poco de práctica y atención, todos tus sentidos estarán entrenados para acceder a los planos sutiles de la energía del mundo espiritual y así podrás disfrutar de cada aspecto de tu vida de una forma completamente novedosa. Recuerdo, por ejemplo, algo que me sucedió en la universidad al asistir a un cursillo para aprender a apreciar la música. Tras unas pocas semanas mi conciencia se amplió de una forma increíble. Escuchar música siempre me había proporcionado mucho placer, aunque no conseguía diferenciar los instrumentos y los escuchaba como una masa sólida de sonido y ritmo. Durante el cursillo me enseñaron a dirigir mi atención a la sutileza de la interpretación y pude empezar a identificar cada instrumento y cada ritmo, lo cual me ayudó a disfrutar más profundamente de las composiciones.

Lo mismo sucedió cuando asistí a un curso de cocina francesa. Siempre me ha encantado este tipo de cocina, especialmente las deliciosas salsas que la han hecho tan famosa. Hasta que asistí a aquellas clases jamás había podido distinguir los matices de las diferentes especies y los sabrosos ingredientes que las componen. De pronto adquirí un nuevo nivel de apreciación y una mayor conciencia de los característicos sabores de la cocina francesa y esto, a su vez, transformó mi gusto por este tipo de comida en una experiencia más exigente pero también más satisfactoria. Mi nueva conciencia ya no me permitió devorar ningún alimento sin prestar atención a su energía y su vibración.

Tú puedes conseguir resultados similares entrenándote para identificar las energías que te rodean y sentir sus vibraciones con el corazón. Con esfuerzo y atención podrás percibir la delicada dulzura de un bebé sin detenerte a pensar en que tiene sucia la cara, el entusiasmo apasionado de un joven pastor alemán en lugar de escuchar únicamente su gruñido, el sólido estoicismo de un roble por encima de su imponente envergadura. Al principio sentirás que estás pescando en aguas extrañas pero, finalmente, tomarás conciencia del espíritu del mundo que te rodea y esto se convertirá en tu segunda naturaleza.

Tal como me sucedió a mí, gracias a los cursos de cocina y de música, estarás mucho más sincronizado con tu entorno.

Tu turno

Comienza a prestar atención al espíritu de cada persona y de cada objeto que te rodean e intenta expresar cómo es su energía espiritual. Si eres el tipo de individuo que tiende a quedarse mentalmente atascado y desconectado de sus sentimientos, al principio todo esto quizás te parezca un poco extraño. Empieza por describir el espíritu de los demás en términos muy simples, como por ejemplo «luminoso», «denso», «veloz», «firme», «brillante» o «aburrido». Deja que tu corazón se exprese libremente mientras tu imaginación guía la experiencia y no censures sus impresiones. El truco es ir por delante del cerebro y dejar fluir tus sentimientos directamente desde el corazón hacia la boca. Incluso puedes sorprenderte a ti mismo, pronunciando palabras de las que no habías sido consciente hasta ese momento.

Ahora que has sido introducido en el mundo del espíritu, puedes conocer a tus guías espirituales básicos: tus ángeles.

PARTE II

Tus primeros
compañeros espirituales

Capítulo 3

Ángeles de la guarda.
Tus guardaespaldas personales

Una vez que hayas tomado conciencia de que el espíritu está en todas las cosas, comenzarás a ver el Universo como un lugar enorme, bello y positivo donde todos somos cuidados y amados... incluso tú. Todos los seres tienen espíritus protectores y tú dispones de tu propio sistema de apoyo, que consiste en muchos niveles diferentes de entidades y fuerzas espirituales. El primer grupo de compañeros enviados para ayudarte son los ángeles, en particular tu ángel de la guarda.

Los ángeles guardianes son muy importantes para todos nosotros porque son los únicos con los que estamos íntimamente conectados desde el inicio de nuestra vida hasta nuestro último aliento. Nos cuidan y nos guían —manteniendo a salvo nuestra mente, nuestro cuerpo y nuestra alma hasta que estemos preparados para volver al espíritu— y entonces nos acompañan personalmente hasta el cielo.

Existen varias teorías sobre cuál es el primer momento en que los ángeles de la guarda se conectan con nosotros. Algunos creen que lo hacen en el momento de la concepción, otros dicen que durante el nacimiento y hay quienes piensan que es cuando nos reímos por primera vez. No puedo hablar de todos los ángeles pero, como vidente, *puedo* decir que en mi trabajo siempre se han manifestado para anunciar la llegada de un bebé; por ello creo que el primer contacto se produce en el momento de la concepción (¡y con frecuencia hacen otra aparición nueve meses más tarde!).

Recuerdo muy claramente que cuando nació mi hija mayor, la observaba tan extasiada y conmovida que durante los primeros tres minutos ni siquiera sabía si era niño o niña. En un determinado momento escuché una voz desconocida que preguntaba: «Y bien, ¿qué es?». Cuando levanté la mirada encontré un hermoso rostro rodeado de una luz increíblemente brillante que estaba justo detrás de mi marido, Patrick; nos sonreía con tanta calidez y emoción que me tranquilicé de inmediato.

Mirando al bebé, exclamé: «Es una niña», pero cuando giré la cabeza, la luz se había desvanecido. Convencida de que esa cara tan bella pertenecía a una de las enfermeras, recorrí la habitación con la mirada esperando encontrarla. Sin embargo, en ese instante mi hija lloró por primera vez y, totalmente agotada y apabullada por la emoción de tener a mi bebé entre mis brazos, me olvidé por completo de la enfermera. Un poco más tarde, cuando recuperé la compostura, le conté la experiencia a mi médico y le pregunté quién era y por qué se había marchado.

«Ya sé a quién se refiere, también a mí me pareció muy amable —me respondió—. No la había visto nunca, de modo que debe de ser nueva.»

Al día siguiente, mientras el médico me estaba examinando antes de que me marchara a casa, comentó: «Por cierto, he preguntado por la enfermera y nadie tiene ninguna información sobre ella. Ni siquiera existe ningún registro que indique que estuvo presente en el parto».

Al oír aquello, sentí un cosquilleo que me recorrió la columna vertebral desde la base hasta la parte superior de mi cabeza y una vez más en sentido descendente. Puedo jurar que en ese preciso momento ni hija recién nacida sonrió; entonces supe que su ángel custodio estaba con nosotros. Pletórica de confianza y dispuesta a embarcarme en la nueva aventura de la maternidad, me volví hacia Patrick y le dije: «Vámonos a casa».

¿Sabías que...

...los ángeles son la fuerza primordial de todas las tradiciones religiosas y, probablemente, una de las pocas cuestiones en las que todas las religiones del mundo están de acuerdo?

...los cristianos tienen siete arcángeles principales y los religiosos musulmanes reconocen solamente cuatro?

...en la fe judía Metatrón es el mayor de todos los ángeles?

...los ángeles, en general, se mencionan trescientas veces en la Biblia?

Para conectar con tus ángeles, has de dar un descanso a los pensamientos que se resisten a aceptar su presencia y comprender que la única persona que debe dar fe de que ha tenido una conexión con ellos eres tú mismo. Sin embargo, puesto que los ángeles *son* los guías espirituales que gozan de la mayor aceptación universal, posiblemente puedas hablar del tema con cualquier persona con la tranquilidad de saber que será receptiva a tus palabras. De hecho, cuantos más individuos participen en la conversación, mayores serán las probabilidades de que al menos uno de ellos admita tener un ángel personal (¡incluso corriendo el riesgo de ser tildado de loco!).

Existen datos fehacientes de una enorme cantidad de visiones de ángeles y las probabilidades de que hayas tenido un encuentro con tu ángel personal son extremadamente altas, a pesar de que no te atrevas a llamarlo de ese modo. Intenta recordar si alguna vez has protagonizado un accidente en el que te has salvado por los pelos o si en alguna ocasión una vaga intuición te ayudó a evitar un trauma; luego evoca cómo te comportaste y qué fue lo que sentiste después. Puedes estar seguro de que, independientemente de lo sutil que haya sido la experiencia, se trataba de un ángel cumpliendo su deber de ayudarte.

Poco después del 11-S, me pidieron que hablara a un grupo de abogadas en Washington DC, muchas de las cuales trabajaban en el Pentágono. El hecho de que yo fuera vidente resultaba bastante incómodo para ellas y ninguna se atrevía a reconocer públicamente haber vivido una experiencia personal asociada al sexto sentido. Aunque muchas de aquellas mujeres estaban evidentemente cautivadas por el tema, admitir que conocían el mundo invisible (por no hablar del espiritual) resultaba una amenaza para su seguridad profesional. Sin embargo, cuando introduje el tema de los ángeles, el estado de ánimo general cambió instantáneamente. Cuando pregunté si alguna de ellas había tenido alguna vez un encuentro con un ángel, varias alzaron la mano y a continuación una tras otra comenzaron a narrar cómo se habían salvado de las fatalidades provocadas por los ataques terroristas gracias a su ángel de la guarda.

Gloria, que trabajaba en la zona del Pentágono donde se estrelló el avión, afirmó que aquella mañana se había detenido a repostar gasolina; el empleado se había mostrado tan amable y comunicativo que se había quedado conversando con él alrededor de veinte minutos antes de marcharse. Esos veinte minutos que se demoró en llegar al trabajo le salvaron la vida. Cuando al día siguiente regresó a la gasolinera para agradecérselo, el empleado no estaba allí... y nadie sabía de quién estaba hablando.

Kate contó que había tenido una experiencia similar en Starbucks. Como de costumbre, se le había hecho tarde para llegar al trabajo, de modo que entró corriendo en la cafetería en busca de su «dosis» diaria y al salir chocó frontalmente con un hombre guapísimo que entraba en ese mismo momento, y le volcó encima el café. Horrorizada por lo que acababa de hacer, se deshizo en disculpas mientras intentaba limpiarle el traje. El hombre se mostró muy comprensivo y repitió tres veces: «No se preocupe... la he obligado a hacer esto para que no vaya tan deprisa y pueda disfrutar de la vida». Debido a este contratiempo también aquel día llegó tarde al trabajo y, por fortuna, se libró del horror.

Al día siguiente volvió a Starbucks y preguntó al chico que le había ayudado a limpiar el traje de aquel hombre si se trataba de un cliente habitual. Cuando él le comentó que jamás lo había visto antes y reconoció que, dadas las circunstancias, se había comportado de un modo excepcionalmente amable, Kate no tuvo la menor duda de que había sido un ángel.

Acaso la disponibilidad de estas damas para hablar con tanta franqueza de sus experiencias con los ángeles se debiera a que el trauma del 11-S aún era muy reciente y había desarmado sus defensas habituales. Incluso en ese caso, la gran cantidad de manos que se alzaron cuando mencioné a los ángeles puso en evidencia que los contactos son mucho más comunes de lo que la gente cree. Todo aquello no me sorprendió en absoluto puesto que una de las principales tareas de los ángeles es mantenernos a salvo hasta que comprendamos para qué estamos aquí —y los guardianes de todas aquellas mujeres les habían salvado literalmente la vida.

Nuestros ángeles custodios también trabajan con nuestros Seres Superiores a lo largo de toda nuestra vida con el fin de mantenernos en nuestro camino, especialmente cuando comenzamos a dudar de nosotros mismos. Por ejemplo, cuando el novio de mi clienta Lisa la abandonó por su mejor amiga después de tres años de relación, ella se sumió en la peor depresión de su vida. Cierto día, antes de ir a trabajar pasó por Correos y, mientras estaba en la cola, entabló conversación con un amable anciano que le dijo que era una bella persona, y que algún día sería una esposa tierna y cariñosa. Aquellas palabras consiguieron animarla y cuando se volvió para agradecérselas, no encontró a nadie. Mientras se dirigía hacia su coche se le ocurrió que tal vez aquel viejecito era un ángel que había hecho la cola con el único fin de hablar con ella.

Si te sientes mentalmente bloqueado y desconectado de tus espíritus, limítate a contar las bendiciones que recibes día tras día y comprenderás lo que quiero decir, pues la mayoría de ellas son orquestadas por tus ángeles. Entrena tu mente para advertir la buena suerte que tienes cada día y da las gracias a tus guías por brindarte su ayuda. Acaso esto sea toda una sorpresa para ti, pero los ángeles son sensibles y tienen sentimientos; aunque lo ignores, también se sienten frustrados. Ellos, como todos los seres del Universo, responden a la comunicación positiva y a las afirmaciones; cuanto más aceptes y aprecies su presencia, más sorpresas y regalos podrás esperar de ellos.

Ésta es la lista de las bendiciones
que he recibido hoy:

— Agradezco haber podido quedarme en la cama hasta tarde.
— Agradezco que mi ordenador se haya arreglado solo, después de que el correo electrónico dejara de funcionar.
— Agradezco que mis padres estén vivos y gocen de buena salud.
— Doy las gracias a todos los maravillosos clientes y seres queridos que me ayudan a reunir dinero para un amigo que lo necesita.
— Agradezco que el seguro cubriera la reparación de mi coche.
— Agradezco que mi perra, Miss T., haya encontrado el camino para regresar a casa después de haberse escapado de la peluquería.
— Agradezco que mi vecino haya regado el césped de mi jardín.

Lo primero que advertirás cuando comiences a contar tus bendiciones es que tus ángeles son los equivalentes espirituales de la policía, pues te protegen constantemente de todo tipo de peligros.

Tuve una clienta llamada Debbie que me contó una historia de ángeles relacionada con su bebé de tres meses,

Victoria. Mientras estaba de viaje en Los Ángeles con su marido, pidió una cuna para la niña y la colocó en la habitación delantera de la suite que ocupaban. Aquella noche un intenso terremoto sacudió la ciudad y todo lo que había en la habitación cayó al suelo, incluidos el enlucido de las paredes, las lámparas que pendían del cielo raso y las ventanas. Aterrados, los padres saltaron de la cama y se dirigieron apresuradamente hacia la cuna del bebé. Había trozos de cielo raso desparramados por toda la habitación y la lámpara central, que estaba precisamente encima de la cuna, se había desprendido estrellándose contra el suelo; sin embargo, la cuna estaba intacta y el bebé dormía profundamente. Lo único que había cerca de Victoria era una pequeña pluma blanca. ¡Debbie y su marido cogieron a su hija en brazos y lloraron de gratitud por la protección de su ángel!

Otro hecho relacionado con los ángeles es que son los únicos ayudantes espirituales que pueden materializarse y, de hecho, suelen hacerlo mientras trabajan para mantenerte sano y salvo. En ocasiones, se manifiestan para salvar tu vida, para protegerte de la desesperación y de la congoja o, simplemente, para asistirte en los desafíos más complicados de la vida. Aunque sólo tienes un ángel custodio, se puede revelar usando todo tipo de vestimentas y adoptando cualquier edad, forma y color de piel. Como puedes ver, en contra de la creencia popular, los ángeles de la guarda no necesariamente se manifiestan vistiendo ropa plateada y etérea, y con una rubia cabellera —a veces asumen la forma de un vagabundo o de una estrella de *rock*.

Por cierto, los niños tienen muchas más oportunidades de conectar conscientemente con sus ángeles que los adultos, porque su corazón está abierto y su espíritu es muy fuerte. Así, les enseñamos plegarias que invocan a los ángeles; en cuanto a los adultos, creen ser demasiado complejos para este tipo de intimidades.

Mis dos hijas tuvieron una serie de encuentros con los ángeles cuando eran pequeñas. Cuando Sabrina tenía alrededor de tres años estaba muy enferma. Un día nos contó que su ángel de la guarda había traído ángeles bebés para que desfilaran ante ella con el fin de entretenerla y alegrarla. Me senté en la cama junto a mi pequeña mientras los ángeles danzaban alrededor de la habitación y la escuché chillar de deleite mientras me cogía el brazo y me preguntaba: «¿Ves a los ángeles, mamá? ¿Los ves de verdad?». En ese momento estaba tan preocupada por su salud que, desafortunadamente, no los ví, pero mientras presenciaba su alegría, sentí que me envolvía una ola de ligereza y claridad. Y aunque no fui capaz de ver realmente los ángeles, pude sentirlos. La experiencia me serenó y me permitió tener fe en que mi hija se recuperaría aquella noche; y así fue.

En otra ocasión, cuando Sabrina tenía once años, su ángel intervino para proporcionarle una pequeña alegría en medio de una situación que podía haber sido muy penosa. Durante las vacaciones de Navidad, le dimos permiso para que fuera al centro comercial con sus amigas para cenar y ver una película. Sintiéndose toda una adulta y muy excitada por su inminente libertad, cogió su bolso, donde llevaba todo el dinero que le habían regalado y los veinte dólares que le habíamos dado y se marchó. A pesar de advertirle que debía vigilar su bolso, se apasionó tanto con la película que abandonó la sala dejándolo olvidado sobre un asiento. Cuando llegó al vestíbulo del cine se dio cuenta de que no lo llevaba y volvió para recuperarlo, pero ya no estaba. Para empeorar aún más las cosas, sus amigas se burlaron de Sabrina en lugar de identificarse con sus sentimientos.

Mi marido y yo llegamos al centro comercial apenas unos minutos después de que nuestra hija nos llamara por teléfono. La encontramos desconsolada, avergonzada de su error y lamentándose por haber perdido todo lo que había ahorrado. Debatiéndonos entre la compasión por su situación y la irritación por su descuido, acompañamos a nuestra desolada hija hasta el coche.

De pronto, una niña que era la viva imagen de Sabrina se apartó de un grupo de amigas y corrió hacia ella. Mirándonos directamente a los ojos, nos dijo: «Disculpen» y, cogiéndola de un brazo, le preguntó: «¿Estás bien? Sé que has perdido tu bolso en el cine y que te sientes fatal. No te preocupes, acepta la situación y te sentirás mucho mejor. No eres tonta; era una lección por la que tenías que pasar». A continuación la abrazó y se marchó para reunirse con sus amigas.

Aquello fue una verdadera sorpresa; la niña se mostró tan dulce y amable que Sabrina pronto superó su pena. Nos dijo que quería agradecer a su nueva amiga todo lo que le había dicho pero cuando fue a buscarla, había desaparecido. Sabrina estuvo dando vueltas por el lugar durante algunos minutos y luego, encogiéndose de hombros, nos dijo con absoluta naturalidad: «Era un ángel. Me dijo que lo superaría, de manera que creo que lo haré». Desde ese instante nunca volvimos a escuchar otra palabra sobre aquel incidente.

¿Era aquella niña realmente un ángel? Considerando la forma en que suelen comportarse los niños, sin lugar a dudas diría que lo era.

A menudo, los ángeles aparecen cuando más los necesitas, aunque quizás no los reconozcas hasta que se hayan marchado, dejando detrás de sí una energía que te colmará de tranquilidad; entonces no podrás entender cómo no has sido capaz de identificar su presencia. Mi cliente Grace, por ejemplo, acababa de perder a su madre, que estaba enferma de cáncer, y a su marido debido a un divorcio, cuando recibió la noticia de que su mejor amiga había muerto en un inesperado accidente. Consternada, compró un billete de avión para asistir al funeral de su amiga. A punto de despegar, vio a una de las azafatas empujando por el pasillo del avión la silla de ruedas de una mujer muy anciana, de apariencia muy frágil y evidente dulzura. La mujer ocupó el asiento que estaba junto a ella y pronto comenzaron a conversar; Grace abrió su corazón ante esta extraña, que la escuchó, la hizo reír y le aseguró que lo mejor de la vida estaba aún por llegar.

La mujer tenía un pequeño libro de oraciones entre las manos y le recordó que todo lo que tenía que hacer era pedir ayuda a Dios. Al cabo de dos horas de vuelo y a punto de aterrizar, Grace se sintió reconfortada y fue entonces cuando se le ocurrió preguntarle cómo se llamaba. Ella respondió: «Dolores Good».

Mientras Dolores abandonaba el avión en su silla de ruedas con la ayuda de una azafata, Grace advirtió que había olvidado su libro de oraciones y se apresuró a bajar del avión para devolvérselo. Cuando preguntó a las auxiliares de vuelo dónde estaba Dolores, no supieron decírselo. Atravesó rápidamente la terminal para intentar encontrarla pero no tuvo suerte. ¡Era como si la anciana hubiera desaparecido en el aire! Se acercó a un mostrador para preguntar si tenían alguna información sobre Dolores Good. La empleada consultó el registro de pasajeros y, para su sorpresa, le anunció que en la lista del vuelo no había nadie con ese nombre; de hecho, no había nadie registrado para el asiento 17P. Cuando Grace insistió y mencionó que Dolores había abandonado el avión en una silla de ruedas, la empleada le informó que la orden procedía de otra terminal a la que ella no tenía acceso.

Descontenta y frustrada, Grace miró detenidamente el libro de oraciones para descubrir que se titulaba *The Lord is Good*. Al establecer la conexión entre Dolores Good y «*The Lord is Good*», se echó a reír, pues se dio cuenta de que Dolores era un ángel.

¿Sabías que...

...los ángeles nunca han sido humanos?
...se manifiestan en el momento en que tus padres te conciben y permanecen contigo el resto de tu vida?
...guían, protegen y cuidan tu cuerpo, tu mente y tu espíritu?
...están contigo en el momento de tu muerte?
...los ángeles son los únicos seres espirituales que pueden manifestarse con forma humana?

Conocí a mi propio ángel de la guarda hace muchos años. Me había marchado a Hawai a finales del invierno para recuperarme de una larga y agotadora temporada en la cual había dormido muy mal. Había tenido dos bebés con muy poca diferencia de tiempo, las obras en mi casa parecían no tener fin y me sentía completamente agobiada por mi trabajo (ya me he referido a ello en mi primer libro, *The Psychic Pathway*, pero merece la pena volver a mencionarlo aquí).

Durante los dos primeros días lo único que hice fue dormir, pero el tercero me levanté y bajé a la playa para sentarme en silencio cerca del agua y reflexionar sobre mi vida. Aunque tenía dos hijas preciosas y un marido maravilloso, no era feliz. Nuestra vida se había complicado mucho, teníamos un montón de deudas y lo único que hacíamos Patrick y yo era discutir. En ese momento yo no contaba con mucho apoyo fuera de mi casa y tanto mi marido como yo estábamos abrumados por las responsabilidades. Era dolorosamente evidente que la alegría se había marchado de nuestra vida y nos limitábamos a sobrevivir día tras día.

Sentada en la playa, lejos de todo, recé para que se produjera algún cambio... algo que pusiera en orden mi vida otra vez. Al día siguiente, di un paseo de alrededor de una hora por la playa y, de pronto, sin que mediara ningún pensamiento, giré sobre mis talones y me dirigí a la ciudad. Entré en una librería de metafísica con la sensación de que me habían conducido hasta allí. Había una mujer trabajando detrás del mostrador y, agradecida de que estuviera ocupada, empecé a mirar las estanterías con la tranquilidad de saber que podría dar vueltas por allí sin que me interrumpiera. Después de algunos minutos, salió de la trastienda un hombre afroamericano de singular belleza y se dirigió directamente hacia mí. Medía alrededor de 1,90, estaba vestido de blanco y tenía una preciosa sonrisa. Nada más verme me dijo: «Hola, la estaba esperando».

«¿A mí?», pregunté sorprendida.

«Así es», respondió mientras me conducía hacia un arcón lleno de carteles con dibujos espirituales. Mostrándome uno que representaba un ángel femenino con aspecto alicaído en una playa, me indicó: «Ésta es usted».

«Muy perceptivo», respondí, «así es como me siento ahora».

«Ahora mire este otro», continuó. «Esto es lo que tiene que hacer». Me mostró un cartel con un dibujo que representaba a un ángel masculino abrazando a un ángel femenino mientras volaban juntos hacia el cielo.

De pronto sentí una punzada de dolor y me di cuenta de lo alejados que estábamos Patrick y yo. Ambos trabajábamos mucho y nos veíamos muy poco, y cuando lo hacíamos no teníamos ningún ánimo de escucharnos ni de pasar un rato juntos. Por otra parte, ninguno de los dos tenía tiempo para sí mismo y mucho menos para disfrutar de nuestras hijas.

«Conéctese con su pareja y no se olvide de bailar», me dijo sonriendo mientras se retiraba hacia la trastienda. Antes de desaparecer detrás de la cortina, se giró y afirmó: «Volveré».

Me quedé allí de pie con los dos carteles en la mano, desconcertada por lo que acababa de suceder, y en ese preciso momento la mujer que estaba detrás del mostrador me preguntó si necesitaba ayuda.

«No, gracias», respondí. «El caballero de la trastienda ya me ha ayudado bastante».

Arrugando el entrecejo, la mujer me preguntó, «¿Caballero? ¿Qué caballero?».

«El que acaba de entrar allí», contesté.

Sacudió la cabeza, me miró como si estuviera chiflada y dijo: «No hay nadie más trabajando aquí». Después de entrar en la habitación para comprobarlo por sí misma, volvió a salir (sacudiendo todavía la cabeza) y afirmó: «Aquí no hay nadie».

Confundida, bajé la mirada hacia los carteles que tenía en la mano y recordé el traje blanco y brillante de aquel hombre; en ese instante comprendí que era un ángel... *mi* ángel. Había aparecido como caído del cielo para comunicarme que debía relajarme, simplificar mi vida, disfrutar de Patrick y de las niñas y *confiar* en que todo saldría bien —un mensaje que necesitaba desesperadamente escuchar en aquel momento—. Como aquel hombre había dicho que volvería, mi corazón supo que nos ayudaría a mí y a mi familia. Finalmente fui capaz de sonreír y poco después empecé a reírme con todas mis fuerzas, mientras me envolvía una maravillosa serenidad.

«No importa», le dije a la mujer mientras me encaminaba hacia la salida, conmocionada por lo que acababa de suceder y con una deliciosa sensación de alivio. Estaba muy agradecida de que esta entidad hubiera aparecido ante mí para iluminar mi sombría vida. Desde aquel día he apodado a mi ángel «Brillante».

¿Sabes cómo hablar con tu ángel de la guarda? Prueba esto...

Repite esta simple oración infantil todas las noches antes de dormirte y sentirás de inmediato la presencia de tu ángel de la guarda:

Ángel de Dios, amado guardián,
que el amor de Dios me envía,
permanece a mi lado siempre y cada día
para darme luz, protección y guía.

Ahora que te he dicho todo lo que son capaces de hacer los ángeles guardianes, volvamos a la forma en que puedes conectarte lo más rápidamente posible con el tuyo. Además de aceptar su presencia como un acto de fe y de reconocer su apoyo con amabilidad y agradecimiento, existen otras formas efectivas para comunicarte con él. Por ejemplo, los ángeles adoran la música, de modo que puedes invocar al tuyo interpretando o cantando bellas y animadas melodías en tu casa, en el coche o incluso en la oficina, con el propósito de proporcionarle placer.

Además, por ser tus guardaespaldas eternos y compañeros constantes, tus ángeles están para escuchar y actuar. Háblales directamente –y mucho mejor si lo haces en voz alta siempre que puedas–. Por ejemplo, cuando te despiertes por la mañana puedes agradecerles que hayan cuidado de ti mientras dormías; mientras preparas el desayuno pídeles que te allanen el camino para avanzar con fluidez y tener una relación positiva con todo lo que haces. A lo largo del día puedes pedirles que permanezcan de pie junto a la puerta de tu oficina para bloquear toda la negatividad, que filtren las llamadas telefónicas, que se sienten a tu lado en los aviones, en los trenes y en tu propio coche... Si tienes alguna reunión de trabajo complicada, pídeles que se encuentren por anticipado con los espíritus de las otras personas para despejar el camino. Continúa dándoles instrucciones y, al final de cada día, no te olvides de agradecerles el buen trabajo que han realizado.

Uno de mis medios favoritos para comunicarme con mis ángeles es escribirles una carta. Es una de las formas más poderosas para ponerse en contacto con los guías porque las manos están conectadas con el corazón y éste con el espíritu que, a su vez, es el puente de unión con otros reinos espirituales. Comparte con tus ángeles tus miedos, tus preocupaciones, tus decisiones o cualquier cosa que te haga sentir amenazado o infeliz y luego –ésta es la parte más importante– *solicítales que te ayuden y te guíen*. Pídeles que orienten tu cuerpo, tu mente y tu corazón en la dirección del progreso y que intervengan cuando hayas tomado un rumbo equivocado.

Cuando termines tu carta, puedes quemarla para transformar tu mensaje en espíritu; al hacerlo consientes que tus ángeles reciban tus peticiones mientras tú te rindes ante su ayuda. Este concepto de rendición es importante —no juegues al tira y afloja, pidiendo su ayuda pero rehusando luego a delegar el control de tus problemas.

La palabra ángel significa «mensajero»; por eso los seres celestiales consideran que una de sus principales misiones es facilitar tu comunicación con el reino espiritual. Considera tus plegarias como encargos que serán entregados a la Divina Madre, al Padre y al Espíritu Santo, reza para que tus ángeles lleven sus mensajes hasta donde haga falta y confía en que ellos saben lo que tienen que hacer.

Por último, no te olvides de compartir tus éxitos con tus ángeles, ya que son tus compañeros más íntimos y, así como te ayudan en todos tus cometidos, también se regocijan con tus logros.

No estamos acostumbrados a sentirnos bien con nosotros mismos porque nos han enseñado que eso es ser egoísta —pero no es así—. Somos seres espirituales, y es sano e importante que celebremos nuestros éxitos y realizaciones y, dado que nadie nos anima con mayor entusiasmo que nuestros ángeles, ¡debemos compartir el oro con ellos!

Tu turno

Cada noche, antes de dormirte, respira tranquilamente y presta atención a las vibraciones que hay en tu dormitorio. Tu ángel de la guarda tiene una energía fuerte pero sutil, potente pero brillante, que te transmite la sensación de estar en buena compañía —confía en tu percepción—. Te aseguro que no encontrarás ningún equivalente energético del «Increíble Hulk» a los pies de tu cama, porque los ángeles te infunden luz, calidez y calma.

Cuando percibas que se ha establecido una conexión, di «hola» y pregúntale a tu ángel cómo se llama. Confía en su respuesta y no debes sorprenderte si esperas algún nombre angélico como «Amael» o «Dorial» y, en lugar de ello, escuchas «Paco». Los guías son muy prácticos y pronunciarán un nombre que sea fácil de recordar. Si hoy no oyes nada, inténtalo mañana otra vez... Nunca he conocido a nadie que haya tardado más de diez días en conseguirlo.

En cuanto se produzca el contacto, hazle saber que estás deseoso de mantener una relación afectiva y duradera con él, que estás abierto a su ayuda y agradecido por su presencia. Intenta buscar su vibración dondequiera que vayas —como si fuera una canción o un perfume únicos—. Aprenderás a reconocerlo de forma inmediata y con poco esfuerzo. Una vez que lo hagas, nunca más volverás a estar solo.

Finalmente, crea una señal para reconocer la presencia de tu ángel custodio. La mía es un guiño y una sonrisa; es mi forma de decir: «Me alegro de que estés aquí». Deja descansar a tu propio espíritu, sabiendo que tu ángel de la guarda está haciendo su trabajo para que nada te perturbe en este absurdo mundo.

Capítulo 4

Los arcángeles

Además de trabajar con tu ángel de la guarda, también puedes recibir un considerable apoyo de los arcángeles, a quienes se considera como los mensajeros más importantes de Dios en la jerarquía celestial. Puedes invocarlos para recibir ayuda en cualquier momento y, como estas fuerzas angélicas son tan poderosas, recurrir a ellas equivale a pedir al mejor equipo de fútbol del Universo que te ayude a ganar el partido de tu vida.

Durante mi niñez fui educada en la fe católica y aprendí que existen siete arcángeles: Miguel, Gabriel, Rafael, Uriel, Raguel, Sariel y Remiel (acaso te parezca curioso que todos los nombres terminen en «el»; no se trata de una mera coincidencia porque en hebreo *el* significa «brillante»). Todos tienen un dominio particular y puedes atraer energías muy potentes y específicas de cada uno de ellos, dependiendo del asunto que desees tratar. A continuación voy a presentarte brevemente a cada uno de los arcángeles.

Miguel es el arcángel número uno; fogoso y apasionado, es el patrón de la protección y del amor. Invocarlo te impulsará a la acción en los momentos en que tu vida carece de vitalidad, entusiasmo y amor. Si estás francamente preparado para desafiar tus temores e intentar algo nuevo e incluso intimidante –como, por ejemplo, cambiar de carrera o viajar a algún sitio sin compañía por primera vez– puedes pedir la ayuda y protección de Miguel.

Gabriel es considerado el segundo arcángel y gobierna las emociones. Está asociado al elemento agua y se encarga de resolver tus dudas y fomentar tu confianza, lo que lo convierte en una ayuda inestimable para todos aquellos que luchan contra la ansiedad.

Rafael es el siguiente en la línea jerárquica; se ocupa de la sanación y supervisa tu energía en todos los niveles –cuerpo, mente y espíritu–. Su esencia es el aire; no sólo restituye tu energía física, sino que también es un buen recurso para impulsar tu creatividad. Yo invoco a Rafael antes de iniciar cualquier proyecto de escritura para que me ayude a concentrarme y a hacer un trabajo que sea inspirado y terapéutico para todas las personas que lo lean.

Uriel tiene una vibración muy sólida y conectada a la tierra, y se ocupa de múltiples tareas. Nos recibe en las puertas del cielo. Es el mensajero de las advertencias y también el patrón de la música.

El quinto puesto lo ocupa **Raguel** –el oficial de policía de estas fuerzas angélicas que se asegura de que los demás hacen su trabajo–. Cuando mis hijas eran muy pequeñas y teníamos que hacer largos viajes en avión, solía invocar a este arcángel para asegurarme de que mis pequeños ángeles se portarían bien. Al parecer, su ayuda fue muy efectiva porque hicimos muchos vuelos nacionales —y también a Europa— y las niñas en cierto modo sabían intuitivamente (sin recibir ninguna amenaza) que tenían que portarse bien. De hecho, con frecuencia la gente nos felicitaba por su conducta ejemplar y a ellas les encantaba oírlo.

El arcángel **Sariel** mantiene las cosas en orden; yo siempre le pedía ayuda cuando mis hijas invitaban a sus amigas a jugar a nuestra casa. Como todos sabemos, los niños son capaces de armar un gran jaleo y, como no deseaba arruinarles la fiesta (pero tampoco estaba dispuesta a limpiar toda la casa cuando se marcharan), le cedí el trabajo a Sariel. Él, obviamente, imponía su autoridad porque en algún momento de la tarde una de las niñas sugería a las demás que jugaran al «ama de casa» y entonces todas se dedicaban diligentemente a la tarea de recoger los juguetes. (¡El día que insistieron en pasar la aspiradora, tuve la convicción de que el ángel cumplía con su trabajo!)

Finalmente, **Remiel** es el ángel de la esperanza. Se trata de una entidad muy poderosa con la que he trabajado mucho como guía intuitiva en las residencias para enfermos desahuciados, ya que su tarea es recibirnos en la puerta de la muerte para escoltarnos hasta el cielo. En muchas ocasiones he cogido las manos de los moribundos hasta sentir la presencia de Remiel. Cuando se manifiesta, las vibraciones del miedo, de la tensión y del drama que intervienen en el momento de la muerte dan lugar a una absoluta sensación de paz y serenidad. Éste es el momento en que nuestro ángel custodio nos guía hacia el abrazo amoroso de Remiel y, en ese instante, todos los que están presentes saben y sienten que el alma está a salvo otra vez.

Junto al ángel de la guarda, los arcángeles favorecen el desarrollo de tus talentos artísticos y tienen el poder de poner en marcha tu creatividad a través de cualquier tipo de expresión. Te impulsan a asumir riesgos y a compartir la energía de tus dones, ya sea interpretando música, pintando, bailando, actuando, cocinando o arreglando el jardín.

El arte es la expresión de tu alma porque le da voz. En consecuencia, la supresión del impulso artístico es una profunda herida para el espíritu y se requieren fuerzas poderosas para curarla. Por ejemplo, la mayor parte de mi vida me distancié de la música porque mi profesora de esta materia de tercer grado me excluyó del coro en Navidad, aduciendo que no tenía facultades musicales. Exteriormente me reí de lo sucedido, pero en mi fuero íntimo me sentí muy herida –y después de esa horrible experiencia nadie pudo volver a sacar a una sola nota de mí–. Como bailaba muy bien y adoraba la música, aquel acontecimiento representó una grave amputación.

Cierto día me dieron una carta con el dibujo de Uriel, donde lo denominaban el arcángel de la música. A sabiendas de que recuperar mi espíritu creativo en esa parcela de mi vida iba a requerir un trabajo considerable, pedí a Uriel que me curara y restituyera lentamente mi corazón cantarín. Con mucha prudencia abrí la boca (como es obvio, estaba sola) y comencé a cantar.

Cuando se invoca a estos fantásticos seres, se obtienen grandes resultados. Por eso no me sorprendió conocer a un músico llamado Mark algún tiempo después de pedir la ayuda de Uriel. Este hombre se ofreció a viajar y trabajar conmigo a cambio de muy poco dinero. Sé que fue Uriel quien me envió a Mark, una persona tan segura de sí misma y tan conectada con su música que me inspiró para volver a cantar... Más adelante llegué a cantar en cada inauguración de mis talleres y en todos los eventos en los que firmaba mis libros alrededor del mundo. Si me preguntan si desafinaba respondería que sí, por lo menos al principio, pero finalmente con la ayuda de Uriel (y de Mark) empecé a cantar cada vez mejor y hasta el día de hoy sigue siendo un verdadero placer para mí.

Mi madre perdió el 95% de audición debido a lesiones sufridas en la Segunda Guerra Mundial y solía lamentarse de no poder seguir disfrutando de la música. Anunció que rezaría a los arcángeles y poco después de comenzar a hacerlo tuvo una increíble experiencia de sanación: un día nos comunicó que aquella noche, mientras dormía, le habían dado una serenata de música celestial, la más exquisita que jamás había escuchado. No fue capaz de describirla pero el brillo de su rostro delataba que aquella música la había emocionado profundamente.

Lo que es aún más increíble es que ya no dejó de escucharla —todas las noches sonaba la música celestial y mi madre bailaba a su ritmo; a menudo le tomábamos el pelo diciéndole que se fuera a la cama para no perderse su concierto. Y ella, a su vez, bromeaba diciendo: «¡Ni en sueños!».

De manera que, cualquiera que sea el arte que te atraiga, invoca a los arcángeles y pídeles que infundan energía Divina a tu espíritu para poder expresarte libre y totalmente. Y luego prepárate, porque van a suceder grandes cosas.

¿*Sabías que los arcángeles...*

...son los mensajeros más importantes de Dios?

...son la batería que propulsa la energía de tu equipo de apoyo espiritual?

...supervisan el desarrollo de tus talentos artísticos?

...son fuertes, amables y simpáticos, y no tienen ego como los seres humanos?

...se sienten felices cuando los invocas porque servirte es servir a Dios?

...pueden ser invocados cantando su nombre lentamente entre una y otra respiración?

A menudo enseño a mis clientes a invocar a los arcángeles y muchos de ellos descubren que los resultados superan sus más ambiciosas expectativas. Por ejemplo, Anne era profesora de niños con perturbaciones emocionales en una escuela pública y, aunque estaba convencida de su labor, acusaba un enorme estrés. Le sugerí que invocara a Raguel para que la ayudara a mantener disciplinados a sus alumnos (y a sí misma).

«Y ¿cómo demonios puedo hacerlo?», me preguntó.

«No de ese modo —contesté—. Raguel no es un demonio, sino un arcángel que está en el cielo y tiene una poderosa energía. Te aconsejo que pidas su colaboración.»

Anne invocó a Raguel durante todo el fin de semana y «descargó» sus frustraciones, pidiéndole sencillamente que le brindara su apoyo para mantener las cosas en orden y poder dedicarse a enseñar en lugar de verse obligada a pedir un traslado.

El lunes siguiente el director de la escuela le comunicó que el colegio había sido elegido por las autoridades para intentar nuevas estrategias educativas, ya que las que se utilizaban habían resultado un fracaso. El primer cambio que se implementó fue dividir en tres grupos a los veintinueve alumnos con los que Anne trabajaba. Cinco minutos más tarde, los veinte alumnos más conflictivos de la clase abandonaron el aula y ella se dedicó a enseñar a los nueve restantes, por lo que pudo controlar perfectamente la situación. No podía creerlo.

«¿Fue Uriel?», me preguntó.

«Anne, estamos hablando del sistema de enseñanza pública de Chicago —le recordé mientras nos reíamos—. ¿No crees que para lograr algo así por fuerza ha debido intervenir alguien con influencia sobrenatural?»

Cómo invocar a los arcángeles

Aprendí que la mejor forma de invocar a los arcángeles es hacerlo de un modo específico. Como es evidente, las plegarias atraen su atención, aunque el método preferido es cantar su nombre como si fuera una melodía:

[respirar] *Mi-guel* [respirar y descansar]
[respirar] *Ga-bri-el* [respirar y descansar]
[respirar] *Ra-fa-el* [respirar y descansar]
[respirar] *U-ri-el* [respirar y descansar]
[respirar] *Ra-guel* [respirar y descansar]
[respirar] *Sa-ri-el* [respirar y descansar]
[respirar] *Re-mi-el* [respirar y descansar]

Respira y canta el nombre de cada arcángel para luego volver a empezar. Repítelo hasta que sientas su presencia.

Cuanto más tiempo cantes, más capaz serás de percibirlos. No necesitas darte prisa —por el contrario, debes ser paciente y darles tiempo para que se acerquen—. Sabrás que están presentes porque su vibración infunde respeto y es poderosa, pero no te asustes. No sólo percibirás su vibración; podrás además comprobar los resultados.

Si tienes alguna petición concreta para *uno* de los arcángeles, puedes llamarlo solamente a él, repitiendo su nombre entre una y otra respiración. Ya sea que desees invocar a una entidad individual o a todo el grupo, asegúrate de la tarea que quieres encomendarle. Recuerda que Dios ayuda a aquellos que se ayudan a sí mismos, de modo que hasta que estés dispuesto a dar los pasos necesarios para modificar las cosas, ni siquiera los arcángeles podrán ayudarte. La decisión es tuya.

Los arcángeles son la batería que potencia la energía de tu equipo de ayuda espiritual. Al trabajar con los ángeles guardianes y los guías espirituales, recuerda que ellos no tienen la capacidad de infundirte la energía que necesitas para realizar cambios —únicamente los arcángeles la poseen—. Ellos son las entidades que pueden ayudarte a progresar en tu empeño, pero únicamente cuando estés preparado para hacerlo.

Esto me recuerda a mi cliente Heather, que deseaba sintonizar con su capacidad para la escritura creativa y que tenía la costumbre de decir que «algún día» escribiría un libro. Cuando mencionó el tema por 164ª vez, le pregunté por qué todavía no lo había empezado y cuándo se decidiría a hacerlo. Afirmó que era su más ansiado deseo pero que no conseguía encontrar el tiempo, y menos aún la energía, para empezar a escribir —aunque mentalmente ya había escrito su libro muchísimas veces.

Como yo misma he pasado por la situación de Heather en varias ocasiones, compartí con ella mi secreto de invocar a Rafael para que me impulsara a la acción. Intrigada, me pidió que le mostrara cómo hacerlo. Entonces le enseñé a «cantar su nombre» y le pedí que me comunicara los resultados.

Me topé con ella tres meses más tarde y cuando le pregunté por su progreso, puso los ojos en blanco y respondió: «¡No te lo puedes ni imaginar! Desde que seguí tu consejo no he dejado de escribir ni un solo día. Algo superior a mí me lleva hasta la silla y no me deja incorporarme hasta que he escrito al menos durante una hora. No puedo hacer más que eso. Realmente, estoy dando a luz un libro».

«Sí, ése es Rafael —comenté—. Pide sólo cuando estés segura de lo que quieres.»

Ésa es la belleza de conectar con los arcángeles —te impulsan a actuar y evitan que pierdas el tiempo. A diferencia de tu ángel de la guarda, que te protege, los arcángeles son los defensas de tu equipo de orientación espiritual y resulta muy entretenido jugar con ellos.

Charlie Goodman, mi primer maestro metafísico y el hombre que me introdujo en las artes psíquicas, me enseñó un maravilloso ritual para llamar a los arcángeles cuando salgo de casa. Primero visualizo que mi ángel de la guarda, Brillante, me coge de la mano. Luego, recito el nombre de los arcángeles, uno tras otro, y le pido a Miguel que se sitúe a mi derecha y a Gabriel que me acompañe por la izquierda. A continuación pido a Uriel que camine delante de mí y a Rafael que se coloque por detrás, protegiéndome la espalda. Por último, coloco a Raguel encima de mi cabeza para que mantenga el orden y a Sariel a mi lado. Es entonces cuando emprendo el camino con mis «arquis» (como los llamo cariñosamente) en su sitio.

Este ritual me ha otorgado la confianza y la energía necesarias para afrontar cualquier situación. Incluso he apodado a mi VW escarabajo mi «arqui-móvil» y visualizo que las ruedas representan a Miguel, Gabriel, Uriel y Rafael, que Raguel está sobre el techo solar, Sariel en los frenos y Remiel en el asiento del acompañante. Con semejante compañía puedo trasladarme con total seguridad –y hasta el momento siempre me han protegido.

Invocar a los arcángeles acelera nuestra propia vibración y expande nuestro aura. Por ello, cuando tengo que hablar en público pido a los «arquis» que suban conmigo al escenario para que mi presencia sea más sólida. Y como mi trabajo muchas veces resulta agotador, siempre les pido que estén en mi despacho cuando hago lecturas a mis clientes, pues me ayudan a mantener alta mi energía. También los visualizo por las noches en mi casa, en las cuatro esquinas del cielo raso, para que renueven el ánimo de mi familia, y los llevo conmigo cuando viajo, en especial cuando tengo que coordinar talleres de larga duración. En verdad, les pido que estén a mi alrededor en cada momento de mi vida... y lo hacen.

Tu turno

Invoca a los arcángeles y comprueba qué es lo que sucede. A diferencia de tu ángel custodio, cuya serena presencia es como un compañero silencioso, la energía de los arcángeles te prepara para la acción. Ellos distribuyen una energía tranquilizadora que consigue que los miedos y la ansiedad desaparezcan en favor de una firme confianza.

Aunque fuertes, los arcángeles son amables y simpáticos, y nunca han estado atados a la tierra, de manera que, a diferencia de nosotros, carecen de ego. Les encanta que los llamen porque su deseo es ayudarnos en todo tipo de causas honorables —después de todo, trabajar en pro de nuestro bien es servir a Dios.

Una forma divertida de conectar con los arcángeles es dibujarlos o pintarlos. Dudo que exista alguna persona que en su infancia no haya dibujado docenas de ángeles. Cuando era pequeña, era uno de mis temas favoritos. También sirven las caricaturas o las tiras cómicas, así que anímate a usar tu creatividad y recuerda que debes disfrutar de tu propia interpretación de los ángeles.

Este ejercicio nos ayuda a comunicarnos directamente con los ángeles porque nuestras manos nos desvinculan de nuestro ego para conectarnos con nuestro corazón —donde se produce el contacto más íntimo y directo con nuestros amigos y ayudantes angélicos.

Garabatea ángeles siempre que necesites su apoyo, y su ayuda fluirá hacia ti de inmediato. De hecho, inténtalo ahora mismo y comprueba cómo mejora tu energía.

Capítulo 5

El ministerio de los ángeles

No te olvides de que eres un hijo Divino de Dios, amado y valorado, y que los ángeles están aquí para servirte de acuerdo con Su plan. Has sido bendecido con todos los recursos necesarios para vivir una vida próspera, pacífica y protegida. Con ese propósito, tu sistema de ayuda angélica no se reduce a tu ángel de la guarda y a los arcángeles, que son los encargados de infundirte energía; también dispones de un acceso directo e inmediato a lo que se conoce como el ministerio de los ángeles, que puede proporcionarte ayuda y apoyo en casi todas las áreas de tu vida.

Trabajar con el ministerio puede ser realmente divertido ya que, como «proveedores de bondad», los ángeles que a él pertenecen obtienen un gran placer al servirnos, ofreciéndonos dones, regalándonos sorpresas, deleitando nuestros sentidos y allanando nuestro camino. En el ministerio de los ángeles existen infinitos departamentos, como por ejemplo, aparcamiento, ordenadores, compras, costura, viajes, oficina, sanación y demás —para cada necesidad hay ángeles dispuestos a servirnos—. El ministerio está a nuestra disposición las veinticuatro horas de los siete días de la semana y se pone en acción en el mismo momento en que pedimos ayuda. La única condición es que nuestros fines sean benévolos y no hagan daño a nadie... Con esta excepción, ¡tenemos la libertad de disfrutar de sus bendiciones!

Mi madre comenzó a coser a muy temprana edad y siempre ha sido su actividad preferida. Tal como ella dice: «Es el tiempo que dedico a desconectarme del mundo exterior y hablar con Dios». Por ello, tiene una relación particularmente estrecha con los ángeles asociados a la costura, a quienes invoca para que le ayuden a encontrar las preciosas telas que luego la inspiran cuando trabaja ensimismada con un patrón o con un nuevo diseño; y también los llama cuando tiene dificultades para llevar a la práctica lo que está visualizando.

Hace veinticinco años, se ofreció a confeccionar mi vestido de boda y, como de costumbre, solicitó la ayuda de los ángeles de la costura. Cierto día me llamó muy excitada para contarme que la habían guiado hacia la trastienda de un pequeño comercio de tejidos que no conocía. Allí, en medio de una enorme pila de retales, había encontrado un rollo de seda italiana bordada a mano con un diseño muy elaborado, perfecta para el corpiño de mi vestido. Como si aquella sorpresa no hubiera sido suficiente, cuando miró la etiqueta del precio descubrió que un tejido que normalmente le hubiera costado entre 200 y 500 dólares, ¡se vendía a 25 dólares! Incapaz de dar crédito a lo que veían sus ojos, se dirigió a la parte delantera de la tienda y preguntó al propietario: «¿Es éste el precio de esta tela?».

«No —contestó el dueño—. La hemos rebajado otra vez; desde hace días tengo la intención de poner una nueva etiqueta que indique 12.50 el metro, pero todavía no he encontrado el momento para hacerlo. Como puede ver, es un tejido precioso, pero está en la tienda desde hace mucho tiempo y queremos venderlo. De hecho, si le gusta, le doy el rollo completo por 100 dólares.»

Según me contó más tarde, mientras sujetaba firmemente aquella tela que valía más de 2000 dólares, mi madre se quedó sin habla durante cinco segundos antes de poder responder: «¡Va a hacer usted un buen negocio. ¡Me la llevo!».

Huelga decir que aquella historia que me contó mi madre me llenó de alegría, aunque luego consiguió impresionarme de verdad al mostrarme el traje de boda más elegante (con guantes a juego) con el que jamás hubiera podido soñar. Una vez más, los ángeles de mi madre le dieron la sorpresa perfecta para fomentar su creatividad y aumentar su placer.

Mi marido, Patrick, tiene una intensa relación con otro grupo muy específico del ministerio: los ángeles de las ofertas. Es muy probable que haya forjado esta relación muy tempranamente en su vida —ya que creció en el seno de una familia numerosa con pocos recursos económicos, para la cual las rebajas eran la única forma de poder hacer frente a todos los gastos— pero, independientemente del motivo, no conozco a ninguna otra persona que tenga la suerte de estar en el lugar correcto y en el momento oportuno para conseguir la rebaja del siglo.

Desde hace mucho tiempo, los ángeles de las ofertas disfrutan bendiciéndolo con frecuentes y maravillosas sorpresas. Por ejemplo, lo condujeron hasta su primer coche: un Oldsmobile Delta 88 por el que pagó solamente 300 dólares. A su vez, esa transacción comercial lo guió hacia un trabajo cuyo requisito era disponer de vehículo propio y estar dispuesto a viajar con frecuencia cobrando una dieta de 32 centavos por kilómetro. El coche funcionó a la perfección durante más de 200 000 kilómetros, de modo que logró recuperar su inversión inicial y, además, consiguió reunir suficiente dinero como para pagarse un viaje alrededor del mundo –un sueño que acariciaba desde niño.

En una ocasión, Patrick fue conducido hacia una feria de muestras (antes de que fuera anunciada al público) y al volver a casa me sorprendió con una cubertería de plata, cuyo valor era de 1200 dólares y que él había conseguido sólo por 20; además, había comprado una magnífica mantelería con un coste aproximado de 700 dólares por solamente 30.

Otro día, los ángeles le indicaron que se dejara caer por las rebajas de la Feria Mercantil de Chicago, donde consiguió los mejores adornos de Navidad por un dólar cada uno, cuando su precio original era de cientos de dólares. Encontró tantos tesoros que cada Navidad nuestro hogar se convierte en un patio de juegos infantil y en un mágico país de las maravillas. El día de las rebajas, volvió a casa con un sombrero de Santa Claus y cantando a voz en cuello, feliz de haber conseguido todas aquellas cajas de adornos y muñecos fabulosos por menos de 200 dólares.

Estos ángeles de las ofertas no han dejado nunca de ayudarlo a lo largo de todos estos años. Hace poco tiempo, mientras visitaba a uno de sus clientes, los ángeles insistieron en que mi marido entrara en un centro comercial de artículos de ocasión, situado junto al despacho de su cliente. Entró en una tienda de diseño y, para su sorpresa, encontró jerséis, trajes, camisas y pantalones de Giorgio Armani marcados con un 90% de descuento. Maravillado por la calidad y el precio de aquellas prendas, preguntó al dependiente si era frecuente que rebajaran tanto los precios. El joven le respondió que se trataba de una situación especial: los encargados de hacer los pedidos para la tienda habían sobrestimado la temporada y ahora se veían obligados a deshacerse rápidamente de los artículos. Según creía recordar, era la primera vez que hacían algo semejante. Agradeciéndoselo a sus ángeles, Patrick volvió a casa con un montón de ropa de excelente calidad, con la que jamás habría podido soñar.

En cuanto a mí, existe una miríada de ejemplos que pueden demostrar cómo me ayudan mis ángeles, pero uno de mis favoritos sucedió precisamente después de haber perdido mi trabajo, cuando la compañía aérea para la que trabajaba fue absorbida por otra empresa y los auxiliares de vuelo fueron a la huelga. Los ángeles que se ocupan de los viajes comenzaron a trabajar de inmediato en mi nombre, aunque aún habrían de pasar tres años para que el conflicto por fin se solucionara (y justamente el día que di a luz a mi segunda hija).

A las primeras cien personas convocadas por la compañía, se les ofreció viajar gratis con toda su familia y durante toda la vida a cambio de su puesto de trabajo... y yo fui la persona número cien. En realidad, no tenía la menor intención de reincorporarme al trabajo, dado que ya había abierto mi consulta como vidente, de modo que esta oferta fue como ganar la lotería. Podía quedarme en casa y disfrutar de mi familia, dedicarme a hacer lo que me gustaba y viajar por el mundo. ¿Te das cuenta ahora de qué generosos pueden ser los ángeles si les permites hacer milagros para ti?

¿Sabías que los ángeles del ministerio...

...son tus soldados de infantería?
...son los proveedores de cosas buenas?
...atienden todas tus necesidades?
...te sirven para complacer al Creador?
...tienen una vibración brillante y rápida como un rayo láser?

Mi madre me enseñó a trabajar con el ministerio diciéndome: «Pon a tus ángeles a trabajar para ti y ten la esperanza de que van a suceder cosas buenas». Y tras permanecer un rato en silencio, agregaba: «Espero que me cuentes todas esas cosas buenas cuando vengas a visitarme».

Hasta el día de hoy pido a mis ángeles que me ayuden en cualquier tarea que emprendo. Se ha convertido en un hábito y nunca me atrevería a hacer nada sin su colaboración —¡sería como viajar en clase turista cuando me han ofrecido un billete de primera clase!

Es probable que te lleve un tiempo acostumbrarte pero, si lo practicas con frecuencia, te resultará cada vez más sencillo invocar a tus ángeles para que te asistan, porque cuando ellos intervienen todo resulta más fácil y rápido, y las cosas salen mucho mejor. Recuerda que tener una vida fascinante depende exclusivamente de ti... y será tanto más cautivadora cuanto más dispuesto estés a invocar al ministerio.

Tu turno

Conectar con el ministerio de los ángeles es tan simple como conectar con tu ángel de la guarda —lo único que debes hacer es tener fe y pedir ayuda—. Para prosperar es preciso aceptar que, del mismo modo que te comunicas con todos los espíritus que te apoyan, también puedes establecer una relación con el ministerio —por lo tanto, cuanto más asiduamente trabajes con él, más fuerte será el vínculo.

La mejor forma de poner en práctica tu relación con el ministerio es acometer cualquier empresa con una breve plegaria, como por ejemplo: «Ministerio de los ángeles, supervisa todo lo que hago y concédeme tu ayuda para que sea fácil, mágico y esté lleno de regalos. Gracias». Siente su presencia cuando los ángeles acuden en tu ayuda. Mejor aún, otórgales la libertad de trabajar en tu nombre en cualquier momento, ¡pidiéndoles que estén siempre dispuestos a cumplir con su misión!

Capítulo 6

Vivir con influencias angélicas

Conectarte con tus guías angélicos es muy sencillo y, con un poco de esfuerzo, podrás advertir su presencia constante. Cierra los ojos ahora mismo y comprueba si eres capaz de percibir a tu ángel custodio cerca de ti... ¿Dónde crees que está? ¿A tu derecha, a tu izquierda, al otro lado de la habitación o acaso detrás de ti? (La mayoría de las veces que siento la presencia de mi ángel de la guarda, Brillante, sé que se halla a mi derecha. Sin embargo, mientras estoy haciendo una lectura a alguno de mis clientes, se sitúa entre ambos.)

Ahora, intenta invocar a los arcángeles y toma nota de qué diferente es su vibración: ¿puedes sentir la intensidad afectiva aunque enérgica que los caracteriza? Parece que supieran que tú nunca te animarías a desafiarlos (¡Y tampoco osaría hacerlo ninguna otra persona!) Ahora intenta percibir las sutiles variaciones que existen entre cada uno de los arcángeles. Por ejemplo, Miguel tiene una poderosa energía de guerrero, mientras que la de Gabriel es más profunda y serena.

Otra forma de identificar las vibraciones angélicas es percibirlas como diferentes sutiles matices del mismo color. Por ejemplo, los arcángeles se pueden reconocer como intensos rayos de color azul índigo, tu ángel guardián podría ser azul cielo y el ministerio sería azul celeste –en una palabra, todos son singulares aunque comparten un vínculo común.

Confía en lo que sientes y no permitas que tu intelecto interfiera en el proceso sugiriéndote que eres tú quien ha inventado toda esta historia.

Como quizás no te sientas cómodo expresando cómo percibes el mundo de los videntes, no es de extrañar que dudes o te cuestiones si todas estas diferencias no serán un simple producto de tu fantasía. La respuesta, por asombroso que pueda parecerte, es que eso es precisamente lo que estás haciendo, ya que el espíritu se conecta contigo a través de tu imaginación. Pero, por otra parte, no deja de ser una percepción real –sólo que difiere de todo lo que te han enseñado a reconocer.

Agudiza tu conciencia todavía un poco más para sintonizar con las frecuencias energéticas del ministerio de los ángeles. Otra vez, presta atención a las sutiles variaciones de sus vibraciones en comparación con las de tu ángel de la guarda o de alguno de los arcángeles. Recuerda que la conciencia es un sentido como el gusto, la vista, el tacto, el oído y el olfato. Se necesita práctica para agudizarla y es preciso aceptar que existe una curva de aprendizaje para no obsesionarse con hacerlo «bien». En cuanto te familiarices con el tema, descubrirás que es tan sencillo como identificar diferentes texturas y perfumes o como distinguir los instrumentos que componen una orquesta. Recuerda que el cerebro es un órgano muy sofisticado, capaz de asimilar, clasificar y reconocer de inmediato gran cantidad de información.

¿Sabías que...

...una de las mejores formas de diferenciar las diversas vibraciones angélicas de los seres espirituales que acuden a tu lado es darles la bienvenida verbalmente? Comienza diciendo: «Buenos días, ángel de la guarda. [pausa] Buenos días, arcángeles. [pausa] Buenos días, ministerio de los ángeles». Luego deberías hacer una nueva pausa para conectarte de un modo consciente con cada frecuencia.

Christine es una clienta con la que trabajé durante algún tiempo. Tenía un montón de problemas físicos y emocionales y una enorme necesidad de ayuda y apoyo.

Se había casado a edad temprana con un hombre alcohólico y violento, y vivía en un estado de miedo constante, magnificado por la tensión y el abuso a los que la sometían sus propios padres, quienes luchaban por liberarse de la misma adicción que tenía su marido. Y por si esto no fuera suficiente, sufrió un accidente de coche que le provocó una grave y dolorosa lesión en la espalda y muchas dificultades para andar. Poco tiempo después, le diagnosticaron trastorno de estrés postraumático como consecuencia del accidente que le había causado su discapacidad. Agobiada por sus problemas y sintiéndose muy sola, llegó hasta mí... y el día convenido para la cita salió furtivamente de su casa, guiada por el temor de que su marido podía maltratarla si llegaba a descubrir que venía a verme.

En cuanto la conocí, me resultó evidente que su autoestima era terriblemente baja. Se consideraba «mercancía defectuosa» y creía que su única opción era soportar los abusos de su marido, puesto que él era todo lo que tenía en el mundo. Al escuchar su historia, decidí que el primer punto del orden del día era presentarle a sus fuerzas angélicas para que se sintiera protegida y libre. Al principio se rió de mis palabras, asegurándome que tenía que estar muy desesperada para invocar a los ángeles. Le comuniqué con toda naturalidad que ya no era necesario que se desesperara —lo único que debía hacer era llamar periódicamente a sus ángeles.

A continuación le indiqué que cerrara los ojos e invocara a los ángeles para que la ayudaran, que intentara sentir su intensa y afectiva vibración, y que cuando percibiera su presencia me lo comunicara. Cuando movió la cabeza para indicarme que creía que estaban con ella, le pedí que describiera exactamente lo que sentía.

Después de vacilar un momento, me indicó que percibía una presencia cálida y protectora a su alrededor —como si la hubieran arropado con una toquilla de bebé y la estuvieran acunando. Le expliqué que se trataba de su ángel custodio, que quería hacerle saber que se encontraba a salvo.

De pronto, Christine se estremeció y me explicó que había sentido un intenso escalofrío a lo largo de la columna y que creía distinguir una enorme presencia junto a ella. Le comuniqué que se trataba del arcángel Miguel, patrón del amor y de la protección. Sin abrir los ojos, sonrió y continuó respirando, concentrada en las vibraciones; poco después relajó el entrecejo. «Si esta fuerza está conmigo —comentó—, entonces usted tiene razón y no tengo nada que temer.»

«Claro que no. Ahora sus ángeles la acompañan», le aseguré.

Después de varias sesiones, Christine se sintió capaz de comunicarse con los ángeles por sus propios medios. Harta de sentir miedo, invocó a su ángel guardián (junto con Miguel, Raguel y el ministerio de ayuda personal) todos los días durante varias semanas —y cada vez se sentía más fuerte—. Sintiéndose segura, como una orquesta sinfónica afinando sus instrumentos antes del concierto, mi clienta percibió que su equipo de ayuda acababa de entrar en su vida.

Una noche, su marido volvió borracho a casa y comenzó a gritarle; Christine experimentó una conocida sensación de flaqueza que se apoderaba de su espalda y de sus piernas —sin embargo, en esta ocasión la flaqueza se desvaneció repentinamente—. Los ángeles acudieron en su ayuda y, en ese mismo momento, todos sus miedos —de él, de la dependencia, de su discapacidad— abandonaron su cuerpo. Se puso de pie con firmeza (libre del dolor por primera vez en muchos años) y con una sólida determinación lo miró a los ojos y le dijo: «He terminado contigo y con toda esta locura». Después de pronunciar esas palabras, se dirigió en silencio hacia la puerta. Según me comentó más tarde, sintió como si el cielo se hubiera puesto a cantar.

Cuando Christine abandonó su antigua vida, comenzó una nueva y promisoria etapa: pidió el divorcio, empezó una terapia y asistió a las reuniones de Alcohólicos Anónimos, consiguió un trabajo que le agradaba en un vivero y volvió a casarse con un hombre cariñoso y amable con quien tuvo un hijo precioso.

«Si no me hubiera conectado con mis ángeles y les hubiera pedido que quitaran de mi vida todo lo que me hacía daño, ¿quién sabe qué habría sido de mí? Su ayuda me ha salvado la vida y me ha dado un hijo, por no mencionar las dos fuertes piernas que me sostienen», me dijo en una ocasión.

Tu turno

Agudizar la conciencia para percibir la presencia de los ángeles es el mejor camino para forjar una intensa relación con ellos. Mientras te duchas o cuando te relajas en la bañera, intenta discriminar sus diferentes vibraciones. (Esto es muy parecido a tocar escalas en un piano.) Invoca con serenidad la vibración de:

— tu espíritu;
— los espíritus de aquellos con quienes te relacionas;
— tu ángel de la guarda;
— los arcángeles;
— el ministerio de los ángeles.

Después de llamar a cada uno de ellos, debes hacer una pausa para sentir los cambios sutiles de cada vibración en particular; no compliques demasiado el ejercicio para que no parezca un trabajo. Usa tu corazón y tu imaginación, y descarta tu inteligencia crítica. Y lo que es más importante, advierte la paz y la serenidad que te inundan cuando sintonizas con ellos, y permítete disfrutar de la intrincada y hermosa colección de energías que están a tu alrededor en un plano que no es físico.

En el transcurso de los próximos días o semanas, dedica todo tu empeño a percibir tus fuerzas angélicas y acostúmbrate a sus vibraciones afectivas y a su apoyo. Intenta diferenciar estas energías varias veces al día, hasta que sientas que lo has conseguido. En cuanto te hayas conectado con los ángeles y ellos se hayan convertido en seres familiares para ti, pasaremos al siguiente nivel espiritual de apoyo y orientación: tus guías espirituales.

PARTE III

Preparándote para conocer a tus guías espirituales

Capítulo 7

Preguntas frecuentes sobre tus guías espirituales

La cantidad de guías y recursos espirituales dispuestos a prestarte ayuda a lo largo de toda tu vida es interminable. Además de tus ángeles, en el Otro Lado existe un número infinito de ayudantes conocidos como «guías espirituales»; son tan variados como las personas que hay en tu vida, y están listos para servirte en todo tipo de propósitos a corto y largo plazo. Si consideras que tus ángeles son tus guardaespaldas y tus soldados de infantería, tus guías espirituales son tu cuerpo personal de voluntarios... preparados para colaborar eficientemente contigo en cualquier momento que decidas recurrir a ellos.

Cuando se aborda el tema de los guías espirituales es inevitable que surjan muchas preguntas y éstas pueden ser muy específicas, según cuáles sean los guías en cuestión. Este capítulo es una especie de curso intensivo de guías espirituales. Te proporcionará respuestas generales para preguntas que servirán de base a explicaciones más detalladas, y que irán surgiendo a medida que te familiarices con los diferentes tipos de guías en la próxima sección del libro.

Por tanto, con la esperanza de ofrecerte la mayor cantidad de información básica relacionada con el mundo espiritual, voy a citar las cuatro preguntas más frecuentes asociadas a nuestro siguiente nivel de guías:

1. ¿Cuál es la diferencia entre los ángeles y los guías espirituales?

Existen muchas diferencias importantes entre los ángeles y los guías espirituales. Entre ellas se incluyen su experiencia (o la falta de ella) con la forma humana –que les sirve para cumplir su propósito en nuestra vida, su compromiso a la hora de desempeñar su labor y su modo de comunicarse con nosotros.

Por ejemplo, los ángeles nunca han vivido la experiencia de estar ligados a la tierra, mientras que los guías espirituales lo han hecho al menos una vez y, por ello, comprenden de primera mano los desafíos y pruebas particulares a los que nos enfrentamos los seres humanos. En consecuencia, están a nuestra disposición cuando los necesitamos; nos alientan y nos asisten además de enseñarnos a desarrollar nuestra alma y a dominar con maestría nuestra creatividad humana.

Las palabras clave en el párrafo anterior son *cuando los necesitamos*. Existe una diferencia entre los ángeles –a quienes Dios ha asignado la Divina tarea de servirnos las veinticuatro horas del día, desde el comienzo hasta el final de nuestras vidas– cuya influencia recibimos todos los días (independientemente de que seamos o no conscientes de ello), y los guías espirituales que, a pesar de estar a nuestra absoluta disposición, no pueden servirnos ni dirigirnos sin nuestro consentimiento.

Lo que sí pueden hacer (y, de hecho, hacen) es atraer nuestra atención e intervenir para que solicitemos su ayuda, aunque deben respetar nuestra vida y no pueden entrar en ella sin invitación.

Por último, por estar muy cerca de Dios, los ángeles tienen una vibración muy superior a la de los guías —y es muy sencillo conectarse con ellos—. Nos protegen, nos inspiran, nos infunden energía y nos otorgan poderes; sin embargo, aunque pueden ejercer influencia sobre nosotros a través de nuestra conciencia, no necesariamente nos ofrecen consejos o instrucciones directas como hacen nuestros guías espirituales.

2. ¿Quiénes son los guías espirituales?

Como la mayoría de los guías espirituales son seres que han vivido al menos parte de su existencia en la tierra, no debe sorprendernos que hayan regresado para servirnos. De hecho, algunos de ellos pueden conectarse con nosotros porque han afrontado retos similares en su vida terrenal y desean ofrecernos su colaboración para facilitarnos el camino. Otros pueden manifestarse para asistirnos en determinados proyectos o tareas, porque en su vida anterior eran maestros en la disciplina que nos interesa o en la que estamos trabajando.

Los guías espirituales también pueden ser miembros de nuestra familia que han cruzado la frontera y eligen permanecer en contacto con nosotros desde el plano espiritual para ofrecernos su orientación y su ayuda. De un modo similar, ciertas entidades que quizás hayan compartido con nosotros una relación importante o un trabajo espiritual en una vida anterior pueden decidir seguir trabajando con nosotros en esta vida con el fin de contribuir al continuo enriquecimiento de nuestra alma.

También existen maestros espirituales –algunos de los guías más importantes– que desean ayudarnos a comprender nuestra verdadera naturaleza espiritual mientras colaboran en la evolución de nuestra alma.

Y luego están los exploradores y los corredores, o guías que han estado muy próximos a la tierra en encarnaciones pasadas, tal como los nativos americanos, que nos ayudan a estar más vinculados con el mundo natural.

Además de todas estas maravillosas entidades, el guía que se manifiesta ante ti para ayudarte puede ser incluso tu propio Ser Superior, que es tan bello e iluminado como cualquier otro guía que acuda a tu encuentro.

3. ¿De dónde vienen los guías espirituales?

La respuesta a esta pregunta es un poco complicada, ya que los guías espirituales proceden de una gran cantidad de reinos y campos energéticos diferentes. También hay muchos que entran en el plano terrenal desde otras galaxias y sistemas solares –algunos de ellos nunca han poseído un cuerpo físico– y se conectan con nosotros para asistirnos en la tarea de mantener el planeta en equilibrio y en paz.

4. ¿Cuántos guías espirituales tenemos?

Mi maestro Charlie Goodman me enseñó que, en general, las personas pueden tener acceso a un máximo de treinta y tres guías (excluyendo a sus ángeles). Sin embargo, si el individuo consigue ampliar su conciencia y elevar su vibración, puede llegar a conectarse con cualquier cantidad de guías. Por ejemplo, cuando era apenas una niña comencé a trabajar con dos guías: a uno de ellos lo había apodado Dot porque lo visualizaba como un punto de luz brillante en el ojo de mi mente (creo que era mi Ser Superior); a la otra la llamaba Rose porque se parecía mucho a santa Teresa; siempre tuve la sensación de que habíamos compartido vidas anteriores.

Además de ellos (que siguen trabajando conmigo y con los cuales guardo una estrecha relación), me puse en contacto con otro guía llamado Joseph —con quien sí compartí una vida pasada entre los Esenios—. También él me acompaña desde la infancia y, aunque viene y va, siempre acude en mi ayuda cuando lo necesito para resolver algún asunto relacionado con la salud física.

A medida que maduraba y mi alma continuaba evolucionando, comencé a relacionarme con varios de mis maestros espirituales. Primero conocí a tres obispos franceses de la Edad Media asociados con los Rosacruces, que fueron mis maestros en otras vidas. Ellos estarán siempre conmigo, como también otras dos maestras procedentes de otra galaxia que se denominan a sí mismas las «Hermanas Pleyadianas». No creo haber tenido ninguna conexión con ellas en una vida anterior; se acercaron a mí movidas por su deseo de ayudarme en mi trabajo de enseñar a las personas a descubrir su propósito en la vida.

Hace poco tiempo he empezado a establecer contacto con un nuevo grupo de guías que se autodenominan los «Emisarios del Tercer Rayo». Se trata de un equipo que no se dirige directamente a las personas sino que, por lo general, habla a través de mí cuando me presento ante grupos numerosos.

Como puedes comprobar, no sólo puede cambiar el número de guías presentes en tu vida, sino que también los mismos guías –y la cantidad de tiempo que permanecen a tu lado– pueden variar, evolucionar y alternarse mientras tu alma se enriquece. Con el paso de los años he tenido muchos guías –principalmente ayudantes y sanadores– que en un determinado momento se alejaron de mí para dejar que entraran nuevas entidades en mi vida. Esto sucede de forma constante... ¡Es como una puerta giratoria!

Lo mismo se puede aplicar a mi marido. Patrick tiene varios guías maravillosos y muy leales que lo ayudan en diferentes aspectos de su vida. Por ejemplo, Seamus el Rey –uno de sus maestros espirituales, que le infunde confianza para desarrollar sus dotes de mando–, Jean Quille, un guía ayudante –con quien ha compartido muchas vidas pasadas– que trabaja con ahínco para ayudar a Patrick a conservar viva su pasión por la aventura y la diversión, y Larry, su guía compañero que lo ayuda a escuchar y a comunicarse mejor.

Además de este trío, Patrick también se ha conectado con un artista llamado Vincent, que apareció por primera vez ante él hace varios años para motivarlo a pintar (una de sus mayores pasiones), y por último Mary, una maestra que le enseña a ablandar su corazón y a comprender lo femenino... ¡y muy en especial a las mujeres de su familia!

Mi hermana Cuky trabaja con muchos guías que fueron miembros de nuestra familia y a los que estaba muy unida cuando vivíamos en Denver y ella era una niña –principalmente los abuelos Choquette y nuestra tía abuela Emma Bernard. Ellos mantienen su espíritu luminoso, afectivo y risueño.

Cuky trabaja en el campo de la sanación y siempre ha atraído a una gran cantidad de hermosos guías —incluidos muchos ancianos sanadores de Hawai y Polinesia, así como guerreros con los que compartió vidas anteriores—. Estas entidades se manifiestan en su «sala de sanación» y ella los canaliza a través de su cuerpo para liberar a sus clientes de los residuos del pasado. De hecho, en cierta ocasión me hizo un tratamiento (con la ayuda de sus guías) y mi espíritu abandonó mi cuerpo para eliminar obstáculos y volver a centrarse, mientras mi cuerpo físico se vaciaba de las perturbaciones energéticas.

¿Sabías que...

...los guías pueden ser sanadores, ayudantes, maestros, corredores, vínculos afectivos de vidas pasadas, familiares, seres superiores de otras galaxias e incluso animales?

...tienes el derecho de solicitar únicamente la ayuda de los guías superiores y cuando lo hagas no tienes ninguna obligación de escuchar un consejo que no te parezca adecuado?

...cuanto más abierto estés a tus guías y a su ayuda, tanto mejor será tu vida?

...la única función de los guías es ofrecerte su colaboración?

No debes olvidar que algunos guías espirituales son mejores que otros; por eso es importante asegurarnos de que estamos trabajando con los más cualificados. Encarnados o no, todos estamos realizando un viaje hacia la conciencia superior y debemos recordar que el hecho de que alguien se haya convertido en un espíritu y desee servirnos de guía no significa necesariamente que tenga la claridad suficiente para orientarnos.

Y esto me trae a la memoria el caso de María, la madre de una clienta llamada Amy, cuyo espíritu estaba sirviendo de guía a su hija y, aunque ésta se hallaba emocionada de poder seguir conectada con su madre después de su muerte, pronto descubrió que seguía siendo tan cauta y temerosa como lo había sido en vida. Cada vez que Amy quería emprender un viaje o alguna aventura lo consultaba con su madre y siempre recibía las mismas advertencias: «¡Ten cuidado!» o «¡Caray, eso es muy caro!», en lugar de escuchar: «¡Eso es fantástico, disfrútalo!».

«Luché contra sus miedos durante toda mi vida —comentó Amy exasperada—, y ahora pretende fastidiarme hasta el infinito.»

Comprendiendo perfectamente su situación, respondí: «¿Por qué no dejas de pedirle su opinión sobre ciertos asuntos? En cuerpo o en espíritu, sigue siendo la madre que conoces y amas. Si, de todos modos, decides preguntarle su parecer no debes sorprenderte de lo que te diga.»

Amy tenía que acostumbrarse a contarle a María aquellos asuntos en los que realmente deseaba recibir su consejo —como, por ejemplo, para que le reafirmara su amor y su presencia continua en su vida y en su corazón— y abstenerse de comunicarle ninguna decisión que implicara una aventura o un capricho, un terreno que a su madre no se le daba muy bien.

Es muy importante que seas consciente de tus propias intenciones antes de conectarte con tus guías. Una de las razones por las que las personas tienen dificultades para relacionarse con ellos o para percibir su presencia es que están demasiado ansiosas por cambiar su vida por completo. Los guías espirituales superiores —cuyas almas son elevadas y tienen un genuino interés en fomentar tu crecimiento— se limitan a ofrecer sugerencias y *jamás* te indicarán lo que tienes que hacer. Tú mismo descubrirás si un guía tiene una vibración elevada (y considerarás si merece la pena escucharlo), pues se negará a conectarse contigo e intervenir en tus asuntos si no se lo pides, a pesar de saber que eso es precisamente lo que deseas. Los guías espirituales superiores comprenden que no tienen derecho de dirigir tu vida en ningún sentido (¡ni tú deberías autorizarlo!) ya que en el plano terrenal estás asistiendo a una «escuela espiritual» para aprender a reclamar tu poder creativo Divino. Tus guías pueden servirte de tutores... ¡pero no pueden hacer tu tarea escolar!

Tu turno

Conocer a tus guías y aprender a trabajar con ellos es muy emocionante y, gracias a su colaboración, tu vida será mágica y carecerá de tensiones. Ellos están preparados para ayudarte en cualquier ocasión y se mantienen a la espera del momento en que los invitarás a implicarse en tu vida.

La mejor forma de iniciar el vínculo es dedicar algún tiempo a reflexionar sobre cuáles son las parcelas de tu vida en las que pueden ofrecerte el mejor servicio. Haz un inventario de tu vida y pregúntate qué áreas están en orden y en cuáles necesitas ayuda. Elabora mentalmente o por escrito una lista de todas las cosas que te gustaría hacer. ¿En qué campo estás falto de apoyo espiritual? ¿En qué tarea o disciplina precisas más colaboración? Una vez que hayas dilucidado en qué aspectos de tu vida necesitas asistencia, nos ocuparemos de los pasos que se requieren para ponerte en contacto con los guías que pueden ayudarte a conseguir tus objetivos.

Capítulo 8

Preparándote para conocer a tus guías espirituales

Una vez que ya tienes acceso a una gran variedad de bellos espíritus dispuestos a trabajar contigo en favor de la evolución de tu alma y a ayudarte a superar tus retos cotidianos, es hora de que empieces a prepararte para iniciar la comunicación con ellos. Este capítulo te servirá como un manual de instrucciones que te indicará el camino paso a paso.

Paso 1: pregúntate lo preparado que estás para recibir a tus guías

Este primer paso puede parecer muy obvio. De hecho, siempre que hago esta pregunta, la mayoría de mis clientes y alumnos comparten la opinión de que están completamente dispuestos a obtener su ayuda —en caso contrario, ¿por qué estarían hablando conmigo?—. Aunque creas que ése también es tu caso, mi experiencia como maestra y guía me ha permitido aprender que no siempre es tan simple.

Con mayor frecuencia de lo que se podría imaginar, he dado consejos a mis clientes que podrían haberles facilitado el camino y, sin embargo, ellos los ignoraron o rechazaron. Por ejemplo, muchas personas que se dedicaron frenéticamente a tomar notas durante una lectura personal dejaron luego la libreta olvidada sobre mi escritorio... y no volvieron jamás a recogerla. Incluso he tenido clientes que hablaron sin parar durante toda la sesión, sin darme tiempo para intervenir ni ofrecerles ninguna sugerencia, pues sólo querían escucharse a sí mismos. No hay nada malo en ello —pero eso es algo muy diferente a buscar ayuda.

Yo misma he ignorado a veces la guía espiritual —como por ejemplo cuando decidí consultar a mis guías sobre una nueva y talentosa amiga, de cuya presencia disfrutaba tanto que consideré la posibilidad de trabajar con ella. Los guías me advirtieron que no era la compañía indicada para compartir un proyecto, pues se trataba de una persona ambiciosa que no pensaba más que en sí misma. Como yo no compartía esa opinión, hice caso omiso de sus palabras.

También ignoré a mi hermana, a mi marido, a mis amigos e incluso a mis hijas —todos ellos consideraban que trabajar con aquella persona me reportaría problemas. No obstante, fui terca y me negué a escucharlos—. ¡Más tarde me sorprendí cuando la situación resultó ser exactamente como todos ellos habían previsto! Simpatizaba tanto con esa mujer que estaba ciega ante su ambición que, a largo plazo, se impuso a nuestra amistad.

Como puedes ver, es extremadamente difícil aceptar consejos (¡incluso para mí!) una vez que se ha tomado una decisión. Hace muchos años, cuando los clientes venían a ver a mi madre para que los orientara, lo primero que ella hacía era preguntarles: «¿Quiere de verdad un consejo o simplemente pretende que esté de acuerdo con lo que usted piensa?». Sólo entonces comenzaba la lectura.

Si lo que deseas es tener una conexión satisfactoria con tus guías, es una pregunta excelente. También es una buena oportunidad para que consideres que es completamente factible vivir sin pedir asistencia ni apoyo —tus guías nunca interferirán en tu decisión—. Debes ser sincero contigo mismo respecto a lo abierto y receptivo que estás para recibir ayuda, y cuando realmente la necesites y la pidas, la tendrás a tu disposición.

Otra cosa importante que mi madre me enseñó fue que nunca debería pedir un consejo a mis guías a menos que estuviera dispuesta a escucharlos... pues si ignoraba sus palabras con frecuencia, en el futuro ellos guardarían silencio. En esencia, esto significa que tienes acceso a tus guías en todo momento ¡y que ellos te brindarán su apoyo únicamente si tú lo consientes!

Paso 2: aprende a aquietar tu mente y a escuchar lo que sucede en tu interior

La guía espiritual es tan sutil que a tu mente le resulta muy sencillo abalanzarse sobre ella y descartarla como si fuera una tontería. También puede intentar convencerte de que todo es producto de tu imaginación; sin embargo, ya he mencionado que la ayuda espiritual para tu alma y tu conciencia se transmite justamente a través de tu imaginación. Por ello, este paso es crucial.

Hay muchas sencillas habilidades que puedes llegar a dominar con maestría y que te ayudarán a ser más receptivo, como por ejemplo escuchar con atención y respirar tranquilamente. Para la primera de ellas, cierra los ojos y escucha una música clásica que sea relajante, sin interrupción. Elige una melodía que te llegue al corazón e intenta identificar los diferentes instrumentos. Mientras te dejas llevar por la música, no te sorprendas si acuden a tu mente mensajes sutiles. En ese caso, ten la deferencia de considerarlos una introducción a la guía espiritual.

Respirar relajadamente puede contribuir a que estés más receptivo a tu conciencia interior, lo cual te permitirá abrir los canales apropiados para comunicarte con el reino del espíritu. Puedes combinar fácilmente ambas habilidades la próxima vez que estés conversando con alguien, mirando a tu interlocutor directamente a los ojos y, si fuera posible, compartiendo su ritmo respiratorio (lo que significa que tú inspiras y espiras al mismo tiempo que él). No te resultará difícil si prestas atención a la respiración de la otra persona y te acoplas a ella —al hacerlo, se establece automáticamente una vibración común y ambos corazones se abren—. A continuación, las dos almas se unen y se abre el camino a una conexión más profunda.

Posteriormente, serénate y respira en profundidad con tu propio ritmo mientras escuchas lo que dice tu interlocutor. Antes de responder, déjalo terminar. ¡Después de haber respirado relajadamente, te sorprenderá oír lo que sale de tu boca cuando por fin decidas empezar a hablar!

¿Sabes cómo cambiar de canal? Prueba esto…

Una de mis herramientas favoritas es «cambiar de canal». Para hacerlo basta con decir: «Respecto a ese tema, mi cerebro dice   [rellenar el espacio en blanco]». Luego haz una pausa y continúa: «Respecto a ese tema, mi corazón y mi guía interior dicen   [llenar el espacio en blanco]». Este ejercicio te ayudará a cambiar de canal tu conciencia y abandonar su cháchara mental para pasar a las frecuencias superiores del espíritu.

También puedes dar la bienvenida a tu espíritu aprendiendo a meditar. Esta sugerencia siempre provoca un suspiro generalizado entre mis alumnos; sin embargo, es un paso necesario para aprender a calmar la mente y disciplinarse, para poder concentrar tu atención en las sutiles vibraciones del espíritu.

Para meditar no es necesario retorcerse para adoptar la posición de loto ni tampoco pronunciar el «om»… ¡Ni siquiera tienes que permanecer sentado! He disfrutado de muchos momentos meditativos gloriosos mientras andaba, cocinaba, limpiaba, arreglaba el jardín e incluso mientras doblaba la ropa limpia. La clave de mi éxito personal en esta práctica es que dejo de pensar en el futuro y el pasado para concentrarme en mi respiración, disfrutar del mundo que me rodea y prestar atención únicamente a lo que estoy haciendo en ese momento. (Thich Nhat Hanh, el célebre monje budista denomina a este proceso «la meditación consciente».) Mientras practicas estás más abierto a recibir apoyo y orientación; puedes comunicar a tus guías que es una buena ocasión para manifestarse porque tu atención está relajada y gozas de toda la libertad que necesitas para escucharlos.

Otro paso preparatorio es rezar —a menudo y con constancia—. Puedes hacerlo del modo que prefieras, pues se trata de una simple conversación con Dios, con el Universo y con todos los ayudantes de Dios. Cuanto más reces, más altas serán tus propias frecuencias y más fácil te resultará ponerte en contacto con tus guías.

Cuando pronuncies tus plegarias debes entregar tu corazón y tu alma a tu Creador, y también agradecerle todas las bendiciones que recibes a diario. Las oraciones de gratitud son particularmente adecuadas para elevar tu frecuencia, pues abren tu corazón y enfocan tu conciencia en todo el amor y el apoyo que ya existen en tu vida.

¿Sabías que...

...cuanto más aprecies tus bendiciones actuales y el apoyo que recibes, más fácil será seguir conectado con tus guías?
Una de mis oraciones favoritas es:
«Creador del Universo y de todas las formas y expresiones que apoyan la bondad de la vida, gracias por [rellenar el espacio en blanco] con lo que me has bendecido hoy».

En cuanto hayas practicado los diferentes métodos para abrirte a las frecuencias superiores del espíritu, el siguiente paso para conectar con tus guías es analizar tu vida para identificar cuáles son las áreas en las que crees necesitar su colaboración y, una vez localizadas (esto es fundamental), debes dejar de hablar de ellas. Recuerda que has de mantener un tono positivo y optimista en tus conversaciones, pues es muy difícil sintonizar con los guías si estás disgustado o te expresas de una forma obsesiva o dramática. Ya conoces el problema —ahora practica para conquistar la tranquilidad necesaria para poder escuchar la solución.

Paso 3: ¡haz ejercicio!

Aunque parezca asombroso, mover el cuerpo puede ayudarte a ser más receptivo al espíritu. Después de todo, los humanos estamos diseñados para movernos y cuanto más lo hagamos, tanto más se elevará nuestra vibración gracias al espíritu natural de la tierra. Considéralo del siguiente modo: cuanto más ejercicio practiquemos, más agua beberemos y, en consecuencia, más oportunidades nos ofrecerá el espíritu del agua para limpiar nuestras emociones. Al mismo tiempo, los espíritus del aire y del fuego amplían nuestra conciencia, creando un estado óptimo para recibir los mensajes de nuestros guías. Muchos de mis clientes me han comentado que durante la práctica de ejercicio o aun después, se sienten uno con el Universo y oyen con absoluta claridad los mensajes de sus guías.

Existe todavía otra razón por la cual el movimiento es muy útil —e incluso esencial— para la conexión espiritual: la mente quiere permanecer fija y por ello tiende a excluir un montón de cosas, mientras el espíritu es fluido y favorece que todo fluya. Cuanto más movemos el cuerpo, más fluimos con el espíritu; y cuanto más fluimos, más flexibles somos y más fácilmente pueden los guías dirigir nuestro camino.

La flexibilidad es un ingrediente importante del cambio; por tanto, tenemos que asegurarnos de escuchar los consejos que nos ofrecen nuestros guías y estar dispuestos a desestimar la rigidez que a menudo caracteriza a nuestras expectativas. Me resulta imposible recordar la cantidad de veces que mis guías me han propinado un ligero codazo, aquí o allí, empujándome a hacer un movimiento que cambió mi vida.

Por ejemplo, cuando estaba en la universidad me apunté a un programa de estudios en Francia pero me rechazaron porque presenté tarde la solicitud. Mientras me lamentaba en el patio de la Universidad de Denver, mis guías me sugirieron en voz alta y clara que fuera a ver al decano. Si no hubiera estado acostumbrada a recibirlos —gracias a mi buena forma física y a que mi cuerpo estaba siempre dispuesto al movimiento—, mi mente podría haber rechazado aquella sugerencia. Por el contrario, un suave codazo me impulsó a incorporarme de un salto y dirigirme al despacho del decano. Con la gracia Divina a mi favor, tuve una oportunidad imprevista de plantearle mi caso y, gracias a aquella entrevista, no sólo conseguí que me aceptaran en el programa de estudios sino que además me concedieron una beca para el viaje. Si no hubiera escuchado a mis guías y no me hubiera puesto en movimiento, jamás habría conseguido mi objetivo.

Paso 4: deja de hacerte la víctima

Tal vez la mejor manera de cerrar la puerta de un portazo a tus guías y también a tu propio espíritu sea decir: «No tengo elección». Lo único que *sí* tienes en la vida y que nadie podrá arrebatarte es la capacidad de elegir... especialmente cuando se trata de cómo te ves a ti mismo.

Puedes insistir una y otra vez en que eres víctima de las circunstancias, que sólo posees cinco sentidos y que no tienes ningún poder ni control sobre tu vida —o puedes convocar al espíritu del sexto sentido para que te ayude a hacerte cargo de tu existencia—. En tu lugar, yo me inclinaría por la segunda opción: reconocer y aceptar que *eres* espíritu y también una parte importante de este bello mundo —creado por Dios, protegido por los ángeles, supervisado por los arcángeles, asistido por el ministerio y apoyado con entusiasmo por tus guías— porque eres un ser valioso, sagrado, regio y amado. Dado el lugar que ocupas en el Universo, tiene sentido que alguien te guíe. ¡Después de todo, es natural que cualquier persona tan digna y meritoria como *tú* reciba todos los recursos que necesita para prosperar!

Paso 5: conviértete en una persona que perdona y no juzga

La forma definitiva (y en ocasiones la más importante) de prepararse para recibir al espíritu es no juzgarse a sí mismo ni tampoco a los demás y *perdonar, perdonar, perdonar*. No hay nada que embarulle más tus circuitos y te aparte más rápidamente de las frecuencias superiores que erigirte en juez de los demás o guardar rencor. Estas energías negativas te desvinculan de tus guías y también te desconectan de tu espíritu, del espíritu de otras personas y del mundo natural.

Reconozco que es una misión difícil, pero si reflexionas comprenderás que perdonar y abstenerse de juzgar son una tarea mucho más sencilla que condenar. Los humanos somos manifestaciones de un espíritu Divino, vibrando al mismo tiempo a diferentes niveles de conciencia y de frecuencia. Como las células corporales, todos estamos juntos en este planeta. Cuando una célula arremete contra otra, a eso lo llamamos cáncer. Cuando nos atacamos mutuamente (o a nosotros mismos) mediante la condena y la crítica, esto también resulta canceroso y tóxico para nuestro ser total –cuerpo, mente y alma.

El beneficio que reporta no juzgar es que permite canalizar la conciencia para visualizar cosas importantes –como por ejemplo tu propio espíritu, los espíritus de la naturaleza, tus ángeles y tus guías–. La forma más fácil de liberarse del hábito de juzgar y guardar rencor es manifestar todos los días tu intención de no hacerlo. Afirma: «*Me perdono por juzgar y estar resentido. Me libero a mí mismo de todos los prejuicios y resentimientos, y también de todas las percepciones negativas. Con mi respiración, comparto mi espíritu y retorno al equilibrio y a la paz. Que así sea*».

Tu turno

Mi maestro Charlie me comentó en cierta ocasión: «La mejor forma de conectar con tus guías es a través del penetrante sentido de lo obvio». Comienza a ser más consciente de los momentos en que solicitas ayuda en tu vida cotidiana. Acostúmbrate a comenzar cada tarea con una breve plegaria que atraiga el apoyo y la asistencia de tus espíritus guía. Por ejemplo, mientras te duchas por la mañana pide orientación para el día que tienes por delante. Luego, cuando conduzcas el coche en dirección al trabajo, pide que te indiquen cuál es el mejor trayecto para llegar al destino; si usas el transporte público, pide que te ayuden a conseguir la mejor ubicación en el tren o el autobús, los mejores compañeros de asiento y también llegar puntual al trabajo.

Comprueba que tus guías están a tu lado durante el día. Por ejemplo, cuando trabajes en un determinado proyecto pide apoyo para hacerlo rápida y creativamente. También puede ser útil consultarles qué debes decir (o cómo decirlo) cuando tengas una entrevista con personas difíciles de tratar o individuos que te intimidan. Incluso puedes pedir sugerencias sobre dónde ir a almorzar y qué comer.

En un plano físico, es muy importante que recuerdes hacer flexiones y estiramientos para mantenerte flexible. Cada mañana, respira profundamente y estira el cuerpo antes de salir de la cama; luego incorpórate y estírate una vez más como si desearas alcanzar el cielo; a continuación flexiona el cuerpo lentamente hacia delante e intenta tocarte los pies (¡pero hazlo de una manera suave, sin lesionarte la espalda!). Mientras te cepillas los dientes haz flexiones laterales con el tronco y mueve la cintura. Por último, concluye los ejercicios moviendo algunas veces las caderas en círculo y en ambas direcciones, para mantenerlas flojas y relajadas. Esto no sólo mejorará tu circulación, sino que además facilitará la recepción de los mensajes de tus guías.

También puedes aparcar el coche antes de llegar a tu trabajo y andar el resto del camino; si usas el transporte público, puedes bajarte unas paradas antes, calculando disponer del tiempo suficiente como para caminar a paso lento y disfrutar del ejercicio y de las vistas.

A lo largo del día, no te olvides de dedicar el tiempo necesario a escuchar con atención y meditar. Y cuando sea posible, comparte la respiración con la persona con la que estás hablando.

Finalmente, antes de irte a la cama dedica unos momentos a reflexionar sobre todo lo que te sucedió en el transcurso del día y, dondequiera que estés, perdona, olvida, relájate y mantente abierto a las frecuencias superiores. También puedes apuntar todos los disgustos que has sufrido y de los que aún no has conseguido desprenderte, y pedir ayuda para que, mientras duermes, puedas deshacerte de todas tus frustraciones y eliminar los obstáculos. Acuéstate con la clara intención de dejar completamente atrás el día y dormir en paz. Así podrás disfrutar de inmediato de los beneficios y pronto habrás despejado el camino para conectarte con todos tus guías.

Capítulo 9

Contacto inicial
con tus guías

En cuanto te sientas preparado para compartir tus preocupaciones, retos y logros con tus guías, ellos a su vez estable-
cerán un contacto directo, aunque sutil, contigo. Al principio,
se acercarán muy suavemente; de hecho, hasta que te familiarices con sus particulares vibraciones, quizás pienses que son
un mero producto de tu imaginación y, en consecuencia, decidas hacer caso omiso de lo que está sucediendo.

Uno de los mayores impedimentos para conectar con tus
guías espirituales es albergar expectativas poco realistas sobre
la forma en que te ofrecerán su apoyo. La mayoría de las personas se sorprenden al comprobar su discreción y sobriedad,
pues condicionadas por Hollywood y las malas novelas de
terror, esperan que unos seres extraños vestidos con trajes
espaciales caigan de lleno sobre ellas en mitad de la noche. En
realidad, la mayor parte de la guía espiritual que recibimos es
tan sutil como el roce del ala de una mariposa en la mejilla.
De modo que si esperas una voz que retumbe en la habitación

o que llegue una aparición de Merlín a los pies de tu cama, no cabe duda de que sufrirás una gran decepción.

La conexión con los guías espirituales se produce en un plano íntimo y profundo —y no se parece en absoluto a lo que ocurre cuando una entidad externa se acerca a ti—. El arte y la habilidad de percibir con precisión a tus guías procede de la capacidad para sintonizarte con estas sutiles entidades, y escucharlas y aceptarlas como mensajeras de importantes comunicaciones.

Por ejemplo, la primera vez que establecí contacto con mi primer guía tenía los ojos cerrados y lo visualicé como un punto azul brillante por encima de mí, pero en cuanto volví a abrirlos la visión se desvaneció. A medida que fui aprendiendo más detalles sobre los guías, descubrí que este apacible nivel de comunicación es muy común. La mayoría de los guías espirituales se conectan con nosotros de una forma que, al menos en los primeros acercamientos, es algo muy semejante a escuchar nuestra propia voz interior —aunque la diferencia reside en lo que existe *entre* nuestra voz y la de nuestro guía.

En uno de mis talleres intuitivos conversé con una mujer llamada Susan, que estaba pasando por esa experiencia: se sentía bloqueada e incapaz de comunicarse con su guía. «Lo único que escucho es mi propia voz», se lamentaba.

«¿Está segura? —le pregunté—. Y ¿qué es lo que dice?».

«Le pedí a mi guía que me ayudara a comprender las dificultades que atravesaba mi matrimonio y también a evitar las peleas», respondió.

«Y ¿qué es lo que dijo su propia voz?», continué.

«Que dejara de pensar exclusivamente en mi marido y considerara la posibilidad de volver a estudiar.»

Permanecí un rato en silencio y luego pregunté: «¿Es algo en lo que usted piensa a menudo, o quizás lo hacía en el pasado?».

«Nunca he creído que volver a estudiar fuera la solución para mis problemas matrimoniales –me explicó–. He pensado hacer una terapia individual o de pareja, incluso en la separación, pero nunca en los estudios.»

«Y ¿qué opina de la sugerencia de su guía? ¿Le gustaría volver a estudiar?».

«Me encantaría –exclamó entusiasmada–. Siempre he deseado ir a la universidad pero cuando me casé se me olvidó por completo.»

«Entonces parece ser que, después de todo, recibió un excelente consejo.»

Todavía dubitativa, Susan preguntó: «¿Le parece? Pero yo sentía que la que hablaba era mi propia voz».

«Es posible, pero ¿es acaso una idea reiterativa o un pensamiento frecuente? ¿O esta vez sonaba como algo completamente distinto?»

«Parecía diferente, incluso sorprendente… por eso pensé que me lo había inventado.»

«Esa es la naturaleza de los guías –le aseguré–. Sus mensajes son tan sutiles y naturales que puede dejarlos pasar si no está atenta. En general le ofrecen algo distinto a lo que usted normalmente espera. Entonces, ¿le pareció interesante el consejo?»

«Claro que sí –contestó Susan–. En realidad, cuanto más pienso en ello, más sentido tiene. Estoy ansiosa por progresar en mi propio trabajo y lamento haber pospuesto mis sueños para convertirme en una buena esposa y madre en lugar de ser yo misma; creo que, en cierta medida, ésa es la razón de mi desdicha. Si de verdad se trata de mi guía y no me estoy imaginando nada, entonces me siento muy vinculada a él, y estoy dispuesta a recibir su ayuda.»

Tal como le dije a Susan, una clave para establecer un contacto directo satisfactorio con nuestros guías es pronunciar en voz alta —y sin censuras— cualquier mensaje interior que recibamos. En el mundo de los cinco sentidos estamos condicionados a dudar de nosotros mismos y a entregar nuestra vida a cualquier voz exterior de autoridad. En el mundo de los seis sentidos, nuestra voz interior es la autoridad superior que prevalece sobre cualquier otra. Debemos escucharla, respetarla, pronunciarla en voz alta y honrar lo que sentimos sin la menor duda ni excusa.

Y recuerda que la función más importante de tus guías espirituales es conectarse con tu alma y ofrecerte sutiles sugerencias... pero sólo lo hacen cuando se lo solicitamos. Cuando hablas con tus guías, estás sencillamente tanteando tus opciones, tal como lo harías con un confidente. Ten siempre presente que cuanto más amable te muestres con ellos, más respuestas obtendrás.

Mientras aprendía a conectar con mis guías, a menudo le hacía preguntas a mi maestro sobre el mundo espiritual, y su respuesta siempre era la misma: «¿Qué dicen tus guías?».

Temerosa de hacer algo incorrecto o de parecer una estúpida, mascullaba entre dientes: «No lo sé».

Entonces Charlie se reía y me decía: «Pregúntaselo».

Envuelta en su aura de amor, humor y seguridad, me esforzaba con vacilación por conectar con mi interior, husmeando en mi corazón en busca de inspiración. Cada vez que aventuraba una respuesta, temía que se tratara de mi propia voz. Lo emocionante no era la respuesta en sí misma, sino el hecho de estar sentada a los pies de una gran figura de autoridad y darle permiso para conversar con mi voz interior (y con las voces de mis guías) sin sentir temor ni estar a la defensiva. A pesar de haber nacido en un mundo lleno de espíritus, al principio todo aquello me resultaba extraño pero en cuanto me acostumbré, todo me pareció tan real y auténtico que ya no hubo vuelta atrás.

¿Sabías que...

...cuando te relacionas con los guías espirituales, estás construyendo un vínculo con seres de luz que te proporcionan su ayuda amable y afectuosamente? Como buenos amigos, ellos siempre te escuchan con atención, se abstienen de emitir juicios, no intentan controlarte ni decirte lo que debes hacer y nunca adulan ni satisfacen tu ego.

Recientemente organicé un taller de cuatro días de duración para enseñar a los alumnos a conectarse con los guías. En la clase había una hermosa mujer, médico de profesión, que practicaba la medicina ayurvédica. Cuando les pedí a los alumnos que se conectaran con sus guías y les hicieran preguntas, ella manifestó: «Yo no considero que éstos sean mis guías. Pienso que sólo se trata de mí misma y, además, creo que soy una persona muy inteligente».

Le solicité que subiera al estrado y dejara que su ser interior se expresara abiertamente. Avanzó por la sala con arrogancia, pero en cuanto estuvo frente a la audiencia su vibración y su seguridad cambiaron de un modo radical. Parecía un ciervo paralizado frente a los faros delanteros de un vehículo y, al minuto siguiente, rompió a llorar ante su inesperada pérdida de confianza. Pronto descubrió que decidirse a conectar con la experiencia interior, tener fe en ella y expresarla puede ser muy conmovedor cuando durante toda la vida uno ha sido entrenado para ocultarla.

Sus lágrimas desaparecieron tan rápidamente como habían brotado y, de pronto, emergió un ser fresco y aliviado. Fue entonces cuando le pedí que compartiera con nosotros la pregunta que había formulado a sus guías y que nos comunicara la respuesta que le había dado la «persona inteligente» que decía ser.

«Le pregunté cómo podría ser mejor médico y sanadora, y su respuesta fue: "Sé tú misma".»

«¿Es ésa la respuesta que te ha dado ese 'ser inteligente'?», inquirí.

«Eso creo.»

«Bien, conversemos un poco más para obtener nueva información. Pregunta a tu ser interior qué significa ser tú misma.»

Así lo hizo y enseguida contestó: «Ser honesta, afectuosa y comprensiva». Después de una breve pausa continuó: «Compartir con las personas mi conocimiento intuitivo y mi habilidad para comprender sus heridas —en especial, las que se deben a la pérdida de amor y de apoyo familiar— y hacerles saber que puedo emplear mi amor para ayudarlos a curarse».

Observé que la vibración de estas palabras era completamente diferente a las anteriores: esta vez eran claras, simples y reales. La audiencia estuvo de acuerdo conmigo y a continuación le pregunté: «¿Es acaso tu "ser inteligente" el que ha hablado o se trata de alguna otra voz?».

Tras vacilar unos instantes, expresó: «No, no creo que sea él. Quizás en el fondo de mi corazón desearía que lo fuera, pero como médico considero que es demasiado arriesgado tener una relación tan personal con mis pacientes. Yo nunca me comportaría de un modo tan directo. Siempre intento transmitir a mis pacientes que los aprecio, pero *jamás* lo pronuncio».

«¿Comprendes ahora que existe una diferencia entre este mensaje y el de tu "ser inteligente" normal, incluso aunque ambos se manifiesten en tu conciencia con tu propia voz?», le pregunté.

Asintió con la cabeza y respondió: «Si me detuviera a analizar esta diferencia, debería confesar que muchas veces he oído e ignorado esa otra voz, que se parece mucho a la de un guía. En verdad, cuanto más la oigo más me recuerda a la voz de mi abuela, con la que hablaba mucho cuando era niña. Solía decirme que el amor cura... ¿Cree usted que ella podría ser mi guía?»,

«Pregúntaselo», contesté.

«¿Eres tú, abuelita?». Entonces la vimos sonreír porque la voz había respondido: «Claro que sí, y me siento muy feliz de que por fin me escuches.»

Todos nos reímos porque la vibración de su voz nos indicó que sus palabras eran verdaderas.

Tu turno

Siempre que te asalten dudas o necesites alguna orientación, di en voz alta: «Debo preguntar a mis guías», y luego hazlo. A continuación, espera su respuesta mientras afirmas:

«Ellos dicen que   [rellenar el espacio en blanco]». No pienses que todo es producto de tu fantasía —limítate a escuchar el contenido y la vibración de las palabras que surgen en cuanto dejas que tu ser interior hable con total libertad—. Practica entre diez y quince minutos al día.

También te resultará muy útil trabajar con personas abiertas y de confianza, con las que puedas compartir tu interés y tu deseo de conectar con los guías. Haced turnos —primero tú, luego tu amigo o amiga— para pedir la asistencia de los guías. Cada uno será testigo del otro en la tarea de averiguar qué es lo que se manifiesta en su ser interior, dedicándose a clasificar las diferentes vibraciones de la respuesta. La clave de este ejercicio es sentirse cómodo, disfrutar de las conversaciones y tratarlas como algo normal e importante. Diviértete y saborea el proceso de exploración.

Conectarte con tus guías es el arte de la comunicación sutil; cuanto más dispuesto estés a compartir tu mundo *interior*, más fácilmente se convertirá éste en una parte de tu mundo *exterior*.

Capítulo 10

Un paso más: escribir a tus guías

Además de hablar con tus guías, puedes recurrir a otro método para comunicarte con ellos: a través de la escritura. En lugar de pronunciar verbalmente los mensajes que te transmiten, puedes escribir tus preguntas en tu diario o en una libreta y luego recibir sus respuestas por escrito. Los textos guiados funcionan muy bien porque descansan sobre un principio que ya he mencionado: tus manos son una conexión directa con tu corazón –el sitio donde tus guías hablan contigo.

Cómo comenzar

Cuando te prepares para establecer contacto con tus guías, es mejor que elijas una hora determinada para poder relajarte sin sufrir ninguna interrupción. Dedícate a escribir únicamente en estas condiciones. Si tienes alguna pregunta o algún tema en mente antes de la sesión, apúntalo en una pequeña libreta para recordarlo en tu próxima cita. (Sin embargo, no debes sorprenderte si cuando llega el momento de comunicarte con tus guías, ya has recibido una respuesta.) Cuando sea la hora de empezar, elige una habitación en la que puedas cerrar la puerta, desconectar el teléfono y disfrutar de plena intimidad.

Observa que he hablado de intimidad y *no* de mantener el secreto... Quiero destacar especialmente esta diferencia, pues muchos clientes me han comunicado que deben ocultar su voluntad de contactar con sus guías, ya que si sus allegados (por ejemplo, su esposa o su familia) se enteraran de lo que hacen, desaprobarían y censurarían su comportamiento. Al contrario que con la intimidad –que es una opción positiva–, mantener en secreto esta actividad implica que te avergüenzas de lo que haces. Si insistes en contactar con tus guías de una forma indecisa y sigilosa, corres el riesgo de atraer entidades de baja vibración (o guías que no son muy elevados y, por lo tanto, no tienen mucho que ofrecerte) en lugar de seres de alta vibración que pueden ser de gran utilidad.

Conectarte con tus espíritus guía es tu derecho como ser espiritual y cuando solicites su contribución para el enriquecimiento de tu alma no necesitas la autorización de ninguna otra persona. Si estás trabajando para ponerte en contacto con tus guías y existe el riesgo de provocar reacciones negativas en otras personas, es recomendable que adoptes una actitud discreta para protegerte.

Una vez dicho esto, cuando te dispongas a practicar la escritura guiada por primera vez, es importante que manifiestes tu intención de trabajar únicamente con seres espirituales de alto nivel. Una forma de hacerlo es pronunciar una breve oración pidiendo protección a tus ángeles, con el propósito de que sólo entren en tu frecuencia los guías que poseen una vibración elevada. También puedes encender una pequeña vela para indicar la luz de tu espíritu y tu intención de recibir consejos que apoyen el bien superior.

La primera pregunta que me formulan mis alumnos es si deben escribir a mano o si pueden usar un ordenador. Por costumbre, siempre solía decirles que escribieran sobre papel (porque es lo más orgánico e impide que el cerebro intervenga en el proceso) pero luego caí en la cuenta de que algunas personas tienen dificultades para hacerlo. Entre ellas puedo citar a mi marido, Patrick, que se pone muy tenso porque tiene una horrible caligrafía, y a una de mis hijas, que sufre de dislexia y se confunde cuando intenta escribir a mano; ambos piensan que es mucho más sencillo trabajar con el ordenador. De manera que aunque sigo aconsejando a mis discípulos que, de ser posible, escriban a mano, también sugiero utilizar el ordenador cuando este método resulte incómodo o provoque estrés.

Cuando escribas a mano, tienes dos opciones:1) usar la mano dominante para anotar la pregunta y la otra para la respuesta; 2) cambiar mentalmente de canal y usar la mano dominante para ambas anotaciones. (Como es obvio, si usas un ordenador utilizarás ambas manos para las preguntas y las respuestas.) A tus guías no les preocupa qué método emplees, ya que de cualquier manera se manifestarán cada vez que los invoques. Procede de la forma que te resulte más cómoda y recuerda que, para que la información fluya libremente, la clave es escribir con rapidez.

En cuanto hayas manifestado tu intención de comunicarte con tus guías y estés preparado para iniciar el texto, preséntate y pide su ayuda del siguiente modo: «Soy [tu nombre] y estoy pidiendo el apoyo y la asistencia de mis guías espirituales». Debes ser educado y respetuoso y no olvidar que sólo quieres un consejo y no que modifiquen completamente tu vida. Enuncia tus preguntas de la forma adecuada y evita las del tipo: «¿Debería...?». En su lugar puedes preguntar: «¿Qué puedes decirme sobre...   [rellenar el espacio en blanco]?».

Acércate amablemente a tus guías y no los bombardees con demasiadas preguntas al mismo tiempo. En principio, limítate a preguntar tres o cuatro cosas y no te obsesiones con preguntas como: «¿Quién eres?», porque los guías suelen responder en grupo cuando lo hacen por escrito. Confía en haber invocado a los guías superiores y no pretendas saber nada más.

Tus demandas deben ser simples y directas. Tus asistentes están íntimamente conectados contigo, y las luchas y preocupaciones a las que te enfrentas son mucho más familiares para ellos de lo que te imaginas; por lo tanto, no hay necesidad de entrar en detalles. Por ejemplo, puedes escribir: «Estoy luchando por encontrar un trabajo que me guste pero en este momento estoy bloqueado y me siento frustrado. ¿Qué puedes decirme sobre la naturaleza de mis bloqueos y cuáles son los pasos que debo dar para salir adelante?». (Los guías son muy listos; fíate de ellos y de su capacidad para leer entre líneas.)

Después de escribir tu pregunta, haz una pausa manteniendo el bolígrafo en alto, abre tu corazón e intenta escuchar en tu interior. Confía en tu cuerpo, relájate y luego, en cuanto sientas la necesidad de escribir, sujeta con suavidad el bolígrafo y ponte a la tarea. Tus guías te ayudarán a volcar sus consejos en el papel, de manera que no te preocupes si tienes la sensación de que se han apropiado de tu mano. En algunas oportunidades mis guías se mostraron tan entusiastas y yo estaba tan abierta que sentí como si una fuerza enorme se hubiera apoderado de mí. Pero lo habitual es que la necesidad de escribir sea muy sutil (al menos al principio); por tanto, en cuanto sientas la necesidad de hacerlo, deja que las palabras fluyan sobre el papel. Puede suceder que sólo escribas unas pocas líneas o que llenes unas cuantas páginas, eso dependerá de lo receptivo y sereno que te encuentres en ese momento. Si estás abierto a la introspección y deseoso de evolucionar, escribirás en el papel un gran caudal de información.

El contenido del texto te hará saber que estás recibiendo apoyo de tus guías —aunque el mensaje sea muy sutil— y cuando apuntes ideas que han cruzado fugazmente por tu mente, su vibración resonará como una ayuda. Por otro lado, si recibes alguna indicación que te hace sentir incómodo, tira el papel o quémalo: es muy probable que una entidad de baja vibración se haya colado en tu frecuencia, ofreciendo una opinión que no te será de ninguna ayuda. Considéralo un mal consejo e ignóralo.

Para tener éxito con la escritura guiada, debes ser metódico pero no obsesivo. Comunícate con tus guías una vez al día, si lo deseas, pero no pases más de media hora practicando este ejercicio. Es mejor recibir ayuda en pequeñas dosis para poder habituarse a ella. Saboréala; reflexiona; evalúa si te infunde serenidad, si te conecta con la tierra y si te hace sentir optimista, y luego comunícasela a tu espíritu para que haga el análisis final.

¿Sabías que...

> ...pedir asistencia y consejo no significa que pretendes encontrar a alguien que esté de acuerdo contigo? Los guías de alto nivel te ofrecerán su apoyo para que tu alma evolucione y se enriquezca y, si tus peticiones son genuinas, el canal de comunicación te resultará útil.

Una clienta llamada Bernice usó el método del bolígrafo y el papel para poder resolver su problema de sobrepeso. Su pregunta fue muy simple: «¿Por qué estoy gorda y qué puedo hacer para adelgazar?». Luego se sentó a esperar en silencio, preparada para recibir información. Después de treinta segundos tuvo el impulso de escribir, y sintió que los guías le dictaban la respuesta a tal velocidad que casi no tenía tiempo de anotarla.

Al principio Bernice escribió que en una vida pasada había sido una princesa polinesia y que su peso era una gran fuente de poder y orgullo; muchas de las personas de su entorno amaban y respetaban su corpulencia por ser un símbolo de gran prosperidad. Ahora había perdido esa atención especial y añoraba que la gente la admirara otra vez –éste era el motivo por el cual se había sentido reacia a deshacerse de los kilos que le sobraban.

A continuación, cambió de canal y el tono de la escritura se modificó. Anotó que sus niveles de insulina eran demasiado elevados y que una dieta vegetariana con comidas frugales y frecuentes sería muy adecuada para calmar su sistema nervioso.

Su escritura pasó a otro registro una vez más y Bernice apuntó que durante toda su infancia la habían querido y alabado por ser una «niña buena», un elogio que se había ganado porque siempre dejaba los platos limpios gracias a su excelente apetito. El texto finalizaba diciendo que conseguiría librarse del exceso de peso cuando dejara de vivir pendiente de la aprobación de los demás.

Al leer lo que había escrito, Bernice se quedó pasmada ante la información recibida, pues jamás se le hubiera ocurrido algo semejante; no obstante, a un nivel más profundo y orgánico sintió que el mensaje era correcto y lo utilizó para introducir cambios positivos en su vida. En primer lugar, se sometió a una prueba para comprobar sus niveles de insulina, que resultaron peligrosamente altos —tal como le habían indicado sus guías—. En cuanto a la dieta vegetariana, su reacción inicial fue burlarse de la sugerencia y rechazarla, pues era la típica consumidora de carne del medio oeste; sin embargo, como casi siempre se sentía aletargada, al cabo de cierto tiempo decidió intentarlo... y en los cuatro meses siguientes perdió veinticuatro kilos. Finalmente, como deseaba ganarse el reconocimiento del resto de las personas por algo que no fuera comer, se apuntó al coro de su iglesia, donde su hermosa voz le ofreció la oportunidad de cantar solos y le permitió mostrar su talento en público.

Cuando le pregunté qué pensaba sobre el tema de las vidas anteriores, respondió: «Bueno, quién sabe... Estoy perdiendo peso, ¡de manera que no estoy dispuesta a cuestionarlas!».

Otro de mis clientes, Tim, aprendió que no existen límites para la ayuda que se puede recibir a través de la escritura cuando, después de haberla practicado durante algunas semanas, se dedicó por entero a la novela que hacía mucho tiempo deseaba escribir.

Otro cliente, Mitch, consultó a sus guías sobre su vida afectiva y la respuesta fue *tienda de bocadillos*. La descartó y la arrojó a la papelera por considerarla absurda. Tres semanas más tarde, su compañero de trabajo lo invitó a salir a almorzar, diciéndole: «Acaban de abrir una tienda de bocadillos a dos calles que aquí». Sin atar cabos, Mitch salió a almorzar con su compañero y en cuanto entró en el establecimiento, se sintió atraído por una de las empleadas que, a su vez, también pareció fijarse en él.

Intercambiaron miradas y mientras le entregaba la bandeja con su almuerzo, ella le dijo: «Si estás libre esta tarde, cerramos a las cinco». En aquella primera ocasión salieron juntos a tomar una copa, pero no fue hasta la tercera cita cuando a Mitch se le ocurrió que posiblemente habían sido sus guías quienes lo habían conducido hasta aquella tienda. Esa noche, antes de irse a dormir, recordó lo que había escrito y de inmediato se disculpó con sus guías y les agradeció su consejo.

Tu turno

Es importante que escribas a tus guías cuando estés relajado... y no dejes que te perturbe la idea de que no conseguirás comunicarte con ellos. Aunque tengas que esperar algunos minutos, y en determinados casos aún más, ellos te dictarán lo que debes escribir. De hecho, quizás tengas que realizar una o dos sesiones de escritura antes de recibir su respuesta. Ten paciencia... ¡y ellos responderán!

Un paso más: escribir a tus guías

Para escribir a tus guías debes seguir los siguientes pasos:

— Paso 1: trabaja en un espacio silencioso a salvo de interrupciones; antes de empezar enciende una pequeña vela y pronuncia una breve oración para protegerte de las energías de bajo nivel.
— Paso 2: manifiesta tu intención por escrito: «Deseo conversar únicamente con seres de alta vibración». Y a continuación preséntate: «Soy [tu nombre] y estoy solicitando la asistencia de mis guías».
— Paso 3: escribe tus preguntas, una cada vez, y luego mantén el bolígrafo en alto y relájate.
— Paso 4: sujeta suavemente el bolígrafo y prepárate para que los guías te dicten tus respuestas. Espera que éstas fluyan primero en tu mente y luego sobre el papel. No censures lo que escribes ni te engañes con la idea de que todo es producto de tu fantasía —recuerda que los mensajes siempre son sutiles. Cuando el flujo se detenga, dedícate a leer lo que has escrito.

Como nota final, sugiero que conserves todos los textos en el mismo diario o libreta y que no descartes ninguno de ellos (a excepción de los que te hayan hecho sentir incómodo, en cuyo caso deberías quemarlos). Los consejos que recibes pueden no ser lo que esperabas o deseabas, incluso es posible que no los comprendas de inmediato, pero de cualquier modo deberías conservarlos. Según mi experiencia, la mayoría cobra sentido con el paso del tiempo —y, a veces, en el acto—; por eso, una buena regla general es guardarlos para releerlos más adelante. Si eso no funciona, solicita más información a tus guías en otra sesión de escritura y si *aún* sigue resultando confusa, olvídate de ella.

Capítulo 11

Aprendiendo a ver a tus guías

Quizás el mayor reto para conectar con tus guías sea visualizarlos, puesto que habitan en un plano completamente diferente, que es vibratorio y no físico. Para ellos es un tremendo esfuerzo modificar su frecuencia para que seas capaz de verlos; por otro lado, tú mismo debes elevar tu propia frecuencia hasta un determinado nivel para activar lo que se conoce como «tercer ojo» (el ojo interior, gracias al cual puedes imaginar), que se utiliza para ver a los guías.

Las personas que tienen un ojo interior muy activo y desarrollado son las que más rápidamente ven a sus guías. Si no te resulta sencillo visualizarlos, no te preocupes. Todos tenemos un ojo interior que funcionaba muy bien en nuestra infancia —de hecho, es la razón por la cual tantos niños son capaces de ver a sus guías y ángeles— aunque en general se refieren a ellos como «amigos imaginarios». Lamentablemente, cuando empezamos a ir a la escuela nos condicionan para que dejemos de usar nuestro ojo interior y, en su lugar, nos enseñan a buscar ayuda y consejo en el mundo exterior.

Esto nos desconecta gradualmente de nuestra capacidad de ver el mundo espiritual.

Las buenas noticias son que con un poco de esfuerzo, práctica y paciencia —que en nuestros días parecen estar un poco pasados de moda— serás capaz de reactivar tu canal natural con el mundo de los espíritus y comenzarás realmente a «ver» a tus guías.

Como preparación para establecer contacto con tus guías espirituales, prueba los siguientes ejercicios, que te ayudarán a volver a abrir tu ojo interior:

Primer ejercicio: aprende a estar aquí y ahora

Primero, observa lo que hay a tu alrededor, deteniéndote en cada detalle de lo que tienes frente a los ojos. Esto puede sonar contradictorio: ¿por qué debo concentrarme en la realidad física cuando se trata de visualizar el plano espiritual? Bien, la mayoría de las personas se hallan tan atrapadas por sus evocaciones del pasado o sus previsiones de futuro que no son capaces de estar en el presente y, en consecuencia, terminan por perder el aquí y el ahora.

Visualizar a tus guías es una habilidad que requiere mucha agudeza y te permite concentrarte en lo que está sucediendo justo delante de ti, aunque en otra dimensión. Para desarrollar esta experiencia debes entrenarte para tomar nota de todo lo que te rodea; ésta es la forma de estimular tu ojo interior latente y ponerlo otra vez en funcionamiento.

Segundo ejercicio: tómate el tiempo necesario para soñar despierto

Si tu vida es muy ajetreada o tienes una apretada agenda de trabajo, va a ser un verdadero desafío conectarte con tus guías a través de la ensoñación diurna, ya que requiere bastante más tiempo que una conexión telepática. Pero no hay duda de que, si realmente deseas realizar este esfuerzo adicional, serás recompensado.

Cuando éramos niños a todos nos gustaba «pensar en las musarañas». A menudo sentíamos que abandonábamos nuestro cuerpo y nos conectábamos con nuestros espíritus guía (incluso jugábamos con ellos). La orden menos acertada que recibimos cuando éramos niños fue: «¡Deja de soñar despierto!», y cuando por fin lo hicimos, nos desconectamos de los sanadores, de los ángeles y de los amigos espirituales que nos ofrecían su ayuda.

Dejar vagar la mente es una actividad que nos libera del plano físico y lineal, expandiendo nuestro ojo interior y entrenándolo para poder ver otras realidades. Cuando recibía las enseñanzas de mi maestro Charlie para visualizar a los guías, él no dejaba de decirme que la apariencia física es la representación menos precisa de cualquier ser y me alentaba a mirar más allá de ella, para tener una visión profunda de las personas y las cosas. Una vez que te hayas entrenado para ver la esencia de todas las cosas —incluyéndote a ti mismo— sólo tendrás que dar un pequeño salto para comenzar a visualizar a tus propios guías.

Antes de comenzar el ejercicio, asegúrate de estar tranquilo y centrado. Si te encuentras inquieto, puedes invocar primero al ministerio de los ángeles para que te ayuden a calmarte;

comienza la sesión sólo después de sentir que te has tranqui-
lizado (y limítate a escribir como máximo entre diez y quince
minutos al día). No necesitas buscar ningún sitio especial para
realizar este ejercicio –puedes hacerlo en el autobús, en el
tren o en el coche (siempre que no estés conduciendo) o
mientras preparas la cena, lavas los platos o cortas el césped
del jardín–. Independientemente de dónde te encuentres, trata de imaginar cuál es el aspecto de tu espíritu, qué aroma y
qué sonido tiene... y cuáles son las cosas que lo hacen feliz.
Trabaja para verlo en tres dimensiones y en color, imaginando
cada detalle de su apariencia con tu ojo interior.

Después de practicar durante un tiempo, intenta ver el
espíritu de tus seres queridos con el ojo de tu mente –imagina el de tus hijos, el de tus padres o el de tu pareja, incluso el
de tus animales–. No te apresures; si disfrutas del ejercicio
durante varias semanas, lograrás estimular tu ojo interior, ele-
varás tu vibración y te entrenarás para ver manifestaciones físicas pasadas y, al mismo tiempo, sintonizar con altas frecuencias.

Tuve una clienta llamada Sarah que durante varias semanas creyó ver a su espíritu. Cada vez que lo visualizaba, se imaginaba a sí misma montando un hermoso caballo zaino que
atravesaba el campo a pleno galope, con sus crines flotando al
viento. (La escena tenía muy poca relación con su trabajo
como administrativa en la recepción de un hospital de la ciudad.) Comenzó a sentir que el caballo era su guía y, en cada
ensoñación, empezó a centrarse cada vez menos en el hecho
de que estaba montando a caballo para prestar más atención
al sitio hacia donde la llevaba el animal. Varias semanas de
ensueños diurnos la condujeron finalmente a Provo, Utah.

Parecía una tontería que el caballo la enviara hacia allí
porque Sarah vivía en Cleveland y no conocía Provo. Sin

embargo, decidió mantener la mente abierta para desentrañar el misterio. ¡Podemos imaginar su sorpresa cuando en una conferencia sobre el tema de la salud, a la que asistió poco tiempo después, le presentaron a un quiropráctico llamado Fred, nacido en Provo! Él le contó que estaba a punto de inaugurar el primer centro alternativo de salud en la zona de Cleveland y, tras una breve conversación, le preguntó si podría interesarle trabajar como administradora de su centro.

Las fantasías de mi clienta comenzaron a cobrar sentido y aceptó la oferta, que se convirtió en la aventura profesional de su vida. Y para no olvidar cómo había llegado hasta allí, colocó un pequeño caballo de bronce sobre su escritorio.

Sarah fue capaz de dominar con maestría el ejercicio porque estaba ansiosa por realizar todos los pasos necesarios para ver a sus guías: 1) tener la voluntad de verlos; 2) tener confianza en que es posible visualizarlos, y 3) aceptar lo que se ve. No todos los guías adoptan la forma humana, es decir, un cuerpo físico, de modo que si eso es lo que esperas, quizás el ejercicio te decepcione.

Por ejemplo, cuando intenté establecer contacto con mis guías por primera vez, la aparición original fue un punto azul brillante, inmóvil en el aire por encima de la cama. Mi hermana Cuky suele visualizar a uno de sus guías —mi difunta tía Emma— como una poza de agua en una esquina de su dormitorio. Al empezar a trabajar diligentemente para ver a su guía, mi cliente Marvin lo imaginaba como una nube de plumas blancas, como si una almohada hubiera explotado frente a él. Lo aceptó sin reservas y lo llamó «Plumas blancas».

De un modo similar, mi clienta Dahlia vio originalmente a su guía como una garza de color azul claro que estaba sentada frente a ella y le transmitía mensajes telepáticos. La garza terminó por convertirse en un maravilloso ser de luz azul cuyo nombre (mi clienta lo aprendió también telepáticamente) era Erin. Algunas veces el guía se presentaba en forma de garza y otras como Erin... Siempre conseguía sorprenderla.

Pero Dahlia pronto advirtió que la garza solía aparecer cuando ella estaba sumida en sus pensamientos —su presencia significaba que debía aclararse y poner fin a su actividad mental para recibir nuevas ideas—. Sin embargo, cuando el que se manifiesta es Erin, no se limita a comunicarle que debe cambiar su estado de ánimo o su punto de vista, sino que le da instrucciones específicas. Dahlia está convencida de que su guía se manifiesta a través de diferentes apariencias, que siempre son perfectas para las necesidades que tiene en cada momento de su vida.

Recuerda, el espíritu *siempre* encuentra un medio de revelarse ante ti —tu trabajo es aprender a verlo.

¿Sabías que...

...los guías sienten un gran placer siendo eficientes? Se manifiestan y se conectan contigo mediante un mensaje breve pero específico.

...los guías superiores tienden a ser claros, simples y brillantes, y te infunden una sensación de ligereza?

...es mejor ser metódico y establecer contacto con tus guías a la misma hora cada día? Así ellos se harán eco de tu intención de acordar una cita y realizarán un esfuerzo para manifestarse puntualmente.

...dedicar una hora determinada del día a apartar el velo y ver más allá del mundo físico te sirve de entrenamiento para que tu mente subconsciente filtre el mundo espiritual con menos esfuerzo?

Cuando estés preparado para ver a tu guía, siéntate en una silla cómoda o túmbate sobre la cama, cierra tus ojos físicos e imagina una pantalla de cine en el interior de tu mente. Pídele a tu espíritu que se proyecte sobre la pantalla y luego relájate y disponte a disfrutar del espectáculo. Si tu mente no consigue serenarse o tu cuerpo está inquieto, imagina a tus espíritus sentados junto a ti, como si estuvieras en un cine de verdad, e invítalos a mirar la película.

A continuación, solicítales que proyecten sobre la pantalla el lugar más bonito del mundo —donde puedas conectarte con tus guías en cualquier momento que lo desees—. Luego, inhalando tranquilamente por la nariz y exhalando por la boca, permite que aparezcan imágenes en la pantalla. Ten paciencia y acepta todo lo que surja sin ofrecer resistencia.

Acaso todo lo que veas con el ojo de tu mente te resulte conocido —puede ser un lugar favorito de tu infancia o un sitio al que has viajado en el pasado y en el que te has sentido muy a gusto— pero también puede tratarse de un espacio que no hayas visto jamás. Aunque la imagen no parezca tener ningún sentido, ten por seguro que tus guías eligen la forma de sus apariciones y seleccionan las más adecuadas para la conexión.

Por ejemplo, uno de mis clientes, llamado Thomas, me comentó que en su pantalla interior apareció la cocina de su infancia, por donde fluía un arroyo burbujeante. Cuando pidió a su guía que se manifestara, ella emergió del arroyo, se sentó unos instantes sobre la mesa de la cocina y luego se volvió a zambullir en él. Al principio Thomas estaba perplejo, pero luego se le ocurrió que sus recuerdos infantiles favoritos era hacer galletas con su madre e ir a pescar en un pequeño arroyo con su padre. Ambas escenas convergieron en su imaginación y montaron el lugar perfecto para reunirse con sus guías, algo que jamás hubiera podido crear por sus propios medios.

Si en tu pantalla interior no existe ninguna proyección, no te preocupes —tu ojo interior quizás tarde un poco más en activarse de lo esperabas—. En este caso, es aconsejable darle tiempo. Si no sucede nada, invita a tu espíritu a decorar vuestro punto de encuentro a tu gusto y esmérate para elegir el sitio perfecto. Una vez que lo hayas logrado, recuerda que debes cerrar los ojos y pedir que se manifiesten únicamente los guías superiores y los más serviciales; luego, invítalos a tomar asiento junto a ti.

Debes ser paciente, pues quizás sea necesario repetir varias veces el ejercicio antes de conseguirlo —de cualquier modo, si persistes tus guías se manifestarán ante ti—. Acepta todo lo que provenga de ellos y recuerda que no necesariamente adoptan una forma humana. Pueden presentarse como símbolos y no debes sorprenderte si adoptan diversos aspectos.

Monique, una de mis clientas, se lamentaba de tener un ojo interior inactivo que, no obstante, se iluminó en cuanto fue impulsada a decorar su santuario interior. Eligió reunirse con su guía en una acogedora habitación revestida con paneles de roble en la que había una chimenea chisporroteante, dos sofás de terciopelo con un diseño a cuadros y una librería que cubría las paredes desde el suelo hasta el cielo raso, llena de volúmenes que contenían las respuestas a todas las preguntas del Universo. A sus pies había una antigua alfombra oriental de color rojo y dorado, dos mullidos escabeles de piel y un labrador golden retriever dormitando. Detrás de las sillas había lámparas de pie con pantallas de cristal de vivos colores y una enorme puerta de roble de tres metros y medio de alto, cerrada al mundo exterior para disfrutar de su privacidad.

Cuando solicitó la presencia de su guía, uno de los libros salió volando de la biblioteca y cayó abierto sobre uno de los escabeles. Ella le preguntó por la salud mental de su marido, ya que sospechaba que estaba desarrollando una demencia. A modo de respuesta, otro tomo se desprendió de la biblioteca y, cuando sus páginas se abrieron, Monique pudo ver la palabra quelación (definida como un proceso destinado a eliminar metales y toxinas del cuerpo) con el ojo de su mente.

En respuesta a estos mensajes, Monique sugirió a su marido que se hiciera un análisis, gracias al que se detectaron altos niveles de mercurio en su organismo —lo que produce un estado que se asemeja mucho a los comienzos de una demencia—. Más tarde, me comentó con alborozo que, después de haberse sometido a una terapia de quelación, la salud de su marido había comenzado a mejorar.

Tu turno

Vamos a revisar todo lo que debes hacer diariamente para entrenar tu ojo interior con el propósito de ver a tus guías espirituales. Recuerda que sólo necesitas de diez a quince minutos diarios para hacer estos ejercicios —después de todo, ¡tú no tienes ninguna intención de desgastar tu ojo interior!

– Comienza por prestar atención a todo lo que hay aquí y ahora.

— Vuelve al hábito infantil de soñar despierto para activar tu ojo interior, imaginando la apariencia de tus propios guías espirituales y de los de otras personas.

— Mantén los ojos relajados y entrecerrados, y deja que tu ojo interior se encargue de «ver».

— Acepta todo lo que pase por tu mente a pesar de que, en principio, no parezca tener ningún sentido. Ten paciencia —con el paso del tiempo lo entenderás.

Ahora que has abierto el canal que te permite conectarte directamente con tus guías espirituales, vamos a seguir adelante para encontrarnos con ellos de forma individual.

PARTE IV

Presentación de tus guías espirituales

Capítulo 12

Los guías espirituales del reino de la naturaleza

Ya has practicado algunas técnicas básicas para comunicarte con tus guías y estás abierto a recibir orientación espiritual. Ha llegado la hora de conocer a algunos de los diversos seres espirituales de los que ya has oído hablar. A medida que te encuentres más en sintonía con el espíritu de todas las cosas, los primeros guías que puedes percibir son las fuerzas de la naturaleza.

En su conjunto, los espíritus naturales se conocen como elementales. Son los espíritus de la tierra, el agua, el fuego y el aire, a veces conocidos como *gnomos, duendecillos, sílfides, devas* y *salamandras* (pero que no tienen nada que ver con las pequeñas criaturas reptiles). Aunque esto puede sonar a cuento de hadas, cada ser vivo tiene su propia fuerza y vibración espiritual que lo protegen.

Los espíritus de la naturaleza son maravillosamente terapéuticos y, en cuanto aumentes tu sensibilidad para registrar su presencia y pedirles su apoyo, comenzarás a recibir su asistencia. Cuando aprendas a identificarlos y estés receptivo a sus dádivas, el mundo natural se convertirá en su espacio de sanación y en una fuente de vitalidad.

Los espíritus de la tierra

Es aconsejable establecer el primer contacto con este reino espiritual concentrándonos en los espíritus de la tierra —conocidos también como devas— e iniciar la comunicación con los árboles, con las flores y, por supuesto, con la misma Madre Tierra. Nuestro planeta es un ser vivo increíble, un espíritu que respira y ofrece su majestuoso apoyo a toda la vida que existe en él. Conocido cariñosamente como Gaia, es nuestra madre orgánica y, si trabajamos para ser receptivos a su energía, nos ayuda a sentirnos físicamente fuertes y protegidos.

El hecho de comunicarnos con la tierra se conoce como «conectarse a la tierra» —un término que se utiliza de manera informal, pero que rara vez se entiende como el acto de permitir que nuestro espíritu sea nutrido por la Madre Tierra—. Cuando nos desvinculamos de ella, nos sentimos aislados, confusos, débiles, fácilmente amedrentados por la vida y desconectados de cualquier tipo de apoyo. Al elevar nuestra sensibilidad y tomar plena conciencia de ella, nuestra vida se tranquiliza y nuestra sensación básica de seguridad se hace presente otra vez.

Ninguno de nosotros es tan hábil como para poder vivir sin las fuerzas de Gaia bajo los pies... ni siquiera el cemento puede bloquear completamente su energía. Si alguna vez dudas de su poder, evoca la magnitud de un intenso terremoto para volver a la realidad. Al mismo tiempo, la tierra puede ser sorprendentemente amable —nada puede restaurar tanto tu cuerpo y tus huesos como dejarse masajear por ella.

Hace alrededor de doce años, mi marido y yo llevamos a nuestras hijas a Hawai por primera vez. Cuando Sonia llegó a la playa, a duras penas pudo contener su emoción. Para esa niña de cinco años fue delicioso y reconfortante revolcarse sobre la arena, cogerla a puñados y apretarla entre las manos, olerla e incluso intentar comérsela. Hizo rodar su cuerpo sobre la arena húmeda durante horas. Cuando por la noche la llevé a la cama, su corazón estaba tan alborozado que, abrazándome con todo su cuerpo, exclamó: «Mami, hasta hoy te quería como un punto... ahora te quiero como un círculo».

Si te sientes agotado, desconectado, carente de apoyo y de amor, recurre al espíritu de la Madre Tierra para que te cuide y alimente. Tu propio espíritu debe pedirle que lo envuelva con sus interminables brazos y lo acerque a su pecho. El espíritu de Gaia es tan poderoso que conectarse con ella significa el fin de la depresión y del miedo. Incluso puede liberarnos de una de las enfermedades sociales más importantes del momento —el síndrome de la fatiga crónica.

Patrick se beneficia de la energía curativa de la Madre Tierra hasta el punto de incorporarla a su trabajo como masajista terapéutico. Una de sus prácticas es sujetar los pies de sus clientes al final de cada sesión de masaje, para dejar que la fuerza vital sanadora de Gaia entre en su cuerpo y lo infunda de vitalidad y poder. Pasa varios minutos dejando simplemente que el espíritu de la tierra haga su trabajo. Muchos de sus clientes le comunican que, en ese momento de la sesión, se sumen en un estado de relajación profunda y tienen la sensación de haber sido enchufados a un generador que restaura cada célula de su cuerpo.

La terapia de masaje con piedras calientes, otro tratamiento que últimamente se ha hecho muy popular, canaliza asimismo el espíritu de la tierra. Con esta técnica, el espíritu de las rocas, estratégicamente colocadas sobre el cuerpo del paciente, llega a influir en la médula ósea y tiene el poder de serenar, fortalecer y restaurar la fuerza del individuo como ningún otro elemento.

Del mismo modo, los espíritus de las flores trabajan para calmar y equilibrar tu cuerpo emocional –la primera capa de energía que hay en torno a tu cuerpo físico–, que se deteriora por el uso cada día, cada semana o a lo largo de toda una vida. Cuando se debilita y se cansa, puedes quedar a merced de todo tipo de problemas psíquicos y emocionales.

No se necesita demasiado esfuerzo para invocar al espíritu de las flores... Limítate a sentir la fragancia de una rosa, a apreciar una orquídea o a olisquear una bolsita de lavanda y comprenderás lo que quiero decir. Si te encuentras débil, alicaído o falto de inspiración, despierta tu conciencia sutil para conectarte con las hadas de las flores y las plantas que, con su dulzura, te ayudarán a tranquilizar tu cuerpo emocional y a restituir el equilibrio perdido.

Ya son tantas las personas que están vinculadas con las energías espirituales de las flores y con su inmensa capacidad para curar el cuerpo emocional que se han creado métodos alternativos de sanación aprovechando las cualidades terapéuticas de las esencias florales. Puedes estimular tu vitalidad usando dichas esencias, que incorporan el espíritu reparador de las plantas y las flores. Las esencias florales se compran en herbolarios o tiendas de salud y también a través de Internet. Cada extracto específico de una planta produce un resultado diferente, dependiendo de la energía particular que necesites en un momento dado. Por ejemplo, el acebo ayuda a no juzgar a los demás, la lavanda abre y serena el corazón, y la violeta proporciona confianza.

Acaso el ejemplo más destacado del poder que tienen las hadas de las flores y las plantas se puede encontrar en una comunidad llamada Findhorn, en el norte de Escocia. Esta comunidad presta mucha atención a los espíritus naturales y tiene por costumbre celebrar y reverenciar su mundo, por lo cual ha sido capaz de cultivar hortalizas, plantas y flores de grandes dimensiones en un suelo que carece de los nutrientes adecuados. Aunque ninguno de los habitantes de Findhorn sabe *quién* es el que se conecta con las hadas y les rinde honores, todos son recompensados con exuberantes jardines.

Si tienes un jardín, un patio o un balcón con plantas en macetas, también puedes conectarte con las hadas. La próxima vez que te descubras regando las azaleas de un modo mecánico, intenta percibir la energía de las flores y aprecia su espíritu fuerte y suave a la vez. Habla a tus plantas y flores y déjalas escuchar música clásica... Los experimentos han demostrado que sus espíritus reaccionan a la bondad y, a modo de respuesta, ellas crecerán desenfrenadamente.

Si lo que de verdad quieres es recibir apoyo, puedes ir un poco más lejos y abrazar un árbol. ¡Lo digo absolutamente en serio! Todos nosotros (especialmente los que vivimos en el mundo occidental) tenemos una conciencia sutil torpe y perezosa, pero muy pocas personas pueden ser inmunes al formidable poder curativo de un árbol, que nos conecta directamente con la tierra. Asume el riesgo de parecer loco de remate y anímate a abrazar el siguiente roble u olmo que se cruce en tu camino. Coloca tu corazón junto a la corteza y comprueba cómo te sientes. Si esto te parece exagerado y no consigues disfrutar de la experiencia, al menos siéntate al pie del árbol y trata de conectar con su majestuosidad a través de sus raíces.

Los espíritus de los árboles son tan poderosos que actúan como amplificadores de tu sensibilidad. Conectarte con su energía es una forma de tomar plena conciencia del mundo espiritual y aumentar tu capacidad para vincularte con las entidades de mayor frecuencia, como tus ángeles y tus guías. Y aunque esto no sucederá de la noche a la mañana, si trabajas con los árboles durante algunas semanas, te garantizo que pronto comenzarás a sintonizar con otras fuerzas espirituales.

Si vives en la ciudad, quizás necesitarás un poco más de esfuerzo para ponerte en contacto con los espíritus de la tierra, pero es aconsejable que lo intentes, pues los beneficios y las recompensas merecen la pena. La vida urbana es muy agotadora y estresante, de manera que conectar con los espíritus naturales es una necesidad urgente. Al final, conseguirás serenarte, estar más conectado a la tierra y sentirte emocionalmente en paz.

Los espíritus del agua

Además de Gaia y los devas de la tierra, también puedes acceder a los espíritus del agua. La misma Biblia contiene varias referencias a su poder y uno de los libros más emocionantes que he leído últimamente se titula *The Hidden Messages in Water* (Los mensajes ocultos en el agua) de Masaru Emoto. En él, su autor, además de explorar los espíritus del agua y su forma de reaccionar a la energía, también los ha fotografiado. Sus imágenes nos revelan que cuando el agua es expuesta a una energía iracunda y desagradable, forma cristales oscuros y deformes; por el contrario, cuando recibe pensamientos amables y afectivos, crea maravillosos diseños. Esto nos indica que el agua está viva, tiene conciencia y es receptiva a nuestros pensamientos y actitudes.

Los espíritus del agua son poderosos y depurativos, y trabajan para despejarnos de todo lo que es antiguo o está gastado. Pero también pueden ser feroces cuando es necesario —como el horror que todos presenciamos con el tsunami de la Navidad del 2004, cuando la fuerza del agua eliminó literalmente de la faz de la tierra a una multitud de personas en cuestión de minutos—. Al mismo tiempo, esa misma fuerza consiguió que el mundo entero se solidarizara para ayudar a los supervivientes.

La conciencia mundial está comenzando a agudizar su percepción de los poderosos espíritus del agua debido a la frecuencia cada vez mayor de desastres naturales relacionados con este elemento, como los recientes huracanes, inundaciones y el ya mencionado tsunami. Las sequías y la escasez de agua global (incluso nuestra actual fascinación por incluir el agua en la decoración) están contribuyendo a que el mundo preste más atención a la gran influencia que tienen los espíritus del agua en nuestra vida cotidiana.

Resulta interesante que las personas que tienen mayor facilidad para conectarse con los espíritus del agua mientras duermen manifiesten que en alguno de sus sueños más perturbadores o refrescantes está siempre presente la sabiduría del agua. Por ejemplo, cada vez que mi hermana sueña con agua, se trata de una advertencia relacionada con una decisión que ha tomado (o está pensando tomar) y que debe rechazar o modificar por no ser adecuada. También puedo citar el caso de una clienta que soñó que se ahogaba en una súbita inundación y a los tres días la despidieron repentinamente del trabajo. En ambos casos, el mensaje transmitido a través del tema del agua era que cada una de ellas tenía que desprenderse de algo.

Conectarse con los espíritus del agua puede refrescar tus puntos de vista y evitar que te quedes atascado en una rutina neutral, como bien puede atestiguar cualquier persona que haya disfrutado de un paseo por la playa.

Existen varias formas de beneficiarse del poder depurativo y relajante del agua. Por ejemplo, puedes instalar una pequeña fuente en tu hogar para refrescar todas las energías que existen en él. He visto algunas que no cuestan más de catorce dólares; el hecho de que ya no sean un artículo de lujo que únicamente pueden comprar los privilegiados indica el aumento de la sensibilidad general respecto del poder curativo de los espíritus del agua.

Otra forma adecuada de conectarse con ellos es llevar siempre contigo un pequeño pulverizador con agua para refrescarte a lo largo del día, en especial si estás atravesando un momento de dificultad o tienes el ánimo decaído porque has perdido la confianza en ti mismo. Los espíritus del agua trabajarán en tu nombre para impedir que la negatividad o las dudas se arraiguen, y se ocuparán de restaurar y equilibrar tu energía.

Los espíritus del aire

Los espíritus del aire, que se hacen sentir como brisas suaves pero también como feroces tornados, pertenecen al plano neutral. Eso significa que cuando te conectas con ellos, logras revitalizarte, tu mente se calma y tu alma se aclara. La primera conexión, y quizás la más importante, se produce cuando respiras profundamente —en ese instante los espíritus del aire entran en tu cuerpo e interactúan con tus propios espíritus, trayéndolo al momento actual, estimulando tu mente, mejorando tu capacidad de concentración y permitiéndote percibir las energías sutiles.

Por el contrario, cuando contienes el aliento, te desconectas de los espíritus del aire, sofocas tu propio espíritu y te apartas del flujo de la vida. Una de las mejores prácticas físicas para invocar el apoyo de los espíritus del aire es comenzar cada día, antes de levantarte, con una serie de cinco a diez respiraciones profundas para limpiar tu organismo. Mientras respiras, pide a los espíritus del aire que aclaren tu mente, refresquen tu sangre, vigoricen tus órganos y te ayuden a recibir la vida con entusiasmo y claridad.

Cuando te sientas ansioso o temeroso, te aconsejo que te pongas en contacto con los espíritus del aire —las sílfides—. Detente, respira y relájate; respira y relájate; respira y relájate. Con un poco de práctica este breve ejercicio te permitirá tranquilizarte y tus pensamientos se aclararán de inmediato.

También es importante conectarse con los devas del aire cuando hay que tomar decisiones importantes, asistir a entrevistas difíciles, entablar negociaciones o dar una conferencia. Ellos pueden ayudarte a evitar confusiones mentales, a dejar fluir tus pensamientos y a sintonizar con las refinadas frecuencias de tus otros guías espirituales. Como los devas son asimismo los guardianes de la telepatía, proporcionan la línea de acceso a todas las demás entidades que constituyen la comunidad espiritual.

¿Sabías que...

...los espíritus de la tierra se asocian con los *gnomos,* las *hadas,* los *devas de los árboles* o los *elfos*, y proporcionan la conexión a la tierra y la sanación emocional?

...los espíritus del agua se llaman *náyades, ninfas del mar, ondinas*, y son los responsables de limpiar, refrescar y aclarar nuestro espíritu?

...los espíritus del aire se conocen a veces como *devas del aire, constructores, céfiros o silfos*, y se los puede invocar para que nos tranquilicen y nos ayuden a aclarar nuestra mente y a concentrarnos en nuestros objetivos?

...los metafísicos se refieren a los espíritus del fuego como *salamandras*, y se sabe que inspiran pasión, nueva vida, bendiciones, creatividad y sanación espiritual?

Los espíritus del fuego

Los últimos espíritus naturales son las salamandras —las energías danzantes que chisporrotean, crujen y nos hipnotizan al instante—. Los espíritus del fuego excitan nuestra pasión y creatividad, y nos ayudan a reforzar la sensación de que podemos hacer lo que nos proponemos y que gozamos de una juventud eterna. Debemos invocar a los espíritus del fuego cuando hemos perdido nuestro brillo o cuando nuestra mente es un atolladero de culpas, excusas o autocompasión... No hay nada como una buena salamandra para liberarnos de nuestros miedos habituales.

¿Has pensado alguna vez que mirar el fuego evoca la eternidad y el romanticismo, pero no por los seres amados sino por la vida misma? Cuando te pongas en contacto con los espíritus del fuego, observa qué despierta esa conexión en tu propio espíritu... ¿Qué sueños o deseos olvidados vuelven a la vida? Ésta es la danza sanadora que comparten el espíritu del fuego y tu propio espíritu.

Además, los espíritus del fuego también nos sorprenden, nos conmocionan y, si es necesario, hacen borrón y cuenta nueva. He presenciado cómo algunos de ellos quemaban el hogar de una persona, o su negocio, hasta convertirlo en cenizas, reduciendo a los individuos involucrados a la ruina.

Cuando llames a los espíritus del fuego, presta atención a su danza, a su crepitar y a su frenesí. Las salamandras te indican que des pasos ligeros, que seas flexible e ingenioso, que sepas adaptarte y reaccionar. Cuando los invoques, compórtate como un alumno y *nunca* des por sentado que te brindarán su ayuda.

Para establecer una conexión con estos espíritus, enciende un fuego pero recuerda que debes permanecer junto a él hasta que se extinga, hasta que alguien lo apague o hasta que sólo queden las ascuas. A los espíritus del fuego les gusta que los observen; si te apartas y los ignoras, ¡pueden atraer tu atención provocando un incendio!

Además de las salamandras, el fuego también invoca al mayor de todos los guías espirituales –el Espíritu Santo– porque simboliza la chispa Divina que nos ha dado la vida y que es representada por la llama eterna. (Por este motivo todas las religiones utilizan algún aspecto del fuego en su simbolismo y en sus ceremonias.)

Una de las peticiones más poderosas para revitalizar y sanar tu espíritu es invocar al Espíritu Santo. De hecho, mientras asistía a un colegio católico iba asiduamente a misa y me encantaba el ritual de encender velas para que el Espíritu Santo y la Sagrada Familia ardieran en mi corazón y velaran por mí. Este ritual semanal me mantenía conectada con Dios y con el Espíritu Santo, y me ayudaba a que el fuego brillara con más fuerza dentro de mí.

Tu turno

Lo mejor de conectarte con los espíritus naturales es que comienzas a percibir el maravilloso apoyo de que dispones y a conocer hasta qué punto tu espíritu forma parte de los diversos niveles de seres espirituales que nos rodean. Ellos están ansiosos de servirnos, complacernos, inspirarnos y apoyarnos, y lo harán si lo pides con respeto y reverencia. Reconoce que están a tu lado y pronto te concederán hermosos regalos —y no te olvides de gozar de su presencia.

Para estar sano y mantener tu fuerza vital equilibrada, conéctate con los espíritus de la tierra, del aire, del agua y del fuego al menos una vez al día. Puedes empezar con los siguientes ejercicios, que son muy simples:

— Quizás la mejor forma de conectarte con los espíritus de la tierra es dejar de hacer lo que estás haciendo en este momento y mirar hacia el exterior (o mejor aún, salir). Si tienes la fortuna de encontrarte en la naturaleza, siéntate en silencio y concéntrate en el zumbido de la vida que brota de la tierra. El ejercicio será todavía más efectivo si te tumbas (encima de una manta, si lo prefieres) e inhalas el espíritu de la tierra a través de cada uno de tus poros. Si te encuentras en una ciudad, dirígete hacia un espacio verde para establecer la conexión.

— Eleva tu conciencia para captar a los espíritus del agua mientras te duchas o te das un baño, pidiéndoles que te ayuden a renovar las energías gastadas o a librarte de ellas. Aprecia sus propiedades curativas y pídeles que limpien tu cuerpo, mente y aura, así como que te liberen de cualquier tipo de negatividad y residuos.

— Una forma muy potente de solicitar la presencia de los espíritus del aire es inspirar lentamente por la nariz y luego, golpeteando suavemente con la palma de la mano sobre el corazón, exhalar con fuerza mientras se pronuncia en voz alta «ah». Esta técnica activa tu espíritu, abre los canales telepáticos y aleja los pensamientos negativos que se han apoderado de tu cerebro. Es una forma rápida de volver a alinearte con tu espíritu y centrar tu atención en el presente.

— Un método seguro de pedir a los espíritus del fuego que atraigan la pasión y las emociones creativas a tu vida es encender velas, quemar incienso o dejar que arda un fuego en tu corazón. Pide a los espíritus del fuego que despierten tu coraje y tu potencial, y que no te permitan quedarte dormido en la rueda de tu vida ni olvidarte de quién eres. Y recuerda: si enciendes velas, vigílalas; si se trata de la chimenea, comprueba el tiro y las puertas de seguridad, y si usas velas perpetuas, colócalas en el fregadero o en la bañera cuando salgas de casa. Estas sensatas precauciones reflejan simplemente tu respeto por el espíritu y el poder del fuego.

Capítulo 13

Tus corredores

Hace poco tiempo, mi marido, Patrick, mi buen amigo Greg, su mujer y yo nos dirigíamos a una recepción en el centro de Chicago. En el coche le hablé a Greg de un grupo de guías espirituales conocidos como «corredores». Era viernes, la noche era fría y lluviosa, y atravesábamos la ciudad en plena hora punta. Yo le comentaba a mi amigo cuánto más fácil era mi vida cuando solicitaba la ayuda de mis corredores. Él se mostró incrédulo y me desafió, diciendo: «Muy bien, entonces pídeles que nos consigan un lugar para aparcar cerca de la recepción; así no tendremos que andar ni pagar aparcamiento».

En cuanto lo hice, un coche dejó libre un espacio junto a un parquímetro que estaba precisamente frente a la sala donde se celebraba la recepción.

«Ahora entiendes lo que te digo, ¿verdad? Y además tenemos la suerte de que no hay que pagar porque ya son más de las seis de la tarde.»

Cuando terminó la recepción, Greg me puso a prueba una vez más: «Muy bien, lo de los parquímetros es bastante sencillo —me dijo—. Vamos a ver ahora qué pueden hacer tus corredores para encontrar una mesa para cuatro personas en un buen restaurante un viernes por la noche sin tener que esperar... Si lo consiguen, *eso* me convertirá en creyente».

«¿Dónde te gustaría intentarlo?», le pregunté.

Eligió un *bistro* francés muy popular llamado La Sardine, justo al otro lado de la calle de los Estudios Harpo de Oprah Winfrey. «Ese establecimiento está casi siempre abarrotado de clientes pero, ya que estamos tan cerca, podemos intentarlo», respondí.

Nos acercamos al restaurante y, tal como habíamos previsto, estaba lleno.

«Una mesa para cuatro», pedí.

La dueña del local nos preguntó si habíamos hecho una reserva y, en el preciso momento que le contestaba negativamente, sonó el teléfono. Después de contestar la llamada, se giró hacia mí y, muy sonriente, me dijo: «Están de suerte: acaban de cancelar una mesa para cuatro».

Y ése fue sólo el principio, ya que en aquella ocasión los corredores parecían estar haciendo horas extras. A modo de guinda en el pastel para aquella noche tan agradable, el camarero nos trajo unos deliciosos postres que rechazamos por no haberlos pedido. Sin embargo, nos sorprendió volviendo a nuestra mesa con los postres en la bandeja y anunciando que era «un regalo de la casa». En una sola noche mis corredores lograron que Greg se convirtiera en creyente y llenaron de magia toda la velada.

¿Quiénes son tus corredores?

Son guías que están siempre a mano para asistirnos en cualquier situación y los primeros que puedes invocar cuando necesites ayuda. Mi maestro Charlie me enseñó a llamarlos «corredores» porque, precisamente, lo que hacen es correr por delante de ti para ayudarte a encontrar objetos que has perdido o que has dejado en algún sitio que no puedes recordar. También pueden conducirte hacia algo que estás buscando, como por ejemplo un apartamento, artículos de rebajas o incluso un lugar para aparcar. Los corredores son espíritus que están muy cerca de la tierra y del mundo natural y, por lo general, son almas autóctonas que una vez habitaron en la zona donde tú resides actualmente. Por ejemplo, las personas que viven en América (aunque no sean originarias de allí) a menudo tienen corredores que son nativos americanos y que están muy vinculados a ese territorio, pero *no* a las raíces ancestrales de los individuos. Por este motivo, puedes ser un afroamericano que vive en Inglaterra o en Escocia y tener un corredor celta, o un chino australiano que vive en Nueva Zelanda y tu corredor será maorí. Recuerda que los corredores son leales a la tierra, no a ti.

Lo mejor que hacen estos guías es poner un poco de magia en tu vida. Cuanta más magia sientas a tu alrededor, más abierto estará tu corazón, mejor será tu vibración y más feliz será tu espíritu. Cuando tu alma está contenta, todo el mundo lo percibe. Por eso, el trabajo de los corredores es tan importante —nos permite seguir teniendo fe en la bondad de la vida y de nuestro mundo.

He invocado a mis corredores durante más de treinta años y nunca me han decepcionado. En algunas ocasiones incluso me han ayudado a encontrar objetos que ni siquiera sabía que había perdido. Por ejemplo, la semana pasada tuve que quedarme hasta muy tarde en la oficina para terminar unos trabajos pendientes. Por la mañana sentí un impulso incontenible de revisar la papelera antes de que llegara la asistenta y la vaciara. Cogí un manojo de papeles que había tirado la noche anterior y encontré un sobre que contenía los depósitos bancarios correspondientes a dos semanas, que me había olvidado de llevar al banco el día anterior. Si no hubiera sido por mis corredores, aquél no habría sido mi día de suerte.

Como ya he comentado, hace muchos años fui auxiliar de vuelo y en cierta ocasión mis corredores me salvaron de una situación que podría haber supuesto una seria amenaza para mi trabajo. En ese momento me veía obligada a viajar dos veces por semana de Chicago (donde vivía) a St. Louis (donde me habían destinado). El billete corría por mi cuenta y los traslados me resultaban bastante caros a pesar de los descuentos que me hacían por ser empleada de una compañía aérea; por otra parte, aquello era una verdadera complicación, puesto que los vuelos Chicago-St. Louis estaban siempre completos. Si perdía un vuelo también podía perder mi trabajo. De modo que para poder llegar a St. Louis sin problemas dependía en gran medida de que mis corredores me reservaran un asiento en el vuelo.

Aquel día en particular, mis corredores me indicaron que renunciara a un vuelo diez minutos antes de la salida, aunque ya me habían asignado un asiento y cambiar de avión me iba a costar cincuenta dólares más. Yo no comprendía qué era lo que pretendían, pero devolví mi tarjeta de embarque y me apunté en el otro vuelo. Me embarqué y cuarenta minutos más tarde estaba en St. Louis.

Al no encontrar en el aeropuerto a los amigos que viajaban en el vuelo del que yo había desistido, miré el tablero electrónico y descubrí que había sido cancelado. Entonces me acerqué a un empleado para averiguar qué había sucedido y me respondió que habían encontrado un problema mecánico antes del despegue. Ninguno de los colegas que viajaban en aquel avión llegó a tiempo al trabajo aquel día —pero yo lo conseguí gracias a la colaboración de mis corredores.

Ellos rara vez se comunican por medio de palabras; se limitan a darte una ligera indicación, sin que tú comprendas el motivo. Cuando sentí la necesidad de comprobar el contenido de la papelera o de cambiar mi vuelo, actué sin pensar. Mis corredores no me ofrecieron ninguna explicación; sencillamente me impulsaron a seguir la dirección indicada.

Tus corredores siempre te están vigilando y permanecen a la espera hasta que pidas su intervención. Mi amiga Ella perdió un collar que había heredado de su abuela y que ésta le había dado poco antes de morir. Como no creía en sus propias vibraciones ni en sus guías, me llamó para preguntarme si podía ayudarla. Normalmente, le hubiera hecho ese favor pero en aquella ocasión mis vibraciones insistieron en que rechazara la tarea. «Esta vez no, Ella —respondí—. Mis vibraciones me indican que eres tú la que debe enviar a tus corredores a buscarlo.»

«Pero sabes muy bien que no creo en estas cosas —se lamentó—. ¿No podrías ayudarme a encontrarlo?»

«No, no puedo. Pero si lo pides amablemente, tus corredores lo harán.» Le aconsejé que fuera cortés y educada, puesto que suelen ser bastante sensibles. Al estar tan estrechamente vinculados a la zona en la que trabajan, son excelentes exploradores y detectives —pero tienden a ser orgullosos y es preciso invocarlos respetuosamente, evitando una actitud autoritaria.

Ella protestó pero finalmente decidió intentarlo. Sentada en el sofá, absolutamente agotada después de buscarlo por todos los lugares imaginables, les suplicó: «Os ruego que me ayudéis a localizar el collar de mi abuela».

Diez minutos más tarde se incorporó y, sin pensarlo, abrió el cajón de los calcetines y comenzó a revolverlo sin saber por qué. De repente encontró un calcetín abultado y, al meter la mano, encontró el collar. «¿Cómo demonios habrá llegado hasta aquí?», se preguntó. Luego recordó que varios meses atrás había pedido a su marido que lo escondiera antes de salir de viaje por un fin de semana. En aquel momento acababa de recibir el collar, y no se sentía muy tranquila marchándose y dejándolo en su alhajero. Él lo había guardado en el cajón de los calcetines y ninguno de los dos lo recordaba. Pero los corredores no lo habían olvidado —los habían observado mientras escondían el collar y condujeron a Ella directamente hacia él en cuanto les pidió ayuda.

Puedes pedir a tus corredores que colaboren en la búsqueda de cualquier cosa que se te ocurra —incluido un lugar para aparcar—. Charlie me enseñó este truco hace muchos años: me indicó que, cada vez que me montara en el coche, pidiera a mis corredores que se me adelantaran para encontrar un buen aparcamiento —y no cualquier sitio, sino el *mejor*—. Pero insistió mucho en que lo hiciera de un modo cordial.

Hace varios años le conté a mi amiga Debra todo lo que sabía sobre los corredores y los aparcamientos, y ella aceptó de inmediato su existencia. Desde entonces, lo primero que hace al poner en marcha el motor de su vehículo es visualizar su lugar de destino y el tipo de aparcamiento que desea; entonces le pide a sus corredores que se lo reserven.

En cierta ocasión me invitó a comer y, mientras nos acercábamos al restaurante, el cielo se empezó a oscurecer y, súbitamente, descargó una torrencial lluvia de primavera. «No hay problema —exclamó—. Enviaré a mis corredores para que nos encuentren un buen sitio para aparcar; así no nos mojaremos».

En cuanto entramos al aparcamiento del restaurante, un coche que estaba a unos veinte metros de la puerta se marchó, dejando un inmenso sitio libre.

«Estos son mis corredores trabajando para ti», me comentó.

Pero en ese mismo momento, otro coche que estaba aparcado a sólo diez metros de la entrada del local abandonó el aparcamiento. Entonces miré a Debra y le dije: «¡Ahora son *mis* corredores los que trabajan para ti!».

Ambas chillamos de placer mientras entrábamos en el restaurante para disfrutar de nuestra comida «seca».

¿Sabías que...

...los corredores ahorran tiempo, frustraciones y confusión, y nos ayudan a aliviar la aflicción que nos produce una pérdida? Muéstrate generoso al apreciar su excelente servicio y ellos duplicarán su empeño la próxima vez.

Los corredores pueden adoptar cualquier forma, tamaño y color pero tienen tres cosas en común: 1) son veloces y rápidos dándonos su ayuda cuando la solicitamos; 2) están muy conectados con la tierra y con la naturaleza, y proceden de vidas pasadas donde fueron exploradores naturales, y 3) no hablan —se limitan a actuar cuando les pides amablemente que te asistan.

Pero no sólo nos ayudan a encontrar objetos perdidos, a reservar asiento en los aviones y a localizar un sitio para aparcar; también son muy útiles para hallar ciertos artículos que necesitas pero que no puedes conseguir. Así le sucedió a mi clienta Myrna, que calza un 42 y nunca encuentra zapatos elegantes de su talla. Acostumbrada a que los empleados de las zapaterías abrieran desmesuradamente los ojos e hicieran groseros comentarios al ver sus pies, estaba a punto de rendirse cuando conoció a los corredores (por los cuales siente ahora un profundo cariño) en una de mis clases.

La primera vez que les pidió ayuda, la condujeron a una nueva tienda del centro comercial, donde encontró un par de hermosas botas de piel negra que le encantaron. Esperanzada, aunque habituada a decepcionarse, preguntó al vendedor si tenía el número 42.

«Lo normal es que no lo tengamos, pero precisamente hoy he recibido dos pares del 42», le respondió.

Mientras se probaba las botas y comprobaba que le quedaban perfectas, entabló conversación con el vendedor, quien le explicó que comprendía su frustración porque su mujer calzaba el mismo número. Además, le comunicó que conocía a todos los diseñadores de calzado y todas las zapaterías de la zona que trabajaban con el 42, y que incluso sabía cuándo llegaban los modelos. Por fin le entregó las botas junto con una lista de las tiendas mencionadas, terminando así con veinte años de problemas con los zapatos y con su baja autoestima debida al tamaño de sus pies.

Los corredores saben que es difícil realizar todo lo que queremos en nuestra vida, y son unos asistentes maravillosos que nos evitan perder tiempo y energía. Pueden ser muy generosos e indulgentes mientras trabajan.

Por ejemplo, un cliente llamado Steven estaba a punto de perder su vuelo de Denver a Nueva York, atrapado en unas interminables colas de seguridad. Recurrió a sus corredores para que se le adelantaran mientras corría hacia la puerta de embarque, donde le comunicaron que el vuelo estaba cerrado y ya era demasiado tarde para embarcar. En ese momento, un empleado que acababa de salir del pasillo que conducía al avión se dirigió hacia la puerta de embarque y, al ver a Steven, le comentó a su compañero: «Todavía no han terminado de cargar el equipaje, de manera que podemos dejarlo pasar».

Juntos recorrieron la pasarela y llamaron a la puerta del avión. Steven consiguió embarcar y, además, ¡viajó en un asiento de primera clase! Sus corredores no solamente intervinieron para que consiguiera subir al avión sino que además lo elevaron de categoría.

Tu turno

Trabajar con tus corredores es muy sencillo: todo lo que debes hacer es pedirles su ayuda —y mucho mejor si les hablas de un modo suave que si lo haces con un tono nervioso y agitado. (Y cuando los invoques debes ser muy respetuoso; no te olvides de decir «Por favor» en lugar de darles una orden.) En cuanto les hayas pedido lo que necesitas, debes relajarte, repantigarte en el asiento y dejar de pensar en ello durante al menos veinte minutos. En cuanto desconectes tu cerebro, los corredores se pondrán en movimiento para conducirte en la dirección correcta.

Uno de mis maestros me enseñó en una ocasión: «Si te detienes a pensar, habrás perdido una oportunidad». Esto es absolutamente cierto, ya que para trabajar con tus corredores, debes estar dispuesto a seguir tu instinto sin vacilar y ser flexible.

Para concluir, es de suma importancia recordar que los corredores aprecian el reconocimiento. En efecto, obtienen una gran satisfacción al hacer bien su trabajo y les encanta que pidas su ayuda... pero también les gusta que se lo agradezcas.

Capítulo 14

Tus ayudantes

Hace muchos años, una de mis amigas, llamada Natalie, se interesó mucho por su historia familiar, hasta tal punto que su investigación se convirtió en un *hobby* al que dedicaba todo su tiempo para conocer algo más de sus parientes actuales y de sus antecesores. Comenzó a reconstruir su árbol genealógico pero llegó a un callejón sin salida cuando uno de sus tíos, que estaba disgustado con ella, se negó a compartir la información que poseía. Aunque Natalie se sintió frustrada, no abandonó su tarea.

Cierto día, mientras se relajaba en el salón de su casa, sintió repentinamente la presencia de su difunto padre, pasando como un soplido por delante de sus ojos. La sensación fue tan intensa que Natalie se puso de pie y se dirigió a su ordenador para teclear en Google el nombre de su padre —algo que no se le había ocurrido hasta entonces—. Echó un vistazo a las ciento seis páginas que obtuvo como respuesta pero en ninguna de ellas encontró datos referidos a su familia.

Como no quería desperdiciar su tiempo leyendo esa montaña de información —y sin estar muy segura de lo que estaba buscando—, mi amiga decidió arbitrariamente mirar la página 16 para ver si había algo relacionado con su familia. Sin la esperanza de encontrar algo que le interesara, pinchó en el vínculo y descubrió una lista de datos sobre su padre al inicio de la página. La información incluía prácticamente la genealogía completa de su familia a través de varias generaciones. Todo lo que había intentado recopilar por sus propios medios estaba allí —detalladamente explicado— ¡justo delante de sus ojos! Ese «soplido» que Natalie acababa de experimentar había sido, sin lugar a dudas, el espíritu de su padre que, actuando como un guía ayudante, había respondido todas las preguntas acerca de su familia.

El propósito de los guías ayudantes es precisamente lo que parece: colaborar para que tu vida sea más sencilla y para que puedas disfrutar de ella. Al prestarte sus servicios, pueden elevar su propia vibración, disfrutar un poco más de la vida después de la muerte y permitir que sus propias almas evolucionen. Su labor es muy similar a la del ministerio de los ángeles (a menudo son enviados por él) y consiste en asistirte en tareas específicas, proyectos especiales o aficiones. Los guías ayudantes se dividen en varias categorías. Es bastante frecuente, tal como indica el caso de Natalie, que sean miembros de la familia o amigos ya fallecidos que ahora te ofrecen su colaboración desde el Otro Lado porque te tienen afecto.

Los ayudantes son especialmente útiles en las áreas donde gozaban de cierto nivel de experiencia mientras estaban vivos. Por ejemplo, tuve un guía llamado señor Kay, que había sido mi profesor de lengua en la Escuela de Gramática; era uno de los educadores más comprensivos y el que yo más apreciaba. Su espíritu aún me asiste cuando hago grabaciones de audio, evitando que cometa errores o tartamudee, tal como hacía cuando intervenía en los concursos de oratoria en la escuela. Para mi sorpresa, la mayoría de los trabajos de audio que hago quedan casi perfectos la primera vez que los grabo —algo que nunca conseguiría si el señor Kay no estuviera junto a mí.

Los guías ayudantes acudirán afectuosamente en tu ayuda para echarte una mano cuando te encuentres bloqueado, confuso o desanimado. Esto fue lo que le sucedió a Dan, padre de dos mellizos de siete años que acababa de enviudar. Me solicitó una entrevista, pues estaba desconsolado por la pérdida de su esposa —que había fallecido por causa de un cáncer de mama— y frustrado porque no encontraba a la persona adecuada para cuidar a sus hijos y poder así reintegrarse a su trabajo. Había contactado con dos agencias pero ninguna de ellas le había proporcionado una niñera que fuera capaz de llenar el vacío de su hogar familiar... y de sus corazones.

Cuando acudió a mi despacho, Dan estaba desesperado. Por fortuna, también se presentó su guía ayudante para transmitirme un mensaje. Al oírlo tuve la certeza de que se trataba de su esposa. Cuando Dan preguntó: «¿Qué puedo hacer?», todo lo que escuché fueron dos palabras: «Primera Comunión».

Entonces le pregunté a Dan: «¿Es usted católico?».

«No, no lo soy» —contestó—. Mi esposa pertenecía a la Iglesia episcopal y era muy devota; a menudo asistía a los servicios con los niños, pero yo los acompañaba muy ocasionalmente porque no me comprometo con ninguna religión».

«¿Los episcopales toman la primera comunión?», inquirí.

«Eso creo —respondió—. ¿Por qué? ¿Cree usted que los niños deberían tomar la primera comunión? ¿Y qué tiene eso que ver con encontrar a la persona adecuada para cuidar a mis hijos y poder volver a mi trabajo?»

«Lo ignoro –le dije–, pero su esposa lo está sugiriendo».

«Eso es lo que más le hubiera gustado –comentó mientras los ojos se le llenaban de lágrimas–. No creo que ello pueda ayudarme a resolver mis problemas pero estoy dispuesto a cumplir sus deseos... Sin embargo, no entiendo cuál es la conexión. ¿Podría pedirle que lo explicara?»

En cuanto transmití su pregunta, recibí la misma respuesta. Dan aceptó el mensaje y decidió apuntar a sus hijos a las clases de catequesis de la parroquia de su esposa. Durante el cursillo, conoció a otros padres y compartió con ellos su historia. Una mujer llamada Donna le contó que su madre acababa de enviudar y había decidido dejar su hogar de Utah para ir a vivir con su familia. Llegaría la próxima semana y, con toda seguridad, pronto se dedicaría a buscar trabajo. Donna le aseguró a Dan que su madre había sido ama de casa toda su vida y podría ser la niñera perfecta.

Una semana después de llegar de Utah, la madre de Donna se presentó en casa de Dan para comunicarle que estaba dispuesta a trabajar para ellos, atenderlos y cuidarlos. Establecieron una magnífica relación y, cinco años más tarde, ella todavía sigue prestándoles sus servicios y se ha convertido en el pilar de toda la familia.

Es importante advertir que los ayudantes no necesariamente *tienen que hacer* algo útil. En muchos sentidos, su mayor don es comunicarnos que la vida sigue más allá de la muerte y que el espíritu no muere –aunque lo haga el cuerpo físico–. Perder el miedo a la muerte nos ayuda a vivir al máximo nuestra vida y acaso sea ésta la misión más importante de los ayudantes. Dennis, el hermano pequeño de mi marido, falleció hace varios años; sin embargo, visita nuestro hogar con frecuencia. Le encantaba montar en bicicleta con Patrick cuando eran jóvenes (incluso en una ocasión recorrieron Estados Unidos) y aún está presente cuando mi marido sale de paseo en su bicicleta, especialmente por el campo. Patrick afirma que siente la compañía de su hermano, quien lo hace descubrir senderos desconocidos y curiosos parajes durante todo el camino.

A Dennis le apasionaban las flores y suelo percibir su presencia cuando estoy en el jardín. De hecho, cada vez que descubro que ha nacido una nueva flor, siento su amable espíritu junto a ella. Aprecio mucho estas ocasiones y sé que él está allí para ayudarme a valorar la vida.

Mi madre se comunica con la suya (mi abuelita) a través de sus sueños. Ambas estuvieron separadas durante la guerra cuando mi madre era apenas una niña; por eso está tan contenta de poder encontrarse con ella mientras duerme. A veces van juntas a un hermoso paraje donde escuchan una música maravillosa, y bailan y cantan durante toda la noche. En otras ocasiones, mi abuela le da ideas para sus trabajos de costura y sus patrones —una afición en la que ambas son muy creativas— pero en ciertos momentos también está *allí* simplemente para brindarle su amor y su compañía.

Además de familiares y amigos del pasado, los ayudantes también pueden ser espíritus con los que no has tenido ninguna relación en tu vida actual pero con quienes *sí* la has tenido —y muy intensa— en vidas anteriores. A menudo se acercan a ti para seguir asistiéndote en tareas que han compartido en el pasado. Por ejemplo, yo tengo dos guías ayudantes a los que quiero mucho, Rose y Joseph; ellos me brindan una ayuda inapreciable para cumplir con mi misión sanadora y de maestra al enseñar a las personas a desarrollar su sexto sentido. Los siento junto a mí mientras animo a mis clientes a abrir su corazón, a quererse más a sí mismos y a amar la vida. Estoy convencida de que conocí a ambos espíritus en una vida pasada y de que también en esa época trabajábamos juntos para guiar, aconsejar y orientar a las personas de un modo muy parecido a como lo hago hoy en día.

También trabajo con las Hermanas Pleyadianas, que colaboran conmigo mientras hago lecturas —en especial, cuando guío a mis clientes para que emprendan el camino hacia su alma o hacia los espíritus superiores—. Según lo que ellas afirman, he sido su alumna durante varias vidas. Reconozco que son esenciales para mi trabajo y confío plenamente en la ayuda que me prestan para aconsejar y guiar a todos mis clientes.

¿Sabías que los guías ayudantes...

...en una época fueron humanos, y su vibración y frecuencia todavía están muy vinculadas al plano humano?

...en general se comunican contigo a través de palabras o breves mensajes telepáticos?

...se complacen en ponerse en contacto contigo mientras duermes, a menudo por medio de una conversación amistosa?

...rara vez ofrecen muchas explicaciones? Esto puede ser un verdadero reto si eres una persona obsesiva y le das demasiadas vueltas a las cosas. Si de verdad esperas que te ayuden, debes aceptar sus sugerencias sin cuestionarlas.

...conservan el conocimiento y las habilidades que aprendieron en su forma humana y están decididos a compartirlos contigo antes de trasladarse a frecuencias superiores?

...te ayudan con el propósito de dar por terminada la conexión que tienen con el plano terrenal para poder pasar así a vibraciones superiores y tener otras experiencias del alma?

También puedes atraer ayudantes que se interesan por el trabajo que estás realizando y que desean transmitirte sus conocimientos y su experiencia. Su vinculación es de un carácter más impersonal porque en el pasado no han tenido ninguna relación contigo. De hecho, a menudo son enviados por el ministerio de los ángeles, que siempre sabe cuál es el ayudante que puede recurrir a sus conocimientos de una vida anterior para asistirte cuando no estás muy seguro de lo que debes hacer.

Estos guías pueden ser médicos que te ayudan con tu salud física, o bien banqueros o economistas que colaboran contigo para que ganes más dinero o gestiones mejor tus ingresos. Incluso pueden ser especialistas en trabajos extraños o «manitas» que prestan sus servicios cuando hay que reparar algo –tal como el mecánico que mencioné en otro capítulo, que me ayudó a poner en marcha mi coche cuando se paró en medio del tráfico.

Mi padre es una persona muy habilidosa para reparar cualquier aparato que se avería (entre otras cosas), incluidos televisores, aspiradoras, reproductores de DVD, aparatos de aire acondicionado, y también lavadoras y secadoras. Sorprendida por su pericia, una vez le pregunté cómo la había adquirido. «En realidad no lo aprendí de nadie. Me limito a seguir las instrucciones de mi guía interior y juntos resolvemos el problema». Mi padre debe de tener un ayudante de mucho talento, pues siempre consigue hacer bien su trabajo.

Algunos de tus ayudantes permanecen a tu lado durante toda la vida, mientras que otros son transitorios y te asisten en un proyecto o una tarea en particular durante un breve período de tiempo. Si estás dispuesto a escuchar sus consejos, ellos permanecerán cerca de ti para supervisar las cosas hasta el final. Pero si solicitas sus servicios y luego los ignoras, no tardarán en desaparecer. Se manifiestan para ayudarte pero jamás te obligarán a aceptar su colaboración, de modo que si insistes en hacer las cosas a tu modo y nunca tienes en cuenta sus instrucciones, ellos respetarán tu decisión y se marcharán.

La clave para trabajar satisfactoriamente con cualquiera de tus ayudantes reside en aquietar la mente y confiar en lo que surja, en lugar de dejar que el escepticismo o la lógica invaliden sus sugerencias. Sus instrucciones pueden limitarse a una o dos palabras (o a algunas frases, si eres afortunado) y, por lo general, sólo repiten una vez sus consejos para no estorbar tu libre albedrío —a ti te corresponde prestar atención para no desaprovechar su presencia.

Diane, una agente inmobiliaria, acudió a una de mis clases al norte del estado de Nueva York y relató una hermosa historia que ilustra los beneficios que se pueden obtener al escuchar a los guías ayudantes sin vacilar ni oponer resistencia. Parece ser que volvía a casa después de una jornada de puertas abiertas, cuando recibió una llamada en la que le comunicaban que acababa de salir a la venta una casa. Decidió pasar por allí para verla y, nada más llegar a la dirección indicada, sintió una inmediata atracción por el lugar. De pronto, oyó una voz nítida que le ordenaba: «Cómprala». Y la voz hablaba alto y claro.

Diane ya era propietaria de dos casas y su situación financiera estaba al límite. Pero su guía ayudante insistió una vez más: «Cómprala»... Eso fue todo lo que escuchó, pero fue suficiente.

«Muy bien, la compraré –dijo en voz alta y luego agregó: pero tú tienes que ayudarme».

Cuando llegó a su casa le contó a su marido todo lo sucedido. Él reaccionó muy negativamente y le preguntó: «¿Y tu sueño de comprar una cabaña junto al mar?».

Pero Diane no se echó atrás. Ella misma estaba sorprendida de su determinación –rara vez confiaba tan ciegamente en su instinto (y nunca se había enfrentado a su marido) pero en este caso estaba decidida a escuchar a su ayudante–. Se percató de que estaba harta de perder oportunidades por miedos o dudas y estaba dispuesta a apostar por su intuición. Cuando manifestó su inquebrantable intención de escuchar a su guía, su marido se negó a apoyarla –algo que jamás había hecho.

Aquella noche Diane le comentó a su hijo Ryan, que estaba casado y vivía en su segunda vivienda pagándole un alquiler, su plan de comprar esta nueva propiedad. Para su sorpresa, su hijo le preguntó: «Mamá, ¿te importaría que yo comprara la casa en lugar de seguir alquilando la tuya?».

Ryan nunca había pronunciado su deseo de mudarse –y mucho menos de tener una casa propia– pero en el mismo momento que lo hizo, algo resonó en la mente de Diane. Ella y su marido hicieron una oferta en nombre de su hijo y tres semanas más tarde eran los nuevos propietarios de la casa.

Sin embargo, la mejor parte de la historia aún estaba por llegar: como Ryan había dejado libre la segunda vivienda de Diane, ahora podía poner en venta esa propiedad. La casa se vendió poco después por un valor que excedía tres veces lo que había pagado por ella. Ya tenía dinero suficiente para comprar la cabaña de sus sueños en la playa, que ella y su marido no tardaron en encontrar. Aunque esto puede sonar un poco exagerado, en realidad es un ejemplo clásico de los beneficios que nos reportan nuestros ayudantes. En menos de dos meses un montón de deseos encadenados se hicieron realidad porque Diane aceptó la ayuda de sus guías.

También es importante prestar atención a los sueños porque a menudo son el portal que atraviesan los guías ayudantes para conectarse contigo. Mi clienta Patricia, por ejemplo, sintió que su ayudante era su difunto padre. Cuando él aún vivía, su relación no había sido muy buena porque había consagrado todo su tiempo a su trabajo de banquero. Pero esto cambió poco después de su muerte. Patricia empezó a soñar con él —el contenido del sueño siempre era el mismo: su padre le ofrecía asesoramiento financiero— hasta que, finalmente, la relación se transformó en una comunicación diurna tan intensa que ella podía escuchar su voz dentro de su cabeza.

Patricia, que aspiraba a convertirse en productora de cine, se trasladó de Michigan a California, donde su padre siguió asesorándola —en particular en una ocasión que tenía una entrevista laboral en una productora donde estaba muy interesada por trabajar—. Se consideraba tan afortunada por tener esa oportunidad y estaba tan ansiosa por conseguir el trabajo de sus sueños que habría sido capaz de aceptar el puesto sin cobrar un céntimo si se lo hubieran pedido.

Mientras Patricia y su entrevistadora discutían las condiciones del contrato, ella sintió la presencia de su padre con gran intensidad y cuando la mujer le propuso un sueldo de 27 000 dólares, escuchó que él le decía 33 000.

Su sugerencia fue tan inesperada que ella dejó escapar un grito ahogado, sobresaltando a su entrevistadora que, para su sorpresa, continuó diciendo: «Bueno, si eso no es suficiente... quizás podríamos subir hasta 30 000, siempre que esté dispuesta a trabajar con dedicación absoluta».

Una vez más escuchó la voz de su padre diciendo 33 000 dólares con tanta claridad y contundencia que Patricia repitió en voz alta: «33 000 dólares».

«Entonces, ¿es su última palabra? –preguntó la mujer–. En ese caso tendré que consultarlo con mi socio. Usted tiene un currículum muy bueno y aparentemente está muy cualificada, pero 33 000 dólares es bastante más de lo que estábamos dispuestos a ofrecer. Pronto me pondré en contacto con usted.»

Patricia estaba segura de haber perdido el trabajo y, mientras se dirigía hacia el coche, le comentó a su padre: «Sé muy bien que valgo 33 000 dólares, pero ignoro si *ellos* también lo saben». Una vez más él se limitó a decir 33 000. Una hora más tarde Patricia recibió una llamada comunicándole que le adjudicaban el trabajo aceptando sus condiciones.

Me parece interesante el hecho de que los ayudantes se manifiesten para echar una mano o resolver un problema y que desaparezcan en cuanto se ha solucionado. Un ejemplo típico nos ocurrió a Patrick y a mí cuando compramos nuestra primera casa, que necesitaba una reforma completa. Como ninguno de los dos teníamos la menor idea de cómo se arreglaba una casa (y además tampoco teníamos el dinero para sufragar los gastos), estábamos aterrorizados. Comenzamos por echar todo abajo para poder empezar desde cero.

Lo que menos me gustaba de la vivienda era el comedor de la planta baja, pues carecía de ventanas y era muy oscuro; sin embargo, tampoco podíamos abrir una ventana, pues justo enfrente había un edificio horroroso. Patrick sugirió que el problema se podía resolver con una buena iluminación pero aquella idea no me gustaba. Tenía que haber una solución fácil que no fuera demasiado cara, de modo que una noche pedí consejo a mis ayudantes antes de irme a dormir.

Soñé con un romano alto y guapo, calzado con sandalias, que me condujo de iglesia en iglesia mostrándome las vidrieras para que apreciara su belleza. Tres o cuatro veces se detuvo a comentar la increíble visión de los rayos de sol atravesando el cristal e iluminándolo todo.

Me desperté con la sensación de haber estado de vacaciones. Cuando le conté el sueño a mi marido, me dijo que mi ayudante romano me estaba indicando que pusiera una vidriera en el comedor. Así podríamos instalar una ventana para disfrutar de la luz y el color y, simultáneamente, evitar la desagradable vista del edificio vecino. Fue una solución perfecta que nunca se me hubiera ocurrido. La idea nos encantó... pero ¿por dónde empezar?

Una vez más, encontramos la solución gracias a mi ayudante. Al día siguiente tenía una cita con un cliente y, cuando terminamos la lectura, él me preguntó por la casa. Le conté nuestros inconvenientes y tribulaciones, incluyendo la idea de la ventana-vidriera. Me comentó que conocía al mejor artista de vidrieras de la zona, un hombre que acababa de llegar de Europa y estaba dispuesto a trabajar por un precio módico mientras se establecía.

Para abreviar la historia, esa misma tarde mi marido y yo conocimos al artista, que se mostró encantado de diseñar una vidriera por un precio apenas superior al de una ventana común. Una vez instalada, resultó imponente. El comedor se llenó de luz y de color.

Un año más tarde el artista había ganado varios premios y ya era muy famoso —su obra fue publicada en una revista de arquitectura—. Tener una de sus vidrieras en nuestra casa aumentó considerablemente su valor cuando la vendimos.

Y en cuanto a mi ayudante romano... después de aquel sueño, nunca más lo volví a ver.

Celebridades del mundo espiritual

Los ayudantes más interesantes suelen ser personas célebres que han fallecido. Si lo deseas, puedes invocar a dichos maestros del pasado para que te ayuden. Por ejemplo, a menudo invoco al famoso médium y espiritista Edgar Cayce para que me asista en mi trabajo de vidente, en especial cuando se trata de asuntos vinculados a la salud y las vidas pasadas. En muchos casos me ha ayudado a comprender estos temas mejor que ningún otro guía.

Mi amiga Julia Cameron, la conocida escritora y guionista, suele pedir la ayuda de Rodgers y Hammerstein para sus musicales e invoca a John Newland, el famoso director, para que le preste sus servicios con las obras teatrales. De un modo similar, una de mis clientas, que es médico, tiene la costumbre de pedir colaboración a la investigadora Marie Curie para hacer diagnósticos correctos.

Los guías ayudantes que son personas célebres son muy convenientes para estimular la creatividad, tal como pone en evidencia mi amigo Billy Corgan, una estrella de *rock*. Billy me contó una vez que mientras trabajaba en su primer álbum en solitario, *The Future Embrace*, sintió como si estuviera recibiendo composiciones musicales de los maestros músicos del cielo. Y después de oír su música, estoy segura de que colaboraron con él en este álbum, pues presenta una magnífica energía celestial.

Conozco otro joven compositor que invoca al espíritu de John Lennon antes de escribir sus canciones. Y detengámonos un instante a pensar en todos aquellos que solicitan la presencia y la ayuda de Elvis Presley —¡es evidente que escucha sus peticiones puesto que, de lo contrario, no existiría toda una industria perpetuando su fantástica música, ni tantas personas viviendo a su costa y pasándoselo en grande mientras lo hacen!

Mi madre comenzó a estudiar pintura por correspondencia cuando yo era una niña. Estaba tan determinada a dominar este arte que progresó rápidamente y, poco tiempo después, tomó la decisión de participar en concursos. Cada vez que no conseguía sacar adelante un proyecto, rezaba pidiendo ayuda. A modo de respuesta, el pintor renacentista Fra Angélico se manifestó ante ella mientras dormía a fin de ofrecerle consejos específicos para mejorar su trabajo. Le brindó su apoyo en uno particularmente difícil y logró hacerlo tan bien que mi madre ganó un concurso nacional con él.

Invocar a personas famosas para que te ayuden puede parecer una idea un poco atrevida, pero ¿por qué no? Estas almas desarrollaron su talento hasta un nivel de maestría y están dispuestas a compartir contigo lo que saben desde el Otro Lado. Después de todo, Hillary Clinton invocaba a

Eleanor Roosevelt para que la asistiera en sus obligaciones de primera dama. La gente solía reírse de su ocurrencia, pero considero que fue una idea brillante... y teniendo en cuenta todo lo que sucedió mientras la señora Clinton ocupaba esa posición —y la que ocupa en la actualidad—, no dudaría en afirmar que fue escuchada.

Mi hija, para quien las matemáticas y la ciencia suponen un enorme reto, no tiene ninguna inhibición a la hora de solicitar el apoyo de los mejores tutores, ¡incluyendo a Einstein! (a quien llama con regularidad). La pregunta es: ¿le responde? Bueno, ella aprueba sus exámenes —incluso sacó un sobresaliente este año, de manera que parecería que sí acude a su llamada.

Cuando necesites asistencia en un área especial puedes llamar a una persona famosa que se encuentre en el reino del espíritu; sólo tienes que identificarla y pedir su apoyo. Para hacerlo puedes mirar una foto, escribir su nombre, meditar sobre su espíritu y luego pedirle que se manifieste. No hay ninguna necesidad de suplicar porque los espíritus ya no tienen ego —pídele ayuda, lisa y llanamente, y recuerda que tu petición debe ser lo más específica posible.

Y una sola advertencia: a veces las personas tienden a inhibirse en presencia de los personajes célebres y a sentirse inferiores a ellos, incluso aunque parezca increíble, frente a los que ya han fallecido. Recuerda que en el plano del alma, todos formamos parte de un solo espíritu y de una sola familia que simplemente resuena en niveles diferentes —pero no hay una separación—. Por tanto, cuando pidas ayuda a estos guías no debes olvidar que su papel no se reduce meramente a transmitirte ideas, sino a colaborar con tu creatividad. Los ayudantes (incluso los famosos) no te consideran una persona insignificante: eres un ser espléndido. Ellos lo saben y esperan con interés que tú lo reconozcas.

Tu turno

Para solicitar la presencia de tus guías ayudantes —sean celebridades o familiares, parientes o amigos, los conozcas personalmente o no—, concéntrate en las áreas donde necesitas su colaboración y luego pide ser asistido por expertos de alto nivel. Resulta maravilloso llamar a parientes o amigos del pasado pero deberías ser precavido —el hecho de que hayan abandonado su cuerpo físico no significa necesariamente que se hayan iluminado.

Si en vida demostraron poseer talento para ciertas actividades, tus seres queridos pueden ser muy útiles desde el plano espiritual. Pero, por ejemplo, si tu madre era una jugadora empedernida, no le pidas consejo cuando estés agobiado por las deudas. Por el contrario, si tu abuela estuvo felizmente casada con el mismo hombre durante sesenta años antes de morir, puede ser una excelente consejera para tus problemas matrimoniales o tus relaciones afectivas. Es muy importante que apeles al sentido común cuando pidas ayuda a tus guías, igual que lo harías cuando le pides apoyo a una persona de este mundo. Abre tu corazón, serena tu mente y prepárate para escuchar tus sugerencias... *llegarán*.

Capítulo 15

Los guías sanadores

Uno de los grupos más hermosos con los que puedes establecer contacto es el de los guías sanadores. Incluye dos tipos: 1) aquellos que han sido sanadores, médicos o personas dedicadas a cuidar enfermos en encarnaciones humanas pasadas y que ahora se ocupan de curar tu cuerpo, y 2) los que proceden de frecuencias energéticas muy elevadas y quizás nunca han tenido forma humana; ellos se encargan de sanar tu espíritu.

Como regla, suelen utilizar todos los medios que tienen a su alcance para atraer tu atención, incluyendo comunicarse contigo telepáticamente, aparecer en tus sueños, darte un ligero codazo o provocar otras sensaciones en tu cuerpo. Pueden enviar agentes para que te entreguen mensajes, son capaces de realizar proezas para dirigirte hacia el lugar correcto en el momento oportuno y recurren a toda clase de hábiles maniobras con tal de conseguir su objetivo.

Al principio, estos seres suelen ser sutiles pero luego aumentan el volumen y la intensidad de sus esfuerzos conforme a la gravedad de la situación que estás atravesando y empleándose a fondo para ayudarte a resolverla. Y, a diferencia de tus guías ayudantes, no necesitas pedirles consejo —ellos han comprometido su alma para guiarte a lo largo de toda tu vida.

Los miembros de este grupo no interfieren en tus iniciativas, aunque no dudan en advertirte cuando tomas decisiones inadecuadas para tu salud y bienestar. Por ejemplo, a mi cliente Tom le acaban de diagnosticar una diabetes de tipo 2. Me comentó que durante más de quince años cada vez que estaba a punto de servirse un segundo trozo de tarta o de beber una tercera botella de cerveza, sentía una ligera tensión física y una voz le murmuraba al oído» «Es demasiado».

Él hacía caso omiso de lo que oía, considerando que su conciencia le estaba dando la lata, pero en el fondo percibía que había algo más. Por otra parte, la tensión no parecía provenir de su interior, sino de alguien que estaba junto a él. Y como era delgado y no comía ni bebía exageradamente, a nadie se le ocurrió sugerirle que se cuidara.

Cuando recibió el diagnóstico, preguntó: «¿Cómo puede haber sucedido esto?».

Su médico respondió: «¡Quién sabe!... Puede ser de origen genético o consecuencia de malos hábitos. Aunque también se puede deber a que su dieta contiene demasiados elementos inadecuados: cantidades que para otros son inofensivas no lo son para usted». Escuchar la palabra *demasiados* no fue una sorpresa para Tom porque sus guías sanadores se lo estaban advirtiendo desde hacía años.

Estos espíritus no sólo te avisan cuando tus elecciones personales pueden resultarte dañinas; también te alertan de posibles problemas medioambientales. En cierta ocasión mi marido recibió un mensaje que nos salvó la vida. En aquel momento vivíamos en nuestro primer hogar, un apartamento de dos plantas y muros de ladrillo rojo en el norte de Chicago. Ambos éramos trabajadores independientes y ese otoño habíamos decidido establecer nuestras oficinas en casa; la mía estaba en el primer piso y la de Patrick, en el sótano.

Él solía trabajar durante horas en su despacho pero en aquella ocasión se sentía tan inquieto que no conseguía quedarse sentado ante su escritorio. No dejaba de escuchar el mensaje de acudir a la sala de la caldera... y así lo hizo una y otra vez, sin encontrar nada que pareciera funcionar mal. De todos modos, estaba preocupado y no podía dejar de pensar en ello.

Aquella noche, antes de acostarnos me contó lo sucedido y decidió: «No sé qué es exactamente lo que está pasando pero por la mañana llamaré a un técnico para que eche un vistazo. Así estaré seguro de que todo funciona bien antes de que empiece a hacer frío».

El técnico llegó sobre el mediodía del día siguiente y, al revisar la caldera, descubrió una pequeña pérdida de monóxido de carbono. Nos comentó que era demasiado pequeña para ser peligrosa con las puertas y las ventanas abiertas, pero agregó que había sido una verdadera suerte que la descubriéramos porque, una vez que cerráramos la casa para recibir el invierno, esa pequeña pérdida podría habernos matado. ¡Gracias a Dios, los guías sanadores se comunicaron con Patrick aquel día!

Referencias espirituales

Estos espíritus asistentes también trabajan de forma indirecta, haciéndote conocer personas que pueden ofrecerte la información que necesitas para conservar la salud, como por ejemplo un reconocimiento médico, un tratamiento o incluso algo tan simple como dar con el médico adecuado. Las cosas siempre parecen accidentales, pero no lo son —antes de acudir al salón de belleza de mi vecindario, mis guías me indicaron que llamase a una mujer que trabajaba en su domicilio y que vivía en un barrio bastante alejado. Hacía más de diez años que la conocía como clienta pero nunca había considerado la posibilidad de solicitar sus servicios hasta que escuché claramente que mis guías sanadores así me lo aconsejaban: «Ve a casa de Erica». Fue como si alguien me hubiera hablado en voz alta.

«¿Erica? —pregunté—. No es un poco lejos para hacerme un simple tratamiento facial?».

«Ve a casa de Erica», escuché nuevamente... y eso es lo que hice.

Ella se mostró encantada de verme, su trabajo fue minucioso y muy profesional, y me trató con mucho cariño. Mientras estaba tumbada en la camilla le conté que mi hija pequeña, Sabrina, padecía frecuentes migrañas, un intenso dolor de estómago e insomnio —y ningún médico había conseguido descubrir la causa—. Esto le sucedía desde hacía años y había convertido su vida en un verdadero calvario.

«Yo sé quién puede ayudarla», dijo Erica y, a continuación, me habló de un destacado nutricionista. Jamás se me hubiera ocurrido considerar esa posibilidad y experimenté un enorme alivio al saber que podía hacer algo para ayudar a mi hija.

Considerando que esta sugerencia era un mensaje de los sanadores —y el motivo real por el que me habían conducido hasta allí—, Sabrina y yo fuimos a ver a aquel nutricionista, quien determinó que mi hija era alérgica al trigo y a los productos lácteos, por lo que los eliminó tajantemente de su dieta. Al principio Sabrina no se benefició de la cura milagrosa instantánea que yo esperaba; sin embargo, la indicación del médico al cabo de un mes, había eliminado el 95% de sus problemas, incluyendo varias visitas a Urgencias.

Tal como lo demostraron con mi hija, estos guías a menudo son muy eficientes para resolver las enfermedades que confunden a los médicos e intentan colaborar lo máximo posible con nuestros cuidadores terrenales. Éste fue el caso de mi clienta Louise, que a los treinta y seis años era un ejemplo de salud y consideraba que mantenerse en buena forma física era una prioridad. Era una corredora incansable que prestaba mucha atención a su dieta y se interesaba por todos los temas relacionados con la salud; sin embargo, ésta comenzó a deteriorarse sin que Louise pudiera comprender la razón. Para su horror, en el curso de un año dejó de ser una mujer joven y vigorosa para convertirse prácticamente en una inválida, sin motivo aparente. Su energía comenzó a mermar hasta dejarla casi incapacitada y postrada en la cama; se le cayó el pelo, tenía visión borrosa y era incapaz de concentrarse en nada.

Los médicos le diagnosticaron diversas enfermedades como depresión, el virus de Epstein-Barr, el síndrome de fatiga crónica, lupus e incluso trastorno bipolar. Se sometió a varias pruebas pero no obtuvo ningún resultado conclusivo y su estado no hacía más que empeorar.

Entretanto, perdió su trabajo, su compañero sentimental y su voluntad para seguir viviendo. Vino a verme para que le hiciera una lectura, pues aunque estaba desesperada, albergaba la esperanza de que pudiera ayudarla.

«¿Acaso me estoy volviendo loca? –preguntó en cuanto se sentó frente a mí–. Apenas puedo llegar al cuarto de baño y los médicos me dicen que simplemente estoy deprimida. ¿Me libraré alguna vez de todo esto?».

Pregunté a mis sanadores y también a los suyos cuál era la causa del problema. Fueron muy claros y directos: «La dieta», contestaron.

«¿La dieta? –dijo en tono burlón–. Pero si no como nada más que verdura y pescado. Tengo la dieta perfecta, mejor que la de mucha gente».

«Los guías piensan que se trata de la dieta», insistí.

«No tomo carne, ni azúcar, ni alimentos procesados, no es posible que ése sea el problema».

«A lo mejor es el pescado», aventuré.

«¿Cómo puede ser el pescado? Es un alimento sano».

«No lo sé –respondí–. Será mejor que le preguntes a tu médico; quizás él sepa algo que nosotras ignoramos».

Louise se puso de pie para marcharse pero antes de hacerlo me comunicó que se sentía decepcionada porque ni sus guías ni los míos habían podido llegar a desentrañar el motivo de su enfermedad.

Yo también estaba desanimada. Esperaba una respuesta más útil de mis guías, pero nunca puedo controlar lo que van a decir. Sin embargo, su mensaje era tan claro que sentí que cobraría sentido con el paso del tiempo.

«Siento que estés desilusionada –le dije junto a la puerta–, pero no juzgues lo que ha sucedido. Consulta con tu médico para conocer su opinión».

Una semana más tarde Louise me llamó: «Sonia, ¡no te lo vas a creer! Los médicos han llegado a la conclusión de que lo que me sienta mal es precisamente lo que tú me sugeriste. Sufro un envenenamiento de mercurio por la cantidad de pescado que consumo. Te agradezco tu ayuda de todo corazón».

«No es a mí a quien debes agradecérselo, sino a tus guías sanadores. Ellos fueron los que descubrieron dónde residía el problema.»

Recibir asistencia en situaciones como las de Louise es una maravilla. No obstante, estos espíritus trabajan en un terreno más amplio que el de la salud física; también atienden diligentemente tu alma, que puede enfermar y fragmentarse debido a la depresión, a las drogas, a un trauma o a los malos tratos, especialmente en la infancia. Además, trabajan sobre tu energía y tu campo energético, que puede agotarse debido a una identidad débil, a una baja autoestima, al agotamiento o a la ausencia de límites personales.

Eso es lo que hicieron por mi cliente Noah, que además de sufrir una grave depresión durante años era adicto al alcohol. Por este motivo, tuvo que pagar un tremendo peaje en su vida: su mujer lo abandonó, su negocio quebró y sus hijos se negaron a dirigirle la palabra. No se podía decir que Noah no luchara por mantenerse sobrio y, según sus propias palabras, «por crecer». Tomó antidepresivos, asistió a programas de doce pasos e incluso a una psicoterapia de grupo. Sin embargo, en el fondo se sentía más cómodo culpando a los demás que siendo objetivo consigo mismo, hasta que su compañero de copas —y adicto a la autocompasión— falleció repentinamente debido a un aneurisma cerebral.

Aquella noticia fue demoledora para Noah; tomó conciencia del vacío que sentía por todos esos años de autodestrucción y se fue a la cama llorando. Entonces, quizás por primera vez en su vida, solicitó la ayuda de «alguno de los que estén por aquí». Y en aquella ocasión lo decía en serio.

Noah cayó en un sopor profundo y tuvo lo que algunos llaman un «sueño lúcido». Se vio de pie junto a un hombre muy alto y atractivo con barba, vestido con una larga túnica de color gris y rojo, y que calzaba botas negras. Ambos miraron hacia abajo, donde se encontraba el cuerpo dormido de Noah.

Mi cliente se dirigió verbalmente al hombre de su sueño y afirmó: «Estoy harto de mí mismo. ¿Existe alguna cura para eso?».

El hombre sonrió profunda y cálidamente, y respondió: «Perdonar tu pasado, sentirte útil, limpiar tu cuerpo y tu mente de toxinas y servir a Dios... y además ser consciente de que estamos aquí para ayudarte».

Cuando se despertó, Noah todavía seguía oyendo la voz de aquel hombre retumbando dentro de su cabeza y, por primera vez en su vida, sintió que alguien se estaba ocupando de ayudarlo. Este suceso puso fin al estilo de vida desequilibrado que había llevado hasta entonces, así como a su conducta autodestructiva. Una herida alojada en lo más profundo de su ser se había curado.

Él lo describió como un milagro y yo coincido con su apreciación. A los cuarenta y seis años volvió a estudiar para formarse como maestro, algo que siempre había deseado pero que nunca había tenido el coraje de hacer.

He presenciado muchos milagros producidos por la gracia de Dios y la asistencia de maravillosos guías sanadores. La parte más importante de su trabajo es enseñarte a tener fe para que puedas apartarte de tu rutina y autorizar a las fuerzas Divinas y Universales para que sanen tu cuerpo, tu mente y tu alma.

Sanación práctica

El pasado otoño, mi amiga Lilly, que se acababa de trasladar de Bulgaria a Chicago, tuvo un problema dental que le causaba mucho dolor y angustia. Necesitaba un dentista con urgencia —uno que supiera hablar búlgaro— y sus opciones en aquel momento se limitaban a una dentista que no tenía una reputación muy brillante. Como no estaba dispuesta a aguantar su agonía mientras buscaba una mejor opción, decidió ir a la consulta de esta odontóloga. Antes de acomodarse en el sillón de la dentista comenzó a rezar fervientemente para indicar a sus guías sanadores que necesitaba su asistencia.

Cerrando los ojos mientras pronunciaba su petición, con el ojo de su mente vio de inmediato un chamán de gran estatura y fogosa apariencia, que tenía llamas rojas por cabellos y se presentó como Zonu. Apaciguada por su presencia, Lilly le pidió que guiara a la odontóloga para que hiciera un buen trabajo (ella esperaba que consiguiera salvarle la muela). Unos segundos más tarde apareció otro guía, una mujer llamada madame Q., que comenzó a dialogar con Zonu.

A partir de entonces Lilly tuvo la convicción de que ambos estaban trabajando juntos para dirigir la mano de la dentista mientras hacía su trabajo. Veinte minutos más tarde, para su sorpresa, la mujer le anunció que había acabado. En ese breve período de tiempo no solamente había conseguido salvar la muela de Lilly sino también reconstruirla a la perfección, algo que al parecer nunca había logrado hasta ese momento.

Lilly no se sorprendió, pues sabía que el éxito se debía a la colaboración de Zonu y de madame Q. Después de agradecérselo, le dijo: «No tenía ninguna duda de que usted era capaz de hacer un trabajo perfecto».

Halagada y un poco confusa por la rapidez y el éxito de su trabajo, la odontóloga le confesó: «Para ser sincera, no entiendo cómo ha sido tan sencillo. Me avergüenza confesar que no estaba demasiado concentrada, pues no podía dejar de pensar que tenía que pintar mi casa. De repente descubrí que había terminado la reconstrucción de su muela y debo decir que es el mejor trabajo que he hecho en mi vida».

Lilly se rió y replicó: «Lo importante es que usted ha conseguido hacer un gran trabajo y yo puedo marcharme a casa muy satisfecha. Muchas gracias». En realidad, en el fondo de su corazón Lilly estaba agradeciéndoselo a Zonu y a madame Q., pues no le cabía duda alguna de que ese trabajo perfecto era obra de su maestría. Lo que más la impresionó fue el hecho de que los guías hubieran tomado prestadas las manos de la dentista para realizar su tarea mientras aquella mujer estaba soñando despierta. Con su asistencia, Lilly experimentó un milagro en el mundo odontológico —conservó la muela y además el trabajo le resultó muy económico.

El propósito superior de tus guías sanadores es ayudarte a reconocer que eres hijo de Dios, a restaurar la conciencia de ti mismo, a elevar tu autoestima y a ayudarte a aceptar el amor y las ilimitadas bendiciones que Él te concede. La mejor sanación es abrir tu corazón y tu mente para reconocer tus propios méritos.

La experiencia de mi clienta Julie pone en evidencia lo antedicho. Esta mujer de treinta y siete años acababa de sobreponerse a un angustioso proceso de divorcio que había durado cinco años y tras el cual había perdido su casa y la custodia de sus dos hijos. La tinta del acuerdo de separación todavía no se había secado cuando tuvo que enfrentarse a otro golpe devastador: los médicos le descubrieron un bulto en el pecho derecho y le diagnosticaron un cáncer de mama con un pronóstico deprimente y pocas oportunidades de supervivencia. Esto ya fue demasiado para ella, que aún no se había recuperado de sus problemas familiares... Reuniendo todas sus fuerzas, inició de inmediato un tratamiento muy agresivo —una mastectomía doble, radioterapia y quimioterapia— que no sólo la derrumbó físicamente, sino que también mermó su voluntad de vivir.

Una noche que se sentía agotada debido a las náuseas y a la congoja, Julie decidió que la vida ya no merecía la pena y se rindió. Había perdido el cuerpo que solía tener, sus hijos, su hogar —incluso su identidad como esposa y madre— y sentía que ya no le quedaba nada. Estaba desesperada y no quería seguir viviendo. Cuando finalmente logró conciliar el sueño, se vio rodeada por diez hermosas mujeres de todas las edades que entonaban suaves canciones de cuna, le cepillaban el cabello y le acariciaban los pies y los dedos como si fuera la criatura más preciosa sobre la tierra. Empezó a llorar y les preguntó por qué eran tan cariñosas con ella.

La mayor de todas las mujeres le sonrió y le explicó que habían acudido en su ayuda para que pudiera curarse y empezar a disfrutar de la vida. Julie respondió que no había nada por lo que mereciera la pena vivir y que ella era un completo fracaso. La mujer se limitó a sonreír y, sin dejar de cepillarle el cabello, siguió cantando con las demás.

Concediéndose permiso para disfrutar del placer que le producían aquellos amorosos cuidados, Julie se relajó mucho más de lo que lo había hecho en toda su vida. Entonces tomó conciencia de que ya había amanecido. Todo lo que restaba del sueño era una sensación cálida en el pecho, pero también había algo más: prodigiosamente, se sentía en paz y con deseos de vivir. Parecía como si esas mujeres la hubieran liberado del peso de su aflicción.

Sin mirar atrás ni avergonzarse, Julie se entregó devotamente a su curación. Modificó su dieta, se apuntó a un grupo de apoyo y buscó un terapeuta. Dos años más tarde se había curado del cáncer. Y todo esto sucedió hace ya siete años. «Aquellas mujeres obraron un milagro conmigo», me comentó.

«Eran tus sanadoras –le respondí–, y fue un verdadero milagro. Abrieron una puerta para que volvieras a quererte y eso fue lo que curó tu cuerpo».

¿Sabías que los guías sanadores...

...siempre te infunden una sensación de paz, de amor por ti y de aceptación de tu propio ser?
...son amables, no coercitivos y siempre perdonan?
...hablan a tu corazón y no a tu ego, a tu esencia eterna y no a tu ser mortal?

Si sufres de falta de fe, eso significa que en algún punto del camino te has desconectado de la Fuente Divina y del Creador. Igual que una hermosa flor sin un jardín donde crecer, la vida carente de fe se convierte en una lucha por la supervivencia. Acaso esto sea lo que más merma la salud de tu cuerpo, tu mente y tu alma, de modo que deberías pedir a tus guías sanadores que restauren tu fe.

Ellos responderán abriendo tu corazón, serenando tu mente y elevando tu vibración. Mi guía sanador Joseph me comunicó en cierta ocasión que su trabajo se parece mucho a eliminar todos los programas antiguos y los virus de un ordenador. Es preciso suprimir todos los modelos negativos para restaurar el equilibrio.

Tus guías sanadores pueden obrar hechos asombrosos, pero únicamente si obedeces sus directivas y cooperas con ellos, amándote a ti mismo. Comienza por aceptar que cada enfermedad es una gran ocasión para aprender, amar y honrarse a sí mismo, y recibir el amor de Dios. Y cuando ese Afecto Divino se libera, se produce la curación.

Te ruego que no interpretes mal mis palabras; no intento afirmar que has adquirido una enfermedad o debes afrontar un grave problema porque algo ha fallado. Cada alma asume retos por distintas razones que nadie puede juzgar ni comprender. Ningún desequilibrio puede explicarse por una sola causa; se pueden combinar toxinas medioambientales, tensión emocional y lecciones kármicas. Debes afrontar las consecuencias y repercusiones de decisiones pasadas que fueron improcedentes, ya sea en esta vida o en otras. Todas las enfermedades son lecciones para la persona que las sufre o para aquellos que la rodean.

La primera lección que los guías sanadores nos ofrecen es: «Cuando se trata de una enfermedad (o de un riesgo para la vida), nunca hay que juzgarse a sí mismo ni enjuiciar a otras personas», y la segunda es: «Perdonar, primero a uno mismo y luego a los demás». Si estás dispuesto a dar estos dos pasos, despejarás el camino para que estos seres puedan hacer su trabajo.

Es fundamental destacar que tus guías sanadores no son un sustituto de la ayuda profesional, ya sea médica, psicológica o emocional En realidad, otra tarea fundamental de los guías es ayudarte a encontrar el profesional que necesitas.

Eso es lo que hicieron conmigo después del nacimiento de mi segunda hija. Debido al agotamiento sufrí una grave fatiga crónica de la que no conseguía recuperarme a pesar de dormir muchas horas. Consulté con innumerables médicos, y me sometí a infinidad de pruebas y análisis, sin ningún éxito.

Entonces pedí ayuda a mis guías sanadores y al día siguiente fui a una librería Barnes & Noble para comprar algunos artículos para mi hija mayor. Mientras estaba allí, un libro se cayó de una de las estanterías y casi me dio en la cabeza —era un estudio sobre el hipotiroidismo—. Huelga mencionar que de inmediato capturó mi atención. Yo ya me había sometido a una prueba de tiroides y, al darme a conocer el resultado, el médico que me atendía afirmó que mi nivel de hormonas tiroideas estaba en el límite, pero que no constituía ningún problema. Sin embargo, después de leer el libro supe que algo no iba bien.

Mis sanadores me condujeron a un médico holístico a quien pedí una segunda opinión. Los niveles de mis hormonas tiroideas aún estaban dentro de los valores límite pero, de cualquier modo, me recetó una pequeña dosis de hormonas naturales que me sentó muy bien. Un mes más tarde mi nivel de energía había aumentado y me sentía revitalizada. En esta ocasión los guías sanadores me indicaron cuál era el problema y me condujeron al médico que determinaría el tratamiento adecuado.

Lo que me sucedió en la librería no es algo inusual, puesto que los libros son uno de los mejores medios a través de los que se comunican estos guías. Mi maestro Charlie me enseñó que si te recomiendan un libro una vez, puede ser una señal de los guías sanadores. Si te lo recomiendan dos veces, se trata definitivamente de un mensaje que pretenden hacerte llegar. Y si escuchas hablar del libro tres veces seguidas, están gritando para que les prestes atención.

Estos espíritus son supervisados por los ángeles sanadores, y trabajan en una frecuencia muy elevada y con el mayor grado de amor y compasión. Igual que los ayudantes, muchos de estos guías también han tenido forma humana en algún momento y comprenden los retos que supone la experiencia humana así como las causas por las que las personas enferman y sufren desequilibrios. Muchos de ellos proceden de las antiguas civilizaciones perdidas de la Atlántida y Lemuria, que han venido para compartir el conocimiento que poseían pero que desperdiciaron o utilizaron erróneamente en sus encarnaciones pasadas. Todos los guías con los que he colaborado han trabajado de forma incansable, han demostrado una dedicación devota y se han sentido muy privilegiados por poder ofrecer su ayuda.

Como sucede con todos los guías, ellos no son los responsables de restaurar tu equilibrio y conseguir tu curación: ese trabajo te corresponde a ti. Trabajan bajo el lema «Dios ayuda a quienes se ayudan a sí mismos» y son tus socios en el campo de la salud. Si los escuchas, te indicarán el camino.

Tu turno

Antes de invocar a tus guías sanadores con el propósito de abrir tu corazón o de curar tu cuerpo, debes sentir compasión y amor por tu propia persona y estar dispuesto a curarte. Con tu cooperación, ellos saben exactamente lo que hay que hacer.

Si deseas pedir ayuda a los guías sanadores en nombre de otra persona, debes abrir tu corazón, y enviarles tu amor y tu compasión incondicionales. No pienses en la enfermedad; eso sería como regar una mala hierba para que crezca. Por el contrario, concéntrate en una salud excelente, conforme al plan de Dios.

En ambos casos el siguiente paso es la oración, a la que los guías sanadores responden de inmediato. Muchos estudios han confirmado que las personas que rezan para conseguir la curación (y también aquellas por las que se reza) lo hacen más rápida y radicalmente que las que carecen de esta ayuda.

Mi plegaria de sanación favorita es:

Divina Madre, Dios Padre y todas las fuerzas
curativas del Universo,
ayudadme a restablecer el equilibrio de mi cuerpo,
mente y espíritu.
Eliminad de mi conciencia y de mi cuerpo todo aquello
que no esté en consonancia con vuestro plan de amor para mí.
Otorgo mi permiso a todas las fuerzas curativas
de naturaleza divina y amorosa para
que sirvan a mi bienestar.
Amén.

Capítulo 16

Los guías maestros

Algunos de los guías más devotos de nuestra alma son nuestros maestros. Ellos resuenan a una frecuencia muy elevada y trabajan diligentemente con nosotros para aumentar nuestra conciencia y aceptar nuestra verdadera naturaleza como seres espirituales, concentrando sus esfuerzos en ayudarnos a descubrir nuestro propósito en la vida y también nuestro karma —o lecciones—. De hecho, la palabra karma significa «aprender» y sugiere la idea de un aula.

A diferencia de los corredores y ayudantes, estos espíritus tienen poco o ningún interés por los asuntos cotidianos de nuestra vida. No se preocupan por preguntas del tipo: «¿Llegaré a casarme?» o: «¿Debería comprarme un nuevo coche?». En su lugar, dirigen su atención a liberarte de las limitaciones de tu ego y a ampliar tu conocimiento para que puedas beneficiarte de tu ilimitado potencial y vivir jubilosamente como un ser Divino. También se dedican a enseñarte la mejor forma de servir a tus congéneres, a abrir tu corazón y a disipar tus ilusiones, miedos, juicios, ideas falsas y autolimitaciones.

Con frecuencia, los mismos guías maestros supervisan el viaje de tu alma de una vida a la siguiente. Se agrupan para formar la escuela de tu alma y cada período por el que transitas en la tierra representa otro nivel de progreso —algo parecido a lo que en un plano físico significa pasar de curso.

Algunos de estos seres han sido mortales en vidas anteriores y, como tales, se solidarizan con las dificultades que los humanos debemos afrontar mientras aprendemos a avanzar en la vida. A menudo son hombres y mujeres sabios, mentores o santos, que eligen continuar su trabajo desde el plano espiritual para ayudarte a vivir en armonía con los deseos de tu alma. Son muy pacientes y compasivos —y suelen tener mucho sentido del humor.

Aunque estos guías pueden haber sido tus maestros en vidas pasadas, deben esperar a que les des una señal antes de volver a trabajar contigo. Alguno de ellos puede ser uno de tus educadores en *esta* vida, que ha fallecido recientemente. He hablado con muchos videntes, médiums y otros mensajeros espirituales durante años y casi todos han tenido al menos un maestro que ha sido una influencia decisiva en su vida y que, después de morir, sigue siendo una figura importante que colabora en el desarrollo de su alma. Estas relaciones continuadas son contratos del alma, profundos y duraderos, que la muerte no consigue interrumpir.

Dos de los maestros que he tenido en esta vida, Charlie Goodman y el doctor Tully, pasaron al plano espiritual hace ya muchos años y, sin embargo, siguen trabajando conmigo desde allí. Percibo su apoyo y sus consejos tan claramente como cuando era una joven y tímida estudiante que asistía a sus respectivas clases.

Charlie, mi primer maestro, me enseñó prácticamente todo lo que sé sobre el mundo espiritual y fue el primero en hacerme conocer el protocolo correcto para trabajar con muchos de mis guías. Soy muy consciente de su presencia cuando estoy ayudando a otras personas —incluso ahora, mientras escribo este libro—. Su peculiar tarjeta de visita era (y aún lo es) una risa que suena como una cascada y que se corresponde con su energía. Sus carcajadas me recuerdan una y otra vez que en el plano del alma todo está perfecto en todo momento, y que nunca debería preocuparme demasiado por nada.

Yo adoraba a Charlie y estoy muy agradecida de poder seguir conectada con él después de su muerte. Conoce mis puntos fuertes y débiles, y cada vez que me desvío de mi camino debido a la inseguridad, al miedo, a los prejuicios, a la impaciencia, a la arrogancia o a la ira, escucho su risa haciendo añicos el hechizo en el que he caído. De este modo me ayuda a volver a centrarme.

Con el doctor Tully, otro maestro del pasado, tuve una relación menos personal aunque no por ello tuvo menos impacto en mi proceso de aprendizaje. Él me demostró una y otra vez la correlación directa que existe entre mis pensamientos y mis experiencias. Su estilo distante e imparcial formaba parte de su poder, y gracias a él aprendí a ser menos emotiva y más objetiva frente al mundo, una lección difícil que le agradezco que me haya enseñado (y en la que aún necesito ayuda). Su carta de presentación es su potente voz, que atraviesa mis devaneos mentales, silenciándolos de inmediato.

Él me enseñó a domesticar mi mente en lugar de dejarme llevar por su confusión. También aprendí que el propósito de mi alma en la tierra es ser creativa —y aceptar que soy la única responsable de mi vida—. Hasta hoy, cada vez que caigo en la actitud infantil de representar el papel de víctima, la voz del doctor Tully retumba en mi cabeza recordándome lo que dijo Shakespeare: «No hay nada que sea bueno ni malo, pero el pensamiento hace que lo sea»... ¡de modo que vigila tus pensamientos!

Los guías maestros más impresionantes que tengo son los Tres Obispos. Han estado conmigo a lo largo de varias vidas y estudié con ellos cuando fui una monja francesa interesada por los misterios antiguos de la Edad Media. Los Tres Obispos me ofrecen consejo —y también a mis clientes— en los momentos en que es necesario tomar una decisión y su tarea esencial es desarrollar la integridad y el carácter. Son bastante directos a la hora de señalar las decisiones desacertadas y los errores. No se andan con rodeos cuando se comunican con nuestro mayor potencial, aunque lo hacen con mucho cariño y sentido del humor, tanto conmigo como con mis clientes.

Si reflexionas unos instantes, acaso reconozcas a alguna persona que te presta sus servicios desde el plano espiritual. En realidad, algunos de estos guías pueden estar vivos y no sólo te asisten mientras estás consciente, sino que también te visitan en tus sueños o mientras estás entregado a tus fantasías. La mayoría de los contactos con nuestros guías y maestros se producen en ese momento ya que, de ordinario, durante la vigilia estamos demasiado preocupados por nuestros dramas cotidianos como para recordar nuestros propósitos superiores. También nos visitan durante la meditación, que es una forma maravillosa de establecer una conexión directa en un estado consciente. Y, con toda probabilidad, su colaboración continuará después de tu muerte.

En mi papel de maestra espiritual, que es la misión de mi vida, cientos de alumnos me han comunicado que los he visitado en un sueño o he irrumpido repentinamente en su conciencia. Algunos incluso afirman ver mi espíritu mientras se debaten con sus problemas. Y yo los creo. El espíritu no está definido por el cuerpo físico; por eso puedo estar en dos sitios al mismo tiempo.

Debo admitir que algunas mañanas, al despertarme, siento como si hubiera estado trabajando toda la noche, ayudando y enseñando a mis alumnos; luego ellos me lo confirman. Acaso hayas pasado por esta experiencia —en el plano del alma tú puedes ser el maestro de otra persona y trabajar en el mundo espiritual mientras tu cuerpo está dormido.

Dos de mis guías maestros más importantes son mis mentoras Lu Ann Glatzmaier y Joan Smith, dos almas profundamente sabias que todavía se hallan en este plano. Las conozco desde que tenía catorce años. Me conecto con ellas cuando estoy despierta y también en mis sueños. Mientras duermo, las visito de forma regular, y mantenemos largas y profundas conversaciones que me curan el alma. A nuestras charlas nocturnas les doy el mismo valor que cuando hablo con alguien por teléfono o en persona. En este caso, soy la alumna que visita a sus maestros por las noches y, a veces, me dan clase hasta el amanecer, por lo que por la mañana estoy agotada. Quizás sea ésta la razón por la que te despiertas fatigado alguna vez después de haber soñado que estabas aprendiendo o enseñando.

Es probable que te sorprenda la idea de que algunos de tus guías maestros sean personas que están vivas o incluso que te cueste considerarte a ti mismo como un guía maestro potencial. No obstante, la historia de nuestra alma es muy antigua y todos somos expertos en ciertos temas —e incluso hemos alcanzado la maestría en muchos de ellos— aunque en otros campos aún nos queda mucho por aprender. Tanto Charlie como el doctor Tully me enseñaron que todos somos maestros y alumnos al mismo tiempo porque estamos conectados como las células del cuerpo y nos enseñamos mutuamente a evolucionar en diferentes niveles.

También puedes establecer contacto con ancianos sabios que han conquistado la conciencia espiritual y la disciplina necesarias para aquietar la mente y comunicarse directamente con lo Divino. Son seres muy amables, afectuosos y de infinita paciencia que se manifiestan cuando tú comienzas a cuestionarte la naturaleza y el propósito de tu existencia, y aspiras a otorgar un sentido más elevado a tu vida. Han trabajado duro durante mucho tiempo para disolver sus egos y, por ese motivo, muchos de ellos optan por permanecer anónimos.

Estos guías a menudo te llevan a conferencias, talleres, seminarios y retiros espirituales. Muchos se dedican a modificar la conciencia colectiva impulsándola hacia una frecuencia más elevada y lo han estado haciendo con un éxito considerable desde los años cincuenta. El número relativamente pequeño de *hippies* de los años sesenta se ha ampliado enormemente y en la actualidad hay miles de personas interesadas en temas espirituales. En gran medida, esto se debe a que los guías maestros han acercado la meditación, la relajación, la terapia del masaje y la exploración intuitiva a un público cada vez mayor. Junto con los guías sanadores, son los responsables de establecer un puente sobre la fisura que existe entre la ciencia y la religión, divulgando la espiritualidad, creando agrupaciones como los programas de doce pasos y la terapia grupal, y abriendo la puerta a la sanación holística y alternativa

—todos ellos nos permiten acceder a un conocimiento superior del alma.

¿Sabías que los guías maestros...

...ahora se acercan a nosotros en masa, y prácticamente en todas las áreas de aprendizaje y experiencia? A través de la física cuántica, por ejemplo, nos enseñan que somos pura energía, puro espíritu y que sólo estamos limitados por nuestros propios pensamientos. Casi todas las disciplinas se están deshaciendo de viejos prejuicios para abrirse a nuevos descubrimientos.

...nos tienden la mano mientras nuestro mundo debe afrontar retos muy serios? Y muy especialmente en todo lo relativo a nuestra comprensión del aspecto espiritual de todas las cosas.

...cumplen su propósito principal de ayudarte a que te despojes de una falsa identidad que puede estar conectándote con tu ego?

...te ayudan a vivir consagrado sinceramente al espíritu?

Es bastante habitual que los guías maestros realicen su trabajo por medio de mensajeros que te invitan a asistir a foros de aprendizaje. En cierto momento de mi vida me sentía tan agobiada por mi matrimonio, mis hijas y el trabajo que invoqué a mis guías maestros y les pedí que me indicaran lo que necesitaba aprender para que mi vida fluyera con más facilidad. Al día siguiente recibí una invitación para el *Hoffman*

Quadrinity Process, un programa intensivo de ocho días donde podría aprender nuevas estrategias para vivir consagrada al espíritu. Aquel cursillo resultó ser el mejor de todos los que hice en mi vida, (para obtener más información, consulta: www.hoffmaninstitute.org).

Del mismo modo, cuando ya no te sientas satisfecho con tu propia vida y estés deseoso de aprender algo más, descubrirás que tus guías maestros se hallan a tu lado. Eso fue lo que le sucedió a Max. A los cuarenta años era el prototipo del éxito: piloto de líneas aéreas, guapo y soltero, con dinero y glamur. Además, era hijo único de una madre italiana de la vieja escuela que lo adoraba —aunque, según Max, le exigía demasiada atención—. No obstante, se sentía desgraciado, tenía emociones contradictorias, estaba aburrido y consideraba que su vida no tenía ningún sentido. Como consecuencia, sufrió una depresión.

Cierto día se encontraba en Cleveland, sentado en un avión vacío esperando que embarcaran la tripulación y los pasajeros. Cerró los ojos para relajarse y de pronto percibió la presencia de un Ser Superior que había ido a visitarlo. Esta experiencia abrió una puerta en su mente, que hasta ese momento había estado clausurada. Fue como si una fuerza benevolente le hubiera abierto los ojos y el corazón; entonces se percató de que la falta de satisfacción que lo embargaba se debía a que era egoísta y estaba demasiado pendiente de sí mismo.

No escuchó ninguna voz ni vio ningún fantasma del pasado. Simplemente sintió que en su interior se abría algo que había estado bloqueado durante mucho tiempo... y, dadas las decisiones que estaba empezando a considerar, pudo percibir el rumbo que tomaría su vida si seguía por aquel camino. Su comportamiento negativo surgió ante él, y Max se sintió avergonzado y triste.

Estaba tan horrorizado por reconocer la clase de persona en la que se había convertido que aquel día tuvo serias dificultades para concentrarse en el vuelo y fue incapaz de cumplir con el horario previsto. Por fortuna, se dirigía a Chicago (donde residía) y en cuanto llegó a destino pidió una baja argumentando que se encontraba enfermo, pues así era como se sentía.

Lo que vino después fue la oscura noche de su alma. Con sus guías maestros siempre presentes, su nueva conciencia siguió extendiéndose hacia atrás en su vida hasta llegar al día de la muerte de su padre, cuando Max apenas tenía once años; aquel día su corazón se había cerrado de un portazo y él había decidido pensar únicamente en sí mismo para no sufrir nunca más el dolor de una pérdida.

Al tomar conciencia de lo que había sucedido, se preguntó: «¿Qué debo hacer?», pero no escuchó nada. A la mañana siguiente, aún de baja laboral, decidió dar un paseo por la ciudad y terminó en Transitions Bookplace, una pequeña librería de autoayuda y literatura de la Nueva Era, que en ese momento era un negocio de poca monta. Se decidió a entrar y echar un vistazo, sin tener la menor idea de que existieran los libros de autoayuda; para Max la palabra espíritu únicamente se refería a las bebidas espirituosas. Estaba tan fascinado por su descubrimiento que pasó más de tres horas en la librería antes de comprar diez libros; algunos trataban del alma, otros del sentido y la dirección de la vida, y otros, por último, de la meditación.

El viaje espiritual de Max comenzó el día que sus guías lo pusieron frente a un espejo para que viera a la persona en la que se había convertido. Luego lo ayudaron a encontrar recursos para disfrutar de una existencia más auténtica, llevándolo primero hasta la librería y más tarde a talleres, clases y sesiones intuitivas con mentores y otros instructores... hasta que finalmente llegó a mí.

La evolución de su alma fue lenta pero firme: sus maestros lo guiaron hasta un grupo de voluntarios que ayudaban a niños de países en desarrollo, necesitados de asistencia médica y en situación desesperada. Gracias a su trabajo de piloto, Max los trasladó una y otra vez a Estados Unidos para que recibieran el tratamiento que necesitaban. Esa tarea le reportaba tantas satisfacciones que decidió dedicar menos horas a su trabajo para consagrar la mayor parte de su energía a este servicio. Al ayudar a esos niños necesitados, abrió su corazón, y aprendió a amar plenamente y sin defensas otra vez. Sus guías hicieron una gran labor.

Max descubrió que el mayor propósito de los guías maestros es enseñarnos a abrir nuestro corazón, y observar al mundo y a nosotros mismos con amor, para aceptar que todos somos una misma familia de muchos colores. Si hacemos daño a otras personas, nos herimos a nosotros mismos; si las auxiliamos, nos ayudamos a nosotros mismos.

Aprender de los maestros

Además de recibir enseñanzas de los guías maestros, pasados y actuales, que fomentan la evolución de nuestra alma, también nos conectamos con un líder espiritual (o como mucho dos). A este grupo se lo conoce colectivamente como los Maestros Ascendidos o la Hermandad de la Luz Blanca y trabajan con nosotros para elevar nuestra conciencia tanto en un plano personal como impersonal. Los más conocidos han estado en la tierra, como Jesús, nuestra Madre María, Qwan Yin, Buda, Mahoma, Wakantonka y St. Germain, por nombrar a algunos de ellos.

Muchas personas, incluyéndome a mí, se sienten muy atraídas por uno de los dos primeros y los consideran su maestro espiritual. Una de mis clientas se siente tan vinculada a la Virgen María que reza el rosario hasta tres veces al día. Esta mujer es el alma más tierna que jamás he conocido; ha acogido a catorce niños y adoptado a ocho más. Ella cree que es María —nuestra madre— la que le concede su inagotable energía, paciencia y fe para transitar su camino en perpetuo goce.

Maurice, otro de mis clientes, habla continuamente con Jesús sobre todo lo que sucede en su vida. Y yo comprendo su devoción, pues sobrevivió a un incendio en el que pereció toda su familia y en el que sufrió quemaduras en el 40% de su cuerpo. Maurice afirma que Jesús le enseñó a perdonar y a seguir adelante con su vida. Ahora es profesor de niños discapacitados y se siente en paz.

En clase

Sabes que has entrado en el aula de un guía maestro cuando sientes que tu corazón se ablanda, empieza a serenarse y está más inclinado a escuchar que a hablar. Cuando buscas nuevas lecturas sobre temas espirituales, te interesas por una agrupación o comunidad que puede ayudarte a evolucionar, buscas enseñanzas espirituales de una forma directa o sientes la llamada de servir a la humanidad, te hallas bajo la influencia de tus guías maestros.

Las lecciones se adaptan a lo que es idóneo para tu alma. Estos seres saben –como tú mismo deberías saber– que en lo que atañe al crecimiento espiritual no todos tenemos la misma talla. Los guías de una persona pueden conducirla hasta la iglesia mientras que los de otro individuo pueden apartarlo de ella con el fin de guiarlo a una relación más personal con Dios y el Universo.

En particular, los guías maestros desean hacerte saber que no existe un camino único y directo para lograr la armonía espiritual con tu alma. Debes escuchar tu propio corazón, seguir sus consejos, estar dispuesto a ser tú mismo y vivir tu vida basándote en el amor por ti mismo y la aceptación de tu propia persona –y no en el miedo ni en el deseo de complacer a los demás.

El hecho de recurrir a tus guías maestros con demasiada frecuencia no debe ser un motivo de preocupación. En medio de las noches oscuras y la confusión, tú eres su prioridad esencial. Cuando los invoques, ellos acudirán de inmediato.

Tu turno

Cuando te encuentres en un espacio silencioso y tranquilo, pide amablemente a tus guías maestros que se manifiesten ante ti, pero antes inhala profunda y serenamente, y luego pide a tu Ser Superior que abra tu corazón. A continuación, pregúntale: «¿Qué debo aprender en este momento y cómo podéis ayudarme a conseguirlo? ¿De quién me estoy escondiendo? ¿Qué es lo que temo?».

Escucha con atención y, si te sientes capaz de responder a esta pregunta en voz alta, deja hablar a tu corazón mientras él te guía con sus respuestas.

Tus maestros pueden orientarte mejor que ningún otro espíritu. Realizan su tarea de un modo impecable. Aunque trabajan con ahínco para crear una experiencia de aprendizaje positiva, no te aíslan, elogian ni adulan. No te comparan con otras personas; se limitan a ofrecer sugerencias y nunca ultimátums. Sin embargo, te pedirán todo lo que seas capaz de dar. Después de todo, ellos hicieron que escogieras este libro, ¿verdad?

Los maestros, igual que todos los guías, saben exactamente lo que tú deseas. Te conducirán, paso tras paso, a través de una suave curva de aprendizaje y permanecerán a tu lado todo el tiempo que los necesites. Recuerda que el maestro aparece cuando el discípulo se encuentra preparado. Si estás dispuesto, ellos también lo estarán.

Capítulo 17

Los guías animales

Algunos de los guías espirituales más importantes y poderosos son los más evidentes; sin embargo, a menudo pasamos por alto su presencia: son los que pertenecen al reino animal. En épocas muy lejanas estábamos muy vinculados al mundo natural y consultábamos a los animales porque valorábamos su sabiduría y su poder personal. Pero aunque en la actualidad nos hemos apartado de ellos, esta conexión no nos ha abandonado y son muchas las criaturas que se comunican continuamente con nosotros para hablar con nuestra alma y nuestro espíritu, tanto en el mundo físico como a través de nuestros sueños.

Los animales forman parte del mundo de los maestros. Algunos nos proporcionan la sabiduría y las habilidades necesarias para sobrevivir, otros nos enseñan a metamorfosearnos y adaptarnos a las circunstancias, una ayuda inapreciable en determinadas ocasiones. Estos guías suelen ser muy alegres y traviesos, y tienen un gran sentido del humor; nos enseñan a ser optimistas y a reírnos de los desafíos de la vida. A muchos se los conoce por su lealtad y su capacidad para amar de un modo incondicional, y también por su objetividad e imparcialidad, que les permite ser fieles a sí mismos en lugar de complacer a los demás. Son detectives que tienen la habilidad de desaparecer. De una u otra forma, todos cuentan con cualidades fantásticas para levantarnos el ánimo y renovar nuestras esperanzas, y se dirigen a nosotros con un estilo propio.

Los animales sirven como guías espirituales de tres formas. Primero, formando parte de nuestra vida y comunicándose directamente con nosotros. Segundo, manifestándose en nuestros sueños para transmitir sus mensajes a través del plano astral. Tercero, ofreciéndonos su espíritu a modo de tótem —o lo que es lo mismo, como una puerta de entrada a su energía y poder particular—, con el propósito de ayudarnos a alcanzar nuestros objetivos.

Puedes iniciar tu conexión personal con tus guías animales observando el espíritu de los animales de compañía que ya existen en tu vida. Empieza por las mascotas que tienes en casa (o que tenías) y concéntrate en los regalos que te ofrece (u ofrecía) su espíritu. Mi perra Miss T., una caniche enana negra, es un alma bella, sensible y leal que reparte su amor entre todos los miembros de mi familia de una forma equitativa e incondicional. Por ejemplo, hace turnos para dormir con cada uno de nosotros por las noches. Comienza en mi dormitorio, luego pasa algunas horas en la habitación de Sabrina y, por fin, se traslada a la de Sonia, donde duerme hasta el día siguiente. También se sienta junto a cada uno de nosotros en los distintos momentos del día: viene a mi despacho cuando trabajo con mis clientes; se tumba a los pies de mis hijas, debajo de su escritorio, cuando hacen su tarea escolar —a veces incluso se instala un rato junto a una de ellas y más tarde acompaña a la otra– y por las tardes acude a la oficina de mi marido. Cuando ella está presente, todos nos sentimos mucho más tranquilos y felices.

Todos reconocemos sus poderes psíquicos y su forma de comunicarse con nosotros a cualquier hora del día. Cuando me despierto, una sola mirada de Miss T. me indica si todo está en orden o si hay algún problema. En las raras ocasiones que gruñe o ladra a alguna persona, sé que algo no va bien y que debería estar en guardia.

Hace un tiempo contratamos a una canguro que traía muy buenas recomendaciones y era muy agradable, pero a Miss T. no le causó muy buena impresión. A duras penas toleraba su inclusión en la familia y jamás le quitaba los ojos de encima, haciéndonos saber que esta persona no era digna de confianza. La canguro llevaba sólo unos días en casa cuando recibimos una llamada de su padre. Estaba desesperado porque su hija se había escapado de casa y quería que regresara. Nosotros *percibíamos* que ocurría algo raro, pero nuestra perra lo *sabía* con certeza. El fin de la historia fue que convencimos a la chica para que volviera a casa de sus padres.

Miss T. es un espíritu muy festivo: baila para nosotros, hace gracias y juega al escondite cuando nos ve abatidos. Ha ayudado a Patrick a relajarse, ha evitado que me agobiara con el trabajo y ha protegido a mis hijas para que no se sintieran solas ni tuvieran miedo. Sus obsequios son incontables.

En cierta ocasión, creí percibir que esta dulce alma estaba un poco rara pero, tras observarla un rato, descarté que le pudiera pasar algo. Aquella noche soñé que me decía que estaba enferma y que necesitaba un médico, de manera que, en cuanto me desperté, pedí a Patrick que la llevara al veterinario y éste la examinó sin encontrar nada anormal. Esa misma noche Miss T. se sentó a los pies de mi hija Sonia, que ya estaba en la cama, y le hizo saber que necesitaba ayuda. Sonia le abrió la boca y encontró un pequeño hueso de pollo alojado en el fondo de su garganta. Nuestra perrita podía haberse muerto y, sin embargo, en cuanto Sonia extrajo aquel hueso, volvió a ser la misma de siempre.

Los gatos también son unos maestros increíbles que saben cómo llegar hasta nuestra alma. Nunca he tenido uno porque soy alérgica a ellos, pero mi hermano Anthony tenía dos gatos atigrados, Summer y Winter Girl, que lo ayudaron a mantenerse conectado a la tierra y a conservar el humor en épocas de grandes retos emocionales que fueron motivo de enfermedades y estrés. La presencia tranquilizadora y las travesuras de sus gatos mantuvieron su corazón abierto y alegre cuando podía haber caído fácilmente en el aislamiento y la anulación. En varios sentidos, fueron sus sanadores y Anthony nunca se olvida de recordarlo.

Otro tipo de criaturas que pueden hablar contigo son los pájaros. Mi clienta Marion siempre ha recurrido a ellos en busca de apoyo. Estaba a punto de emprender una nueva aventura empresarial, que consistía en asociarse con su cuñado para abrir varias salas de cine, cuando encontró un búho en el patio de su casa dos noches seguidas. Marion sabía que estas aves son activas predadoras noctámbulas y estaba convencida de que su presencia era la señal que confirmaba su sospecha de que su cuñado podía llegar a ser una persona artera y agresiva. Agradeciendo al búho por su advertencia, decidió renunciar a la sociedad. Y en cuanto lo hizo, el pájaro se marchó.

Decepcionado, su cuñado buscó otro socio. El resultado fue que ambos terminaron discutiendo por los bienes que poseían y anularon la sociedad. Más tarde se descubrió que habían realizado actividades ilícitas, las salas de cine se cerraron y tuvieron que afrontar engorrosos procesos judiciales. Sin embargo, la relación personal de mi clienta con su cuñado permaneció intacta gracias a la intervención del búho.

También a mí las aves me han hablado de forma muy directa durante años, y han sido un constante sostén que me han ayudado a afirmar mi camino y orientar mi espíritu. Poco después de que mis suegros sufrieran un terrible accidente, los árboles que están frente a nuestra casa se llenaron de cuervos que comenzaron a graznar insistentemente, como si pretendieran transmitirnos un mensaje. Siempre he creído que estas aves están muy relacionadas con el poder y la magia; por eso supe que su presencia era importante.

Durante diez minutos sus graznidos se escucharon a todo volumen y luego las aves levantaron el vuelo. Comprendí que nos estaban diciendo que no teníamos motivo para preocuparnos, pues mis suegros conseguirían recuperarse. En el fondo de mi corazón y de mi alma estaba convencida de que ése era el motivo de su visita. Respaldada por su sabiduría, le aseguré a Patrick que sus padres superarían las secuelas del accidente, aunque entonces el pronóstico era muy poco esperanzador. Y así fue. Hasta el día de hoy agradezco que aquellas aves me lo hicieran saber en un momento en el que esa probabilidad parecía muy remota.

En otra ocasión me enfrenté con un dilema: me habían pedido que escribiera mi autobiografía y no me sentía demasiado inclinada a hacerlo. Esto sucedió estando de vacaciones en Francia con mi marido y mis hijas, visitando a la familia en cuya casa me había alojado cuando era una joven estudiante. No estaba muy segura de que la historia de mi vida pudiera ser valiosa para los demás y, antes de irme a dormir, decidí pedir a mis guías que me dieran una señal definitiva.

Me desperté súbitamente a las cinco de la mañana y sentí que una fuerza superior me empujaba a levantarme para mirar por la ventana. Justo frente a mí había una hermosa paloma blanca que entró en mi habitación, golpeándome en la cabeza. Mis maestros me habían enseñado que estas aves son mensajeros del alma y, por lo tanto, interpreté que esa señal extraordinaria era la confirmación de que debía escribir el libro por mi propio bien, más allá de que fuera bueno o no para las demás personas.

La pobre paloma voló un tanto confusa y luego aterrizó en una esquina de la habitación, aunque pronto se recuperó y volvió a salir por la ventana en dirección al sol. Decidí escribir el libro; no sé qué impresión habrá causado entre los lectores, pero resultó definitivamente positivo para mi alma.

Mi sobrino Jacob me contó una hermosa historia sobre un pájaro. Era el primer aniversario de la muerte de su padre; como se sentía angustiado y triste, decidió dar un paseo por una playa desierta de Michigan, cercana a su domicilio. Mientras caminaba vio un águila de cabeza blanca —algo que no es frecuente en esa región— que parecía haber surgido de la nada para planear por encima de su cabeza. A continuación Jacob miró hacia abajo y descubrió una rosa congelada en medio del hielo. Ambos sucesos lo impactaron y, aunque parezca extraño, al mismo tiempo lo reconfortaron. En ese momento comprendió que el águila era un mensajero.

Este tipo de aves se presentaron ante mi querida amiga Julia en una ocasión en la que se preguntaba con cierta inquietud si debía trasladarse a un nuevo apartamento en Nueva York, más próximo al centro de la ciudad pero bastante lejos de Riverside Drive, donde residía. Lamentaba alejarse de los árboles y del entorno natural que la rodeaba y que tanto apreciaba. No obstante, decidió apostar por el cambio y el día de la mudanza vio una hermosa águila sentada sobre una chimenea, al otro lado de la calle de su nuevo apartamento; le estaba dando la bienvenida. Y no fue ella la única en ver aquella hermosa ave, pues permaneció allí todo el día como si quisiera anunciarle que el apartamento iba a ser muy adecuado para ella, lo que demostró ser cierto, pues Julia ha escrito sus mejores obras desde que se mudó a esa casa.

Si prestamos atención a sus lecciones, los animales nos enseñan constantemente. Mi hermana Cuky, la mayor de siete hermanos y la que nos ha cuidado a todos, estaba comenzando una nueva carrera en el campo de la sanación. El reino natural la atemorizaba y ella sabía que aquello significaba un obstáculo para su progreso. Sentía especial adoración por los gatos, pero siempre había evitado el contacto con la naturaleza y jamás había salido de acampada. Dispuesta a enfrentarse con sus miedos para convertirse en una sanadora del alma, viajó a las ruinas de Anasazi, en Nuevo México, con su mejor amiga, Debra, que era aprendiz de chamán.

Durante un paseo por el bosque, en distintos momentos se cruzaron con varios animales que se limitaron a mirarlas a hurtadillas desde el follaje. Sin embargo, una pequeña y entusiasta ardilla roja echó a correr directamente hacia Cuky en cuanto la vio. Avanzaba a tal velocidad que mi hermana pensó que iba a embestirla antes de que ella pudiera hacer nada por evitarlo. Estaba tan asustada que ni siquiera pudo gritar; se quedó paralizada y murmuró: «¡Viene directo a mí. Viene directo a mí!».

Debra exclamó: «¡Caramba, es verdad!».

Sin saber qué hacer, ambas se quedaron inmóviles mientras la ardilla corría en su dirección. De repente, se detuvo a unos centímetros de la cara de Cuky y ella tuvo la sensación de que le sonreía. Permaneció en esa posición durante diez segundos, y luego se dio la vuelta y se marchó tan rápidamente como se había acercado. Aquello fue tan gracioso y sorprendente que ambas se echaron a reír. La diminuta criatura era demasiado bonita como para inspirar miedo y mi hermana se percató de que, al mirarla directamente a los ojos, la ardilla le había ofrecido una ocasión para superar su temor a la naturaleza.

Un año más tarde Cuky viajó a Hawai y se atrevió a acampar en medio del campo durante un mes mientras aprendía el antiguo arte de sanación Lomi-Lomi con un maestro nativo, algo que jamás hubiera podido hacer antes de su experiencia en Nuevo México.

Pero los guías animales no siempre son adorables. Hace varios años Patrick y yo estábamos en un retiro de meditación en las montañas de California. Cierto día él decidió salir a dar un paseo y mientras andaba tomó conciencia de que los miedos gobernaban su vida. Tan pronto como le asaltó este pensamiento, un pit bull amenazador apareció como por arte de magia ante él, mostrándole los dientes y gruñendo, preparado para atacar. Sin tener nada con qué defenderse y evidentemente aterrorizado, Patrick resultaba tan tentador para el animal como un trozo de carne cruda. Entonces, recordó su facilidad para meditar, y recurrió a la respiración y a los pensamientos positivos para calmar su miedo.

En cuanto se relajó (o al menos en cuanto lo intentó), el perro dejó de gruñir, se giró y volvió junto a su amo, que había aparecido tan misteriosamente como lo había hecho el animal. Esa bestia gruñona ayudó a mi marido a enfrentarse con su miedo y a intentar controlarlo en lugar de dejarse controlar por él. Tan pronto como lo consiguió, el perro se retiró, y Patrick volvió sano y salvo a su habitación.

Éstos son sólo unos pocos ejemplos de la estrecha conexión que puedes tener con los guías animales y de la forma en que se manifiestan para enseñarte más cosas acerca de tu espíritu. Una vez que comiences a reconocer estos encuentros directos, tu mente se abrirá a los medios que emplean estos seres para ofrecerte su apoyo —¡y ni siquiera tienen que estar vivos para hacerlo!

Cierto día estaba montando en bicicleta junto al lago de Chicago y estuve a punto de pasar por encima de una rata muerta y aplastada. Viré bruscamente para evitarla, con el convencimiento de que esta perturbadora señal era un mensaje especial para mí y que, seguramente, llegaba en un momento oportuno. Vinieron a mi mente dos ideas: (1) las ratas no son muy limpias, y (2) viven en mi entorno. Entonces sentí que el espíritu de la rata muerta me estaba advirtiendo que había ciertas personas de mi comunidad que no eran una compañía recomendable y cuya relación podría llegar a acarrearme muchos problemas si no me mantenía alerta. Cuanto más pensaba en ello, tuve que reconocer que ciertos individuos con los cuales me relacionaba en aquella época no compartían mi ética ni mis valores y, en muchos sentidos, parecían ratas. El roedor que se cruzó en mi camino me transmitió el mensaje de que me apartara de aquellas personas antes de que las cosas terminaran mal (como le había sucedido a la rata). Y eso fue precisamente lo que hice.

Unos meses más tarde, llegó a mis oídos la noticia de que una de esas «desagradables ratas» había robado dinero y tarjetas de crédito a amigos mutuos y luego había abandonado la ciudad para evitar a la justicia. Aquél fue realmente un mal final aunque, gracias a la advertencia de la rata muerta, por fortuna no me vi involucrada en aquel conflicto.

Como demuestra esta experiencia, si somos capaces de prestar atención, todos los animales pueden ser maestros y transmitirnos mensajes curativos. Algunos son más pacíficos y tranquilizadores que otros. Por ejemplo, observar a los peces en un acuario –incluso a un solo pez nadando en su pecera y deslizándose por el agua– nos infunde una profunda sensación de bienestar. Las tortugas nos sugieren la idea de protección y nos enseñan a retirarnos del mundo y a usar nuestros propios recursos cuando estamos tensos o consternados. Mientras contemplamos a los hámsters jugar en su rueda o dormir juntos en sus jaulas, podemos aprender a cooperar con los demás y a divertirnos.

¿*Sabías que los guías animales...*

...son algunos de los guías espirituales más poderosos que existen?
...te dotan de cualidades que mejoran tu vida y activan tu creatividad y tu intuición?
...te ayudan a recomponer tu alma y a volver a conectarte con el mundo natural?

Cuando te conectes con tus guías animales, toma nota de las diferentes criaturas que se comunican contigo a través de tus sueños porque su aparición significa que sus espíritus intentan transmitirte algo importante; muchas veces se manifiestan en forma de tótem para infundirte la energía que necesitas. Mi cliente Tom tuvo un sueño muy vívido en el que se veía montando un hermoso semental blanco; cuando se despertó se sentía absolutamente revigorizado. Aquel sueño le pareció tan sorprendente que intuyó que aquel animal lo había visitado por algún motivo.

Al analizar la experiencia, recordó que en el sueño tenía la sensación de ser fuerte y poderoso —algo que de ninguna manera coincidía con lo que sentía cuando estaba despierto—. El espíritu del caballo se había presentado ante él para darle fuerza. Al aceptar su regalo, Tom aprovechó aquella oportunidad para tomar algunas decisiones difíciles: abandonar un trabajo que no tenía futuro, acabar con una relación afectiva sin porvenir y trasladarse a California, tal como deseaba hacer desde hacía muchos años. De esta forma consiguió darle un nuevo impulso a su vida.

Si sientes que tu vida se halla estancada o experimentas la necesidad de curarte de algo, puedes pedir a los espíritus animales que te ayuden a cambiar tu vibración y elevar tu energía. Sólo debes recordar que cuando invoques a los guías, será el espíritu animal quien te elija y nunca al revés.

Este capítulo es una mera introducción a estos seres sorprendentes. Si tienes interés en aprender algo más sobre el tema, existen muchos libros excelentes que explican cómo trabajar específicamente con los guías animales. Por el momento, limítate a abrir tu mente y tu corazón a estas criaturas —las que ya están presentes en tu vida, las que se cruzan en tu camino, las que aparecen en tus sueños y los guías animales que te sirven de tótem—. Ellas merecen ser amadas, respetadas y valoradas profundamente por la ayuda y el servicio que prestan a tu alma. Si les das permiso para que lo hagan, serán un valioso apoyo para ti.

Tu turno

¿Tienes alguna mascota o vives cerca de algún animal? Empieza por conectarte con estos guías apreciando el espíritu singular de tu propio animal de compañía o el de cualquier criatura con la que te relaciones a menudo.

¿Cómo describirías su espíritu? ¿Qué lecciones puedes aprender de ellos? ¿Qué mensaje te han comunicado? ¿De qué modo han contribuido a tu sanación? Deja que hable tu corazón y no tu cabeza. Confía en lo que sientes y no censures tus emociones.

A continuación, reflexiona dónde o cuándo ha aparecido algún animal en tu vida. Por ejemplo, ¿has visto algún pájaro últimamente? ¿Quizás un ciervo o un caballo?

¿Existe algún animal que se presente con frecuencia ante ti de alguna forma? Quizás encuentres halcones, conejos o algún otro animal silvestre en tus sueños. En ese caso, pregúntale a tu espíritu qué es lo que pretende comunicarte y recuerda que debes fiarte de lo que sientes.

Para aprovechar mejor los regalos que te ofrecen tus guías animales, ten siempre un diario junto a tu cama para apuntar todos los que te visitan en tus sueños. También es aconsejable que le cuentes estas experiencias a otra persona (como es obvio, deberá ser alguien de confianza) porque cada vez que una criatura atrae tu atención, te está trayendo un mensaje espiritual.

Si deseas tomar la iniciativa y ponerte en contacto con tu espíritu animal totémico, debes usar tu imaginación y seguir estos pasos:

1. Relájate en algún sitio cómodo y tranquilo donde nadie pueda molestarte.
2. Imagínate que estás entrando en una caverna o en el tronco hueco de un viejo árbol y que después de atravesarlo sales hacia un bello entorno natural, como una colina o un prado.
3. Percibe el poder de la naturaleza y la paz que imperan en este lugar.
4. Invoca a tu guía animal para que acuda a este hermoso paraje y hable contigo. Confía en cualquier animal que aparezca y en la forma que elija para comunicarse contigo. Puedes sentirlo, percibirlo, oírlo o verlo junto a ti pero también puede suceder que tu corazón simplemente sepa que el guía animal está allí.
5. Una vez que te hayas conectado con tu guía, usa tu imaginación y retorna a tu caverna o a tu árbol para volver a tu realidad actual. Deja pasar unos instantes para conectarte con la conciencia normal y luego abre lentamente los ojos.
6. Una vez que conozcas cuál es tu guía animal, lee todo lo que encuentres sobre él para conocerlo un poco más. Existen muchos libros que tratan de los espíritus animales, entre ellos los de Ted Andrews.
7. Después de haberte puesto en contacto con tu animal, solicítale que te envíe una señal para confirmar que, en efecto, es tu guía espiritual. La indicación puede manifestarse de diversas formas: puedes encontrar

su rostro en una tarjeta, en un dibujo, en una revista o en la televisión; pero incluso puedes verlo personalmente. Pídele que te envíe varias señales para estar completamente seguro de que es tu tótem. Tu guía no se sentirá importunado y te hará llegar todas las pruebas que necesites.

8. Toma conciencia de la presencia de tu espíritu animal en tu vida cotidiana, día tras día, y utiliza sus particulares energías y sus enseñanzas. Presta atención a todas las expresiones de su fuerza y poder, y asegúrate de agradecerle su colaboración.

Capítulo 18

Los guías de la alegría

Uno de los grupos que más aprecio son los guías de la alegría. Ellos son los espíritus infantiles del Universo, y su trabajo es mantener vivo y en excelente estado de salud a tu niño interior. Algunas veces son niños que fallecieron cuando eran muy pequeños, aunque lo más frecuente es que nunca hayan tenido forma humana. Presentan vibraciones elevadas, luminosas y alegres, se hallan muy cerca de la naturaleza y su labor es evitar que nos tomemos con demasiada seriedad a nosotros mismos y al drama humano en general. Además, impiden que nos dejemos vencer por nuestros sufrimientos.

Los guías de la alegría se manifiestan cuando menos lo esperamos, normalmente cuando nuestro ego está narcotizado con el sufrimiento que nos provoca nuestra vanidad y debido a ello perdemos la perspectiva y nos aislamos, lo que significa que todo el dolor que sentimos nos lo infligimos nosotros mismos. En las épocas de la vida en que debemos afrontar retos difíciles y pérdidas que nos desgarran el corazón, nuestros ángeles y nuestros sanadores acuden a prestarnos sus servicios. En momentos tan penosos, estos espíritus adorables nos apartan de nuestro dolor con sus gracias y travesuras, y nosotros agradecemos de todo corazón su presencia.

Lo habitual es que aparezcan cuando nuestro ego ha recibido lo mejor de nosotros y, como consecuencia, hemos perdido el norte; por ejemplo, cuando trabajamos demasiado y nos negamos a recuperar el equilibrio de nuestra vida. Los guías de la alegría son los enemigos de la adicción al trabajo y su antídoto. Normalmente, cuando te visitan y te interrumpen, respondes con irritación. Su método favorito es enviar a tus hijos para que te hablen, te propongan un juego o te hagan reír; pero si los echas o no tienes hijos, los guías usarán a tus mascotas para forzarte a que te tomes un descanso.

Mi amiga Julia Cameron me contó que cuando se concentra excesivamente en su trabajo y éste la absorbe por completo, llega a perder su sentido del humor. En esos momentos su pequeña terrier highland Charlotte le trae su juguete favorito e insiste en que ella se lo arroje lejos para ir a buscarlo. Mi perra Miss T. hace lo mismo conmigo. Nuestros amigos lanudos son emisarios frecuentes de los guías de la alegría. ¿Te has percatado de que muchos artistas engreídos de Hollywood que han conseguido la fama llevan consigo diminutos y ridículos perros chihuahuas o malteses? —Dios les ha confiado la misión de liberar a estos actores de la carga de sus egos.

Si no tienes mascotas, los guías de la alegría recurrirán a otros medios para capturar tu atención. Pueden hacer que suene el teléfono y que no haya respuesta al otro lado de la línea o que suene el timbre y no encuentres a nadie en la puerta.

Ellos obtienen un placer especial cuando consiguen que nos burlemos de la necedad de nuestro ego. En general, nos disgusta que arremetan contra nuestra presunción por distintos medios —las gracias de los perros, la risa tonta de un bebé, la interrupción alegre de un niño—. Los guías de la alegría son implacables y cuanto más te resistas más se empeñarán ellos en tomarte el pelo. Puedes enfadarte y mandar a tus adorables ayudantes a paseo, pero luego te sentirás un desagradecido. Ellos aparecen para aliviarte de la carga de tu ego, no para luchar contra ti. En cambio, si te rindes y te ríes, recuperarás el equilibrio y lograrás salir del rincón en que tú mismo te habías confinado.

Nunca podrás predecir en qué momento los guías de la alegría se presentarán ante ti para cumplir su misión pues, como son bromistas y burlones, les encanta el factor sorpresa.

Hace poco tiempo una de mis clientas me contó una historia graciosa sobre estos espíritus. Ella y su marido estaban atravesando épocas difíciles en su matrimonio. Ambos gastaban un enorme caudal de energía intentando controlarse mutuamente y peleándose la mayor parte del tiempo. No se ponían de acuerdo en nada y además dedicaban muchas horas a quejarse del comportamiento vergonzoso y abusivo de su pareja. Llegó un día en que las cosas llegaron al límite y coincidieron en que aquello tenía que terminar. Fue entonces cuando comenzaron a considerar la posibilidad de divorciarse.

Finalmente habían conseguido estar de acuerdo en algo; abordaron el tema con serenidad (al menos para ellos), comentando cómo pensaban emprender su camino por separado. Mientras hablaban, una mosca empezó a volar entre ambos. Cuando el marido pronunció con un tono de voz grave que necesitaba ser libre, el insecto se posó en su nariz. Él lo apartó con un gesto brusco y, al ver su ridículo aspecto, ella rompió a reír.

La situación era tan absurda que también él se animó a sonreír pero, en cuanto recuperó su gesto adusto, la mosca se le volvió a posar en medio de los ojos. En esta ocasión él decidió ignorar su presencia y siguió hablando mientras el insecto caminaba por su cara. Una vez más su mujer comenzó a reírse tímidamente y, como respuesta, él se pegó una palmada tan fuerte en la frente que su mujer perdió definitivamente el control y empezó a reírse a carcajadas. ¡Su marido estaba haciendo lo que a ella le hubiera gustado hacer mucho tiempo atrás!

Cuando le llegó el turno de exponer sus quejas, la mujer empezó a enumerar una larga lista de las faltas y transgresiones cometidas por su marido. En ese preciso momento, la mosca aterrizó sobre su cara. Ella se puso furiosa e intentó matarla, pero el insecto consiguió ponerse a salvo. Mientras tanto, su marido se desternillaba de risa. Ante lo absurdo de la situación, la risa resultó contagiosa y sus carcajadas estallaron en lágrimas que les rodaron por las mejillas. No lo habían pasado tan bien juntos desde que habían empezado a salir.

Todos los momentos de alegría e hilaridad que habían compartido comenzaron a desfilar por su memoria. Y el marido exclamó: «Lo siento. No quiero el divorcio; lo único que echo de menos es divertirme contigo». Ella sentía exactamente lo mismo que él, de manera que decidieron darse una tregua y apostar una vez más por su matrimonio.

¿Funcionará? No lo sé, pero gracias a la presencia de los guías de la alegría, al menos se han dado una oportunidad.

Los guías de la alegría

¿Sabías que los guías de la alegría...

...bendicen tu vida para que tu corazón se ablande y tu niño interior se sienta satisfecho?

...te ayudan a actuar como un adulto cariñoso, es decir, una persona que se toma la vida con calma, que es generosa y está abierta a aceptar a los demás?

Los guías de la alegría tienen un solo propósito: ser nuestro sostén para que nos superemos a nosotros mismos y recordemos que la vida es maravillosa. Ellos se conectan especialmente con los bebés o con los niños, entreteniéndolos con sus alocadas travesuras, que los pequeños a veces imitan. Si has escuchado alguna vez a un niño reír y divertirse a solas, puedes estar seguro de que la habitación estaba llena de guías de la alegría.

Mi hija Sonia tenía una intensa conexión con estos seres y con su ayuda encontraba miles de formas de entretenerme. Eso sucedió especialmente en las ocasiones en que me sentía agotada y confusa durante el embarazo de mi segunda hija. A los siete u ocho meses Sonia ya veía a los guías de la alegría y se reía a carcajadas con ellos, sabiendo perfectamente que aquello también me haría reír. En muchas ocasiones en las que estuve a punto de sucumbir a una sesión de autocompasión, ella comenzaba a chillar, a reírse y a poner caras graciosas, y conseguía levantarme el ánimo. A través de ella sentía los espíritus danzando a nuestro alrededor y ambas nos reíamos tontamente con tanto regocijo que mis preocupaciones terminaban por desaparecer.

La risa, en especial la risa tonta, que es muy contagiosa, es la tarjeta de visita de los guías de la alegría. Si quieres encontrarlos a montones, visita los lugares que les gustan a los niños y a las mascotas; pero recuerda que no se conectan exclusivamente con estas dos criaturas. Como ya he mencionado, también animan la vida de los adultos que son demasiado serios y les enseñan a combatir el estrés, por ejemplo en circunstancias en las que el dolor y la pena resultan difíciles de soportar. Por eso, siempre los encontraremos en los funerales y en los velatorios.

Una vez asistí al funeral de la madre de una amiga. Había sido una mujer jovial y extrovertida que insistía en tener la última palabra en todo. Su repentina muerte, por un ataque cardíaco, dejó a su familia y a sus amigos desconsolados. En medio del solemne panegírico, sonó un teléfono móvil pero nadie se atrevió a responder la llamada. El cura recorrió con la mirada a todos los que estaban allí congregados para localizar al culpable y, aunque no lo consiguió, no retomó sus palabras hasta que el teléfono dejó de sonar.

Unos momentos más tarde volvió a sonar un móvil y, una vez más, nadie hizo ningún movimiento para silenciarlo. El cura interrumpió nuevamente su discurso y, muy disgustado, volvió a esperar a que cesara aquel ruido antes de retomar la palabra al tiempo que dirigía una severa mirada de reprobación a los que allí se habían reunido.

Pero tras unos instantes se oyó otro teléfono. Esta vez el cura perdió la paciencia y exclamó: «Por el amor de Dios, ¿qué está pasando con todos esos móviles?».

Entonces Emily, una de las nietas de la difunta, que tenía cuatro años, levantó la mano y dijo: «¡Yo sé lo que está pasando! Creo que es la abuela, que está llamando desde el cielo para avisarle que se ha olvidado de decir que le encantaba el helado de chocolate».

Todos los presentes, incluido el cura, se echaron a reír. De este modo desahogaron su desconsuelo y el panegírico dejó de ser un acongojado discurso sobre la irreparable pérdida para convertirse en una loa a todos los momentos divertidos y maravillosos que la abuela había brindado a sus seres queridos. Esto fue una clara visita de los guías de la alegría, los sensatos comediantes del Universo.

Estos espíritus son muy bromistas y una de sus travesuras favoritas es ocultar objetos. ¿Has perdido alguna vez las llaves del coche justo antes de salir de casa, el pasaporte un momento antes de embarcar en un vuelo internacional o las entradas de camino al teatro? De pronto, cuando ya estás al borde de la desesperación, los encuentras en un rincón del bolsillo o incluso apretujados en la mano. Ése es el trabajo de los guías de la alegría, que quieren transmitirte que te tomes un descanso, te relajes y tengas confianza en que todo saldrá bien. No son maliciosos ni desagradables; simplemente quieren divertirse contigo para levantarte el ánimo.

También les encanta esconder joyas, zapatos, tu cartera, tu bolso, el informe en el que has estado trabajando, tus libros, tu traje de baño y tu móvil —y todo con el objetivo de que abandones el piloto automático y retornes al presente—. Y si prestas atención, en esos momentos puedes escuchar cómo se ríen tontamente mientras te observan correr de un lado a otro, como si fueras un pollo sin cabeza.

Si reconoces la presencia de los guías de la alegría y compartes sus bromas, puedes evitar tensiones y ahorrar tiempo. Limítate a decir: «Muy bien, ya lo he comprendido. Debo calmarme y recuperar mi buen humor. Gracias por recordármelo».

Si lo haces, todos los objetos perdidos volverán a aparecer como por arte de magia. Como son niños eternos, adoran jugar al escondite con tus corredores. Ellos esconden tus cosas, tus corredores las encuentran, y tú debes relajarte para disfrutar del juego.

Además de impedir que te tomes la vida demasiado en serio, estos espíritus te conectan con todo aquello que te da felicidad. Te conducen hacia una tienda de música, de juguetes o de obras de arte, a una clase de interpretación o de baile, a un círculo de tambores o a una agencia de viajes para contratar ése que hace tiempo estás posponiendo.

Ellos son la voz que te suena en la cabeza sugiriéndote que te concedas pequeños momentos de placer, como por ejemplo dedicar un sábado a jugar con tus hijos —o a hacer el tonto como si fueras un niño—, salir con tus amigos a tomar un café y charlar o proponer a tu familia un juego de mesa en lugar de mirar juntos la televisión en silencio. Estos guías te recuerdan que salgas a pasear en bicicleta, que aprendas a hacer puntillas adornadas con cuentas o que te pases un buen rato leyendo un libro sin sentirte culpable.

Comienza a apreciar a los guías de la alegría que están a tu alrededor. Abre los ojos, las orejas y el corazón para percibirlos. «Supérate a ti mismo y conéctate con tu espíritu» es lo que solía decir mi maestro Charlie; para ello no hay que prestar atención a lo que está mal, como indica el ego, sino a lo que está *bien*, como nos señala el espíritu.

Alimenta a tu niño interior con placeres, júbilo y creatividad, y estos guías acudirán a tu lado y se pondrán a bailar. Les encanta ayudarte a conseguir esta meta colmándote de regalos. Mi madre adoraba darles faena, pidiéndoles franca y abiertamente que le llevaran presentes (y nos aconsejaba que también lo hiciéramos nosotros). Cuando salíamos de casa por la mañana camino del colegio, siempre nos lo recordaba, agregando que confiáramos en recibirlos. Solía decir: «Nunca se sabe en qué momento van a llegar».

Yo sigo sus instrucciones desde entonces y, en cuanto me despierto, recito esta pequeña oración: «Divinos Padre y Madre, Dios, agradezco vuestra presencia en mi vida. Guías de la alegría, agradezco las bendiciones que me regaláis a lo largo del día. Muchas gracias».

Adoro jugar con ellos y recibir sus innumerables obsequios. En una ocasión en que estaba visitando a mi hermana en Kansas, recordamos el consejo de nuestra madre y salimos juntas a almorzar a la espera de recibir nuestros presentes. En el restaurante que habíamos elegido tuvimos que esperar mucho tiempo antes de que nos dieran una mesa, pero estábamos tan entretenidas conversando que ni siquiera nos dimos cuenta. El dueño del local se nos acercó, disculpándose por la prolongada demora y a continuación ¡nos anunció que la casa nos invitaba!

Contentas por nuestra buena suerte, al salir del restaurante entramos en una tienda de ropa. Mi hermana encontró un hermoso par de pantalones que le quedaban perfectos, pero descubrió que tenían una pequeña mancha —nada que no pudiera eliminar una limpieza en seco—. Mostró los pantalones a la dependienta y ésta le dijo: «Si compra alguna otra prenda, se los regalo. Estamos a final de temporada y no merece la pena llevarlos al tinte». Mi hermana eligió una blusa y salió de la tienda con un maravilloso conjunto.

Al salir encontramos dos adolescentes lavando nuestro coche. Cuando les preguntamos qué estaban haciendo, nos dijeron que era el día del servicio a la comunidad. Les ofrecimos pagarles su trabajo pero se negaron a aceptar el dinero. Entonces nos reímos juntas y cantamos todo el camino de vuelta a casa —¡gracias, guías de la alegría!

Tu turno

Invoca a tus guías de la alegría todos los días. Ponles un nombre. Aprecia sus travesuras. Pídeles regalos y ayúdalos a que ellos, a su vez, te recuerden una y otra vez que nada en este mundo merece que pierdas tu sentido del humor. Si no estás muy seguro de cuál es el regalo que deseas recibir, limítate a decir: «Sorprendedme». Y no te quepa la menor duda de que lo conseguirán, pues ellos son el puente de conexión con el cielo.

Capítulo 19

Seres de Luz

El pasado abril, acompañada por mi equipo de sanadores y ayudantes, estaba presentando un taller intensivo de seis días de duración destinado a la sanación a un nivel profundo del alma, una nueva forma de contacto con los guías que es muy poderosa. Durante la tarde del tercer día, mientras estaba reunida con un grupo de treinta personas para hacer una meditación vespertina, tomé conciencia por primera vez de esta nueva e intensa fuerza espiritual.

Mientras nos estábamos relajando con la bella música creada por mi amigo Mark Welch, indiqué a los presentes que cerraran suavemente los ojos y se concentraran en su respiración mientras ésta fluía hacia el interior y el exterior de su cuerpo. Tras unos momentos, perdí toda conciencia del grupo, pues el ojo de mi mente visualizó lo que parecía un ejército de seres muy altos, cilíndricos y azules que se acercaban a mí con los brazos abiertos y un enorme caudal de amor. Su vibración era tan elevada que sentí que su poderosa energía sanadora me absorbía por completo.

Poco después mi cabeza cayó suavemente hacia atrás y la conciencia de mi ego se hizo a un lado, mientras esta multitud de seres de luz se aproximaba y se introducía en mi cuerpo para hablar al grupo a través de mí, lo que se conoce como canalización. Yo estaba consciente pero me sentía muy apartada de mi propio ser físico, como si estuviera observando algo desde un lugar muy lejano, tan fascinada por lo que estaba ocurriendo como todos los demás.

Las criaturas se presentaron como los Emisarios del Tercer Rayo y, con el mayor respeto, pidieron permiso para dirigirse al grupo. Sin estar muy seguros de lo que sucedía, pero percibiendo la misma intensa vibración de profundo amor que yo sentía que mi cuerpo irradiaba, los alumnos aceptaron escucharlos.

Entonces los Seres de Luz comenzaron a divulgar un mensaje claro y urgente. A través de mí, nos comunicaron que todos éramos seres amados y valiosos; sin embargo, era necesario que eleváramos nuestra vibración desde el registro del miedo al del amor para sobrevivir como individuos y como raza humana. Con gran compasión, los Emisarios explicaron que me estaban utilizando para conectarse con todos ellos (y también conmigo) con el propósito de ayudarnos a producir esta transformación. Mientras hablaban desde el interior de mi cuerpo, mi voz adquirió un tono y una cadencia completamente diferentes a los habituales. Todo aquello resultaba extraño pero no incómodo.

Yo estaba muy impresionada por la fuerza de la vibración que fluía por todo mi ser. Su luz y su amor eran tan grandes que parecía que 20 000 vatios de energía estuvieran pasando a través de un circuito de 200 vatios, y dicha corriente amenazaba con fundirme en cualquier momento. Por increíble que parezca, lo que sucedió fue algo muy distinto. Mi corazón se abrió hasta un punto que jamás había experimentado. Sentí que estaba en lo alto de una enorme ola de amor y esto me produjo un profundo estado de embriaguez. Cada célula de mi cuerpo se sintió vigorizada y renovada; los dolores y la rigidez dieron lugar a una paz y una calma absolutas; todas las preocupaciones y la ansiedad presentes en mi vida se rindieron para dar lugar a una relajación perfecta. Con la asistencia de estos tiernos Seres de Luz, me sentí una con el Universo y con Dios.

Ellos hablaron durante unos breves momentos, aunque lo más importante no fue lo que dijeron, sino la vibración sanadora tan formidable que nos transmitieron; resultaría imposible expresarlo con palabras. Más tarde descubrí que todos los que estaban allí reunidos habían experimentado lo mismo que yo. Al dejarnos sentir esa poderosa vibración de amor, los Emisarios del Tercer Rayo ampliaron nuestro chakra del corazón hasta un nivel muy superior a lo que ninguno de nosotros creía posible. Comprendimos el mensaje porque lo *sentimos*.

Aquellos seres se desvanecieron después de utilizarme como canal durante varios minutos, pero no sin antes agradecer nuestra atención y comunicarnos que para sentir nuevamente su presencia todo lo que debíamos hacer era abrir nuestro corazón y dejarlo fluir a través de nuestras manos. Entonces, lentamente, retorné a mi conciencia normal.

Antes de aquella ocasión había servido de canal a otros guías a quienes había autorizado a hablar a través de mí, especialmente a los Tres Obispos, mis guías maestros. Sin embargo, jamás me había sumido en un estado alterado de conciencia tan profundo ni me había sentido tan afectada físicamente.

Cuando se marcharon los Seres de Luz, permanecimos sentados en medio de un pasmoso silencio. Todos percibíamos el cambio de energía que se había producido entre nosotros y resultaba estimulante sentir que nos habíamos liberado del miedo. Esta vibración de amor total era tan radicalmente diferente a la frecuencia de nuestra conciencia habitual que nos quedamos sin habla. No había necesidad de decir nada... estábamos en la gloria.

El primer contacto con los Emisarios fue muy impactante. Durante los últimos cinco años había estado sintiendo que pretendían conectarse conmigo, pero es evidente que hasta aquella ocasión mi vibración no era tan firme ni estaba tan abierta como para recibirlos. Me pregunté si sería capaz de establecer contacto con ellos otra vez, igual que el resto del grupo.

Al día siguiente, los Emisarios del Tercer Rayo retornaron a nuestra sesión vespertina de meditación. Su vibración increíblemente elevada me llenó de luz y de amor, y casi me hizo desvanecer. Esta vez, un portavoz de este ejército azul de amor dio un paso adelante y se presentó como Joachim.

Nos saludó con el mismo respeto y cariño que los Emisarios habían demostrado el día anterior y nos pidió permiso para hablar, permiso que, como es obvio, le concedimos de inmediato. Entonces nos comunicó lo que, una vez más, fue definido como un mensaje urgente. Hablando con lentitud y parsimonia, y con la mejor intención, nos comunicó que la raza humana no conseguiría sobrevivir a menos que modificara su conciencia básica, que se limitaba únicamente a sobrevivir. Añadió que el planeta no sería capaz de soportar los niveles de miedo que estábamos creando y que muchas personas consumidas por el terror tendrían que abandonar la tierra para que ésta pudiera recuperar el equilibrio perdido.

Continuó diciendo que esto no ocurriría si todos conseguíamos desarraigar nuestra energía del miedo, y cultivábamos el amor y la generosidad. En este caso, no sólo estaríamos absolutamente seguros y protegidos durante esta época de cambio, sino que también seríamos los progenitores de una nueva raza de seres superiores. Mientras él hablaba, volví a sentir la calma y la paz que había experimentado el día anterior. Y lo mismo les sucedió a los alumnos.

A través de mi cuerpo y de mis manos, Joachim nos mostró cómo podíamos generar esta poderosa energía desde el chakra del corazón. Pidió a todos los presentes que abrieran el corazón y extendieran las manos, con el fin de verter su vibración de amor en el mundo. Nos aseguró que de ese modo podíamos crear y atraer hacia nosotros todo aquello que deseáramos.

Mientras seguía sus instrucciones sentí que una potente vibración recorría todo mi ser (más tarde supe que lo mismo les ocurrió a los demás) y comprendí que todo lo que afirmaba podía ser verdad. Este ilimitado flujo de amor que los Emisarios del Tercer Rayo nos estaban ayudando a canalizar hacia el mundo era tan convincente y tranquilizador que supe intuitivamente que se trataba de la misma vibración que Cristo había utilizado para curar. Si recurrimos a ella y la invocamos, nosotros también podemos realizar milagros.

Joachim nos comunicó que los Emisarios habían venido para ayudarnos a producir el milagro del amor ilimitado, que el mundo necesita desesperadamente en la actualidad. Luego, él y el resto de los Seres de Luz nos guiaron a través de una meditación destinada a abrir el corazón y nos sumieron en un estado alterado de conciencia que se prolongó varias horas. Nos comunicaron que serenar la mente y abrir el corazón era el preludio de una nueva clase de seres humanos y que ellos estaban aquí para ayudarnos a sembrar las semillas.

Antes de retirarse, Joachim nos regaló una bendición final y nos garantizó que los Emisarios del Tercer Rayo y muchos otros ejércitos de Seres de Luz estaban siempre a disposición de cualquier persona que estuviera preparada para abandonar el miedo y abrazar la vibración del amor.

Joachim y los Emisarios han estado estrechamente vinculados a mí desde aquella ocasión. Me han comunicado que mi espíritu ha aceptado ser una de las comadronas de los nuevos seres humanos, que se mueven impulsados por el amor y no por el miedo. Mi misión es colaborar para que las personas activen y amplíen su chakra del corazón, y se ocupen de cuidar su energía. Y yo lo creo, porque me he estado preparando para esto desde que era una niña. Ahora los Emisarios se dejan ver y oír en todas mis apariciones públicas para que yo pueda activar esta vibración superior que está presente en todos los seres humanos. Ellos —y otros Seres de Luz— se están comunicando con muchos individuos que están abiertos a conectarse con el amor, ya que sin un alto grado de cooperación no seremos capaces de triunfar.

¿Sabías que los Seres de Luz...

...nos informan que en el Universo existe un plan espiritual para elevar la vibración de la tierra y dirigirla hacia una octava superior de armonía y equilibrio?

...se conectan con nosotros más de lo que jamás lo han hecho, con el fin de procurarnos más comprensión y amor para que seamos capaces de afrontar los importantes cambios que están teniendo lugar?

...nos asisten mientras la tierra se purga de los antiguos modelos negativos que se han acumulado debido a nuestra confusión?

...nos guiarán a través de estas épocas de cambio?

Acaso ya se hayan puesto en contacto contigo. Si repentinamente experimentas una necesidad urgente y profunda de perdonar todos los sufrimientos basados en el ego y las heridas pasadas, y eres capaz de amarte a ti mismo, a los demás y a la vida con toda tu alma y tu corazón, sabrás que la conexión ya ha tenido lugar.

Es posible que no hayas tenido una comunicación tan directa como la que he contado, pero ciertamente recibirás su mensaje si sientes la necesidad de formar parte de esta misión. Cuando se produce el contacto, tu corazón se calma y comienzas a sentir la vida y el espíritu que todos compartimos. Ya no podrás mirar a ninguna otra persona notando que es diferente a ti y tampoco sentirás odio ni serás capaz de enjuiciar a nadie. Esto no quiere decir que ya nunca más tendrás un mal momento o que jamás volverás a enfadarte o irritarte. Sólo significa que estos sentimientos y vibraciones basados en el miedo ya no tendrán la fuerza suficiente para capturarte.

Al principio, me preguntaba si debía compartir con los demás mi conexión con los Emisarios del Tercer Rayo, pero fueron ellos quienes me alentaron a transmitir su importante mensaje: «Apártate del miedo para abrazar la energía y el amor». Yo sentí la urgencia de transmitir esta información y espero que también te suceda lo mismo.

Tu turno

Abre el corazón a los Seres de Luz y déjalos entrar en tu vibración —así de sencillo—. Pídeles su ayuda cada vez que reconozcas que sientes miedo, pero también cuando éste se manifieste en forma de cólera, prejuicios, tristezas o con cualquiera de sus múltiples disfraces. Respira lentamente para abrir el corazón y extiende las manos. Al principio quizás no sientas nada especial; no obstante, no te desalientes y continúa respirando para mantener abierto tu centro.

La fuerza de los Seres de Luz es afable y benévola pero también muy poderosa, de manera que muy pronto percibirás su apoyo. Inténtalo ahora; quizás puedas sentir su presencia. En ese caso, disfruta de su vibración sanadora; de lo contrario, sigue respirando para liberarte de tus temores.

Los Seres de Luz están contigo, sientas o no su presencia. A un nivel personal, inspiran una profunda sensación de paz, independientemente de lo que esté sucediendo en tu vida. A un nivel cósmico, te unirás a las fuerzas que anhelan que nos amemos a nosotros mismos y salvemos este maravilloso planeta. Espero de todo corazón que te sumes a todas las personas que estamos juntas en este esfuerzo.

Capítulo 20

Entidades negativas

Cuando abres tu corazón para recibir a tus guías espirituales, es muy importante tener una firme capacidad de discriminación para poder atraer a los guías de vibración elevada que serán tus ayudantes durante toda tu vida —y no a entidades negativas y de baja vibración que sólo conseguirán perturbarte y distorsionar las cosas, creando problemas.

Así como jamás invitarías a un extraño a tu casa ni le permitirías controlar tu vida, no deberías considerar que todos los guías son útiles o meritorios sin someterlos antes a un examen inicial. La mayoría son maravillosos seres de luz; no obstante, existen algunos espíritus que no poseen una vibración alta; merodean a tu alrededor, perdidos y confusos, y les encantaría poder atraparte y manejar tu vida en lugar de flotar sin rumbo fijo a través del éter. Muchos de estos espíritus inferiores son inofensivos pero fastidiosos y se los puede reconocer fácilmente por su vibración.

Los guías de vibración elevada son gráciles, pacientes, afectuosos, serenos y nunca te dirán lo que tienes que hacer.

Se limitan a hacer sutiles sugerencias —en general, sólo cuando lo solicitas— y te infunden una sensación de paz y de protección. Por el contrario, las entidades de baja vibración son avasalladoras, mandonas y negativas, y harán todo lo que esté en su poder para controlar tu vida: halagarte, criticar a los demás o acosarte psicológicamente para que hagas lo que ellas quieren, es decir, causar problemas y crear dramas.

Pretenden que las consideres fuerzas poderosas a las que debes obedecer cuando, en realidad, no tienen ningún poder y se las puede rechazar de una forma muy sencilla: enviándolas intencionalmente hacia la luz y pidiéndoles con contundencia que se marchen. Son molestas, se entretienen a tus expensas y entran a hurtadillas en tu campo de conciencia cuando te sientes inseguro y no consigues centrarte.

También puedes identificar a estas entidades de baja vibración en que son muy seductoras. Sus sugerencias pretenden hacerte sentir más importante, listo o especial que los demás. Un guía de vibración alta nunca haría algo semejante porque sabe que, aunque nuestras conciencias se desarrollan a un ritmo diferente, en el plano espiritual todos somos iguales. Nadie es especial porque todos estamos conectados. Las entidades hablan con tu ego; los guías superiores se conectan con tu espíritu.

Estas energías de baja vibración son muy aficionadas a culpar a otras personas de los problemas que tú tienes, y fomentan la autocompasión y la sensación de ser víctima de las circunstancias; pretenden mantenerte a distancia de los demás. Por el contrario, los guías que son dignos de nuestra confianza nos animan a considerar todos los retos y experiencias como lecciones del alma, y a comprender que cualquier persona o cosa que esté involucrada en una situación determinada nos está ayudando a crecer espiritualmente. Ellos te piden que analices con el mayor cuidado todas las circunstancias que te toca vivir para aprender de ellas y, una vez que has aprendido la lección, te impulsan a seguir adelante. No se entretienen con el juego de la culpa y nos ayudan a observar a los otros con compasión y voluntad de perdonar.

Las entidades negativas te mangonean y te acosan. Están ansiosas de tener influencia sobre ti y se sienten molestas consigo mismas; no obstante, los guías de alta vibración son muy sutiles y se introducen en tu mundo lenta y respetuosamente, y sólo cuando tú se lo pides.

¿Qué es lo que atrae a las entidades negativas?

Muchas personas que empiezan a abrir su corazón a los guías tienen miedo de que estas entidades de baja vibración los aparten de sus recursos espirituales profundos. No es tan sencillo atraer a estos seres; sin embargo, cuando se da el caso se los puede eliminar fácilmente. De cualquier modo, es útil saber cuáles son las cosas que pueden atraerlos para poder evitar su fastidiosa presencia.

En primer lugar hay que mencionar todas las adicciones, desde el alcoholismo hasta la adicción al trabajo. Este tipo de dependencias debilitan tu aura, confunden tu voluntad, perturban tu espíritu y sabotean tu creatividad. Introducen el caos en tu campo energético, del mismo modo que lo haría un intruso en tu hogar. Cuando te entregas a una adicción estás fuera de control, de manera que no es nada extraño que las entidades negativas aprovechen esta oportunidad para manifestarse.

La forma de cerrarles la puerta es reconocer que tienes un problema y necesitas tratamiento.

Otra forma de atraer a estas entidades es tener una actitud pasiva crónica y no ocuparse de los propios objetivos o prioridades. Esto no significa que tengas la obligación de saber lo que quieres hacer en todo momento pero, al menos, debes ser capaz de saber qué es lo que tú valoras, a fin de no caer en un territorio negativo. Si eres el tipo de individuo aficionado a que lo manejen y te niegas a asumir ninguna responsabilidad, las entidades de baja vibración se aprovecharán de ti –y lo mismo harán las personas.

Además, las leyes universales dictaminan: «Lo similar atrae a lo similar». Si estás enfadado o te sientes agresivo, celoso, mezquino o inclinado a criticar a los demás, recogerás las mismas cualidades del plano invisible. Y no estoy hablando de tener un mal rato ni de un episodio aislado –esto es humano–; me refiero a ser crónicamente negativo, una vibración por completo distinta que atrae las energías de las entidades negativas.

Si te encuentras muy decaído, cansado o emocionalmente débil, es probable que, en un espacio público, atraigas a una entidad negativa, del mismo modo que atraparías un resfriado. Por ejemplo, yo he sentido su presencia en aviones, en habitaciones de hotel, en restaurantes e incluso en hospitales. Sus irritantes y fastidiosas energías acechan allí donde existe una vibración «depresiva» o muy tensa durante un período prolongado. Como polizones, se aferran a vibraciones elevadas, como la tuya, y te siguen a todas partes. En general, no pretenden hacer daño; lo que intentan es salir del limbo en el que se encuentran.

¿Sabías que las entidades negativas...

...te impulsan a ser crítico y a censurar a los demás?

...son energías muy débiles que nunca pueden abrumar al espíritu humano?

Los signos que nos indican que una entidad negativa está merodeando a nuestro alrededor son, por ejemplo, experimentar un súbito malhumor, ser violento con otras personas, sentir falta de confianza o de energía y tener una visión cínica o depresiva del mundo, en especial cuando ésta no es tu conducta normal.

Hollywood ha intentado atemorizarnos con su versión de estos seres y con lo que su presencia puede provocar. Pero no debes dejarte engañar, ya que lo que ves en la pantalla es una mera y absurda fantasía. Ellos no son más que moscas que acuden a la luz —y no *La noche de los muertos vivientes*—. Por otro lado, jamás he visto que una entidad se apodere de ninguna persona. Aunque pueden asustarte, el espíritu humano es muy fuerte y no se lo puede reducir fácilmente.

Cómo conseguir que las entidades negativas desaparezcan

Por lo general, las entidades negativas se desvanecen en cuanto te conectas con la energía positiva. En cualquier caso, si sientes que has atraído a una de ellas, no te asustes. No son muy distintas a los virus y, si lo adviertes prontamente, las puedes alejar elevando tu vibración con pensamientos positivos, y evocando a los objetos y las personas que amas.

Si una entidad se acopla a ti durante un cierto período de tiempo o con particular tenacidad, quizás debas realizar un ritual para deshacerte de ella. Comienza por pedir a tus ángeles y arcángeles que limpien tu aura de todo lo negativo. A continuación, toma un baño de sales Epsom para eliminar los restos psíquicos persistentes. Por último, pide a tu Ser Superior que te libere de cualquier energía desagradable y di en voz alta: «En este momento envío a todas las entidades negativas hacia la luz. Me siento libre y me deshago de todos los restos psíquicos». Se supone que esto es efectivo —al menos lo es para mí.

Las personas que tienen mayor tendencia a atraer entidades negativas son aquellas cuyos límites son débiles. Si dejaras abiertas las puertas y ventanas de tu casa, atraerías a los ladrones; del mismo modo tu aura puede resultar invadida por intrusos si no la proteges. Los guías de alta vibración nunca osarían traspasar tus propios límites, aun cuando éstos no sean demasiado sólidos, pero los seres de baja vibración no dudarán en aprovecharse de esa circunstancia.

Para establecer límites sanos di en voz alta: «Reclamo el derecho de que mi vida me pertenezca en todo momento y que mis límites sean respetados. Invoco exclusivamente a la ayuda superior para que se conecte con mi corazón, tanto en el mundo físico como en otros planos. Me protejo de cualquier influencia que no sirva a mi Bien Superior». Y mientras pronuncias estas palabras, ten fe en ellas.

Intenta no hablar de aquello que no es tu responsabilidad. Si conoces a alguien que no es positivo, envíale amor pero no absorbas su vibración. Si fuera necesario, aléjate para evitar malas vibraciones. Coloca una luz blanca en el ojo de tu mente para que te sirva de escudo contra toda negatividad.

Cuando pidas ayuda o abras tus canales psíquicos, establece claramente tus límites. Es aconsejable definirlos antes de pedir ayuda para que puedan impedir el paso a la basura como si fueran un filtro. Con este fin, pide que sólo los guías más elevados sean autorizados a entrar en tu energía para incidir en ella. Esto será suficiente para evitar un problema.

En algunas raras ocasiones puede suceder que una entidad malvada se aferre a ti y provoque un tremendo caos en tu vida. He presenciado esta situación y resulta muy perturbadora. Como niños malcriados que se niegan a respetarte, algunas de estas criaturas no dudarán en ponerte a prueba. Esto les suele ocurrir a los adolescentes que dependen de las drogas y a las personas aburridas, dispersas y frívolas que tienen la esperanza de animar un poco su vida apelando a la excitación psíquica.

Incluso a este nivel, las personas atormentadas por estas entidades pueden disiparlas pidiendo ayuda, protegiéndose con sus propias plegarias, pidiendo a otros que recen por ellas y concentrándose otra vez en los objetivos más importantes de ese momento específico de su vida. Si piensas que alguien está atribulado por el acoso de una de estas entidades, puedes ayudarlo pidiendo en su nombre que dicha presencia inquietante lo abandone y se dirija hacia la luz en nombre de Dios. Y ella deberá obedecer, porque no existe nada más grande que Dios.

No inviertas demasiado tiempo luchando contra estos seres porque ellos se alimentan de los enfrentamientos y las discusiones. Como verdaderos gamberros, les encanta atemorizar a la gente y llamar la atención. En lugar de convertirte en su presa, insiste en que se marchen y así conseguirás desvanecer su precario poder.

He abordado el tema de estas entidades porque son un fastidio y pueden causar muchos contratiempos. Sin embargo, no debes considerarlas un gran problema; cuando te dispongas a abrir tus canales psíquicos, limítate a ser selectivo y a definir correctamente tus límites. Si tienes las cosas claras, te muestras firme y recuerdas que debes envolverte con la Luz Divina a modo de protección, no te sucederá nada malo.

Tu turno

Si tropiezas con una de estas entidades, realiza los siguientes pasos:

— Mantente centrado.
— Define tus límites.
— Invoca a tus ángeles y arcángeles para que limpien tu aura.
— Toma un baño de sales Epsom.
— Solicita ayuda y pide a otras personas que recen por ti.
— Vuelve a dirigir tu atención hacia tus objetivos.

Esto debería eliminar el problema. Mejor aún, te sugiero que realices estos pasos como medida preventiva para evitar la situación.

Ahora que te has familiarizado con los guías específicos y con el propósito de su vida, te enseñaré a reconocer de qué forma trabajan con nosotros.

PARTE V

Trabajando directamente con tus guías espirituales

Capítulo 21

Tus guías espirituales están más cerca de lo que crees

Ahora que ya conoces los diversos tipos de guías espirituales que tienes a tu disposición, ha llegado el momento de enseñarte cómo debes trabajar con ellos. Estoy convencida de que no hay mayor obstáculo para recibir la sabiduría que pueden ofrecerte que la falta de información respecto de cómo tus guías se comunican contigo. Nunca podré destacar lo suficiente la sutileza de los guías y qué fácil puede ser no escuchar sus señales o desestimarlas.

Pero también debo decir que, una vez que los hayas invitado a colaborar contigo, ellos aprovecharán cada momento y recurrirán a todos los medios posibles para llamar tu atención. Es cuestión de reconocer sus esfuerzos y aceptar que están muy cerca y siempre comprometidos con la labor de ponerse en contacto contigo.

Una de las formas más consistentes con que tus guías se comunican contigo es a través de la inspiración. Ellos te inspiran con una idea, una solución, una nueva forma de acción o a través de algún medio de expresión creativa. El término *inspiración* está asociado con el espíritu, de manera que cuando te hallas sumido en ese estado, te estás comunicando con tus asistentes.

Una de mis clientas es una talentosa cantante y compositora llamada Claire. Ella me relató esta fascinante historia: como estudiante universitaria había cursado parte de sus estudios en Francia, igual que yo. Mientras vivía allí, un frío y lúgubre día de diciembre se sintió muy sola y, pensando que no vivía en el lugar adecuado, consideró la posibilidad de marcharse. Mientras planificaba su retirada, se sintió impulsada a tomar el metro para volver a casa desde la universidad, en lugar de andar seis calles como habitualmente hacía para ahorrar dinero.

Esta inspiración le llegó cuando se encontraba frente a la boca del metro. Sin vacilar, decidió coger el siguiente tren sin siquiera estar segura de que aquélla fuera la línea correcta. Mientras bajaba las escaleras, escuchó una hermosa melodía y unas voces que cantaban en inglés a pleno pulmón. Esto la hizo sonreír por primera vez después de mucho tiempo. Arrobada por la música y por la energía que emanaba de esas voces, se dirigió directamente hacia la plataforma, donde encontró a tres jóvenes muy guapos tocando la guitarra, con los estuches llenos de monedas delante de ellos. Comenzaron a conversar y así se enteró de que dos de ellos, Jay y Skip, procedían de Londres y el tercero, Tony (al que encontró muy atractivo), de Nueva Zelanda.

Para su sorpresa, le preguntaron si quería cantar con ellos e incluso le ofrecieron compartir lo que recaudaran. Como no tenía nada mejor que hacer, aceptó su propuesta. Cuando volvió a mirar su reloj, se sorprendió al advertir que habían pasado más de seis horas. ¡Nunca se había divertido tanto! Decidió reunirse con ellos otra vez al día siguiente y lo siguió haciendo durante el resto del curso lectivo –durante el cual terminó sus clases y se enamoró de Tony–. Más adelante él y Claire se casaron y se marcharon a Nueva Zelanda, donde fundaron una compañía musical que producía sus propios CD.

La parte más alucinante de esta historia, según me contó Claire, es que ella no tenía la menor idea de que le gustara cantar. Lo que más le asombraba era que todo aquello había sucedido gracias a una súbita inspiración de tomar el metro, en lugar de volver andando a casa como de costumbre.

Otro cliente, Jacob, decidió seguir un camino tradicional en su vida y trabajar como director creativo de una agencia de publicidad, a pesar de que en el fondo de su corazón deseaba ser músico. En cuanto se graduó, consiguió un trabajo en una agencia, que conservó durante veinticinco años. Estaba casado, vivía en los alrededores de Chicago y tenía dos niños.

Su amor por la música permanecía latente y lo miraba a la cara día tras día; era el motivo de que se sintiera desdichado. Se debatía entre su papel de padre, marido y sostén de familia, y su oculto deseo de ser músico e interpretar *blues*; a medida que pasaban los años, se sentía cada vez más deprimido.

Entonces ocurrió que cierto día tuvo la inspiración de acercarse hasta un restaurante, donde solía ir a comer con su familia, para proponerle al propietario hacer una sesión de música familiar durante el fin de semana. Se le había ocurrido que él y otros músicos podían acudir al local para que las familias cenaran, disfrutaran de la música, bailaran y pasaran una noche divertida. Se dejó llevar por su inspiración a pesar de imaginarse que las posibilidades de que aquel hombre aceptara su oferta eran muy remotas.

Por el contrario, el dueño del restaurante se mostró muy entusiasmado y el éxito fue tan rotundo que le propuso tocar en el establecimiento todos los fines de semana. Muy pronto los restaurantes vecinos también solicitaron su presencia y Jacob consiguió el trabajo que tanto le gustaba. ¡Y ni siquiera se vio obligado a marcharse de la agencia de publicidad!

¿Sabías que los guías espirituales...

...trabajan entre bastidores, dejando caer grandes ideas en tu conciencia a modo de inspiración?
...pueden transmitirte la inspiración a través de canales que tú no esperas?

Reconocer las inspiraciones y actuar conforme a ellas requiere una mente abierta. Los guías espirituales pueden ofrecer un mejor servicio a aquellos que están deseosos de ayudarse a sí mismos. Ellos te conceden la inspiración, pero a ti te corresponde aceptarla y hacer algo con ella.

Por ejemplo, hace veinte años Patrick, que es un apasionado del ciclismo, tuvo la repentina inspiración de importar y vender camisetas y pantalones para ciclistas, procedentes de Francia e Italia, en Estados Unidos, donde eran prácticamente desconocidos. Yo pensé que era una idea magnífica y lo animé a que la llevara a la práctica de inmediato. Y en eso estaba cuando un buen amigo le comentó que la idea era ridícula porque los hombres americanos nunca se atreverían a usar *spandex;* entonces Patrick abandonó la idea.

Dos años más tarde, el *spandex* inundó el mercado americano y las camisetas francesas e italianas para ciclistas se convirtieron en un éxito comercial. Patrick había recibido una inspiración pero la había rechazado; evidentemente, la idea fue transmitida a otra persona que decidió apostar por ella.

Pero Patrick no es un caso aislado. En mi práctica como vidente, con frecuencia escucho a mis clientes quejarse: «Alguien me robó mi idea», aunque la verdad es que nadie les ha arrebatado nada. Lo que sucede es que sus guías espirituales los inspiran con una idea para la cual ha llegado el momento; sin embargo, al ver que ellos ignoran su ofrecimiento se la comunican a otra persona de mente abierta, que pueda aceptarla y utilizarla. No puedo decirles cuántas veces he escuchado a mis clientes proclamarse miembros del club del «podría hacerlo, debería hacerlo, lo haría...», que es la cuna de las oportunidades perdidas y de los progresos intuitivos fallidos, pues sus socios optan por ignorar sus inspiraciones.

Algunos de los mayores adelantos de la música, del arte, de la literatura e incluso de la ciencia fueron inspirados por los guías y recibidos por personas cuyo corazón estaba abierto. Por lo tanto, empieza hoy mismo a prestar atención a tu inspiración y, lo que es aún más importante, toma nota de qué es lo que haces con esos regalos del espíritu. ¿Los consideras obsequios que tus guías ponen a tu disposición para que los utilices? ¿O los descartas porque te parecen una locura y decides seguir con tu propia rutina?

Mientras formulo esta pregunta recuerdo un chiste sobre un hombre que trabajaba sin descanso para la iglesia, creyendo que Dios siempre lo cuidaría y protegería. Un año hubo una terrible inundación en su ciudad. Todos los habitantes fueron evacuados pero él decidió quedarse y afirmó: «Dios proveerá». Muy pronto la primera planta de la iglesia quedó anegada y un coche acudió a rescatarlo. Pero el hombre se negó a marcharse argumentando que confiaba en el Señor.

El agua siguió subiendo y el hombre tuvo que instalarse en la galería del coro, pero poco después casi toda la iglesia estaba sumergida bajo el agua. Se envió un bote para rescatarlo pero él insistió en permanecer allí y se encaramó al techo de la iglesia. Por último, llegó un helicóptero y le arrojó una escalerilla; sin embargo, el hombre se negó a cogerla y se ahogó.

Cuando llegó al cielo se dirigió furioso a Dios y le preguntó: «Por qué no me has cuidado ni protegido?», a lo que Dios respondió: «¿Qué estás diciendo? ¿Acaso no te envié un coche, un bote y un helicóptero?».

Pongo este chiste como ejemplo porque se acerca mucho a la forma en que las fuerzas superiores se ponen en contacto con nosotros. Atraen nuestra atención una vez, dos veces o incluso más. Mi maestro Charlie afirmó en cierta ocasión: «Si algo pasa por tu mente dos veces, sin lugar a dudas es una inspiración; si pasa más veces, son tus guías chillando para que los escuches». En otras palabras, la ayuda del mundo espiritual está a nuestra disposición pero llega con una forma propia y no necesariamente como tú la esperas.

Tu turno

Si quieres beneficiarte de tus ayudantes espirituales, presta atención a cómo trabajan y no rechaces su ayuda simplemente porque no concuerda con lo que esperabas.

Acepta cada inspiración, impulso o idea brillante y considéralos como un mensaje importante del cielo. Y no pierdas el tiempo discutiendo, argumentando, rechazándolo ni cuestionándolo... porque puedes perder el último helicóptero.

Capítulo 22

Los guías también trabajan con mensajeros

Tu propio estado emocional puede obstaculizar la intención de los guías de capturar tu atención. Si estás tenso, preocupado o emocionalmente agitado, resultará casi imposible que tus guías puedan comunicarse contigo. Y no lo dudes —ése es el momento en el que más los necesitas.

En ese caso, ¿qué es lo que hacen tus guías? En lugar de intentar comunicarse contigo o de ofrecerte directamente su inspiración, apelarán a la ayuda de alguien cercano a ti para que te haga llegar sus mensajes de apoyo. De hecho, es muy probable que los guías de otra persona te hayan utilizado alguna vez para realizar su labor.

Por ejemplo, ¿te has sentido alguna vez compelido a coger el teléfono y, sin motivo aparente, llamar a alguien que, al escuchar tu voz, te comunica que tu llamada llega en el momento más oportuno? Mi cliente Jeff, que es constructor, me contó que cierto día de la pasada primavera iba de camino a su trabajo a las seis de la mañana cuando, repentinamente, sintió la urgencia de llamar a su abuela, a la cual adoraba y con la que no hablaba desde hacía más de un año. El impulso fue tan fuerte que a pesar de ser una hora un poco intempestiva, la llamó de inmediato. Cuando respondió, se dio cuenta de que estaba llorando.

«¿Estás bien, abuela?».

«Oh, Jeff, creí que era el veterinario. No, no estoy bien. Mi gato Bob acaba de morir; ha sido mi mejor amigo y mi única compañía en los últimos veinte años. Ahora no tengo a nadie y me siento muy mal».

Conmovido por su tristeza, Jeff dijo: «Lo siento mucho, abuela. Pero hay algo en lo que te equivocas, no estás sola. Este fin de semana estoy libre y pienso ir a verte. ¡Hay que seguir adelante, abuela! Llegaré esta misma noche para acompañarte en este difícil momento». Y fue a visitarla en cuanto terminó de trabajar.

Otro cliente, Jesse, me contó que cierta mañana estaba tranquilamente sentado en Starbucks trabajando con un informe que tenía que entregar cuando, sin venir a cuento, le preguntó a la mujer que estaba en la mesa contigua si era una clienta habitual de la cafetería.

La mujer respondió: «En realidad, no... Bueno, en fin, sí. Verá, lo que quiero decir es que acabo de trasladarme desde Indiana y sólo llevo tres días aquí. Me alojo provisionalmente en la casa de una compañera de universidad y estoy buscando un apartamento en este vecindario. Me encantaría vivir por aquí, pero me han dicho que es muy difícil encontrar algo en esta época del año».

Riéndose, Jeff le comentó: «Esto es muy extraño. Esta mañana mi casera me ha preguntado si conocía a alguien que estuviera buscando un apartamento, pues quería evitarse el engorro de publicar un anuncio y tener que entrevistar a los posibles inquilinos. Llevo cinco años viviendo allí y me encanta el lugar. Está a tan sólo tres calles. Éste es su número de teléfono».

Antes del almuerzo las dos mujeres habían firmado el contrato de arrendamiento y con el paso del tiempo llegaron a ser grandes amigas. Los guías de la joven de la cafetería habían recurrido a Jeff para que la ayudara en su tarea.

Otro ejemplo es mi querido amigo Bill, un presentador de televisión soltero de Chicago que ansiaba poder cumplir su mayor deseo de estar en pareja. El día que lo consiguió, le costó trabajo creérselo. Una hermosa mujer, Ángela, que trabajaba en una revista local, había acudido a su despacho para entrevistarlo. La química entre ellos fue innegable. Sin embargo, él temía que todo aquello no fuera real; mientras se encaminaba hacia el restaurante donde ambos se habían citado por segunda vez, Bill pidió a sus ayudantes espirituales que le dieran una señal para hacerle saber que «el amor estaba realmente en el aire».

Al entrar en el restaurante, el *maître* le ofreció una rosa. Cuando le preguntó el motivo de su gesto, el hombre respondió: «No lo sé. Algo me ha impulsado a que se la ofreciera». Bill pensó que la rosa era la señal que había pedido y al llegar a la mesa se la obsequió a Ángela. Un año más tarde se casaron.

«La rosa fue definitiva —afirmó Bill—. Cuando la recibí, supe que mi deseo se había hecho realidad. Y así fue».

¿Sabías que...

...cada mensaje que te llama la atención tiene un significado, independientemente de quién sea el mensajero?

Tu turno

Intenta recordar alguna ocasión en la que hayas sido el mensajero espontáneo y el guía de alguna persona, un momento oportuno en el que tu presencia le haya salvado el día a alguien o una situación en la que hayas pronunciado la palabra oportuna u ofrecido la solución correcta. ¿Qué ocurrió? ¿Cuándo sucedió? ¿Cómo fue? ¿Quién estaba involucrado? ¿Cuál fue el resultado? ¿Percibiste la influencia del Otro Lado en aquella ocasión? Comunícale esta experiencia a alguien a quien pueda interesarle y observa el efecto que esta declaración tiene para ti.

En esas situaciones, los guías de otra persona piden tu ayuda por unos instantes y la utilizan para transmitir un mensaje que será provechoso para ella. Ésa es la belleza de este Universo de amor infinito. Todos estamos interrelacionados y podemos ser asistidos y asistir al mismo tiempo.

Capítulo 23

El discurso de los espíritus

Además de ser sutiles, los guías espirituales pueden usar acertijos, metáforas, símbolos, sueños e incluso chistes para comunicarse con nosotros en lugar de hablarnos en un lenguaje directo, de manera que no sólo deberás convertirte en un experto en recoger vibraciones sutiles; además tendrás que aceptar que el mundo espiritual tiene su propio idioma y deberás decidir si quieres aprenderlo.

Pero no te asustes: tus guías no pretenden engañarte ni confundirte. En realidad, su método de comunicación a menudo es más claro, contundente y humorístico que un mensaje directo.

Una de mis clientas era auxiliar de vuelo y muy aficionada a los dulces. Cierto día, a las cuatro de la madrugada se estaba preparando para recorrer los sesenta y cuatro kilómetros que la separaban del aeropuerto cuando, de pronto, oyó una voz que le decía: «¿No es un buen día para tomar un *donut*?».

Acostumbrada a hablar con sus guías y encantada con la idea de tomar un *donut* recién horneado, dijo en voz alta: «Claro que sí, pero se me hace tarde y hoy no puedo pararme a mitad de camino».

Mientras colocaba el bolso en el coche, volvió a oír: «¿No es un buen día para tomar un *donut*?». Riéndose, murmuró: «Ya lo creo. Pero si hago una parada, llegaré tarde». Estaba a punto de tomar la vía de acceso a la autopista cuando vio un camión de *donuts* entrando en la gasolinera que estaba junto a la salida.

Una vez más sus guías susurraron: «¿No es un buen día para tomar un *donut*?».

«Muy bien, me rindo. Pero tendré que darme prisa». Decidió seguir al camión, que ya estaba aparcando en la estación de servicio. Cuando apagó el motor descubrió que el depósito de gasolina estaba casi vacío. Se quedó boquiabierta y suspiró de alivio al darse cuenta de que podía haberse quedado parada en medio de la autopista, lo que hubiera significado perder su vuelo. En ese momento, sus guías repitieron al unísono: «Ya ves que era un buen día para tomar un *donut*».

Una mañana mi cliente Fred estaba en la ducha cuando oyó las siguientes palabras: «No transites por el carril de circulación rápida». Imaginó que era un mensaje metafórico de sus guías para que se relajara y se tomara la vida con más calma. Sin embargo, pronto iba a descubrir que era mucho más que eso. De camino a su trabajo, que distaba cuarenta kilómetros de su lugar de residencia, cogió el carril rápido como de costumbre. De pronto, una de las ruedas delanteras reventó y Fred estuvo a punto de perder el control del coche.

«Por fortuna, conseguí sujetar con firmeza el volante, maniobrar para apartarme del carril por donde circulaba y atravesar los tres restantes para salir de la autopista sin chocar con nadie y sin que nadie chocara conmigo. Fue un verdadero milagro. Al bajar del coche y mirar la rueda, encontré las hebras de lo que quedaba del neumático colgando de la llanta. Fue entonces cuando recordé lo que había oído en la ducha y, profundamente agradecido, les dije a mis guías: «Ahora comprendo que esta mañana no habéis escatimado esfuerzos para transmitirme vuestro mensaje».

También me contó que mientras se dirigía a la rampa de salida para pedir ayuda, miró hacia abajo y encontró una moneda de cinco centavos y otra de uno. Mientras se arrodillaba para recogerlas dijo en voz alta: «Caramba, seis centavos», y cayó en la cuenta de que sus guías se estaban divirtiendo a su costa.

«Seis centavos, sexto sentido. Lo he comprendido. Gracias otra vez. Ahora, por favor, enviadme ayuda».

Aprender el discurso de los espíritus es un proceso de ensayo y error que requiere paciencia y sentido del humor. A los guías les encanta la risa y por eso intentarán por todos los medios hacerte reír. Cuanto más te rías mayor será tu vibración y como ellos adoran sentir buenas vibraciones, jugarán contigo siempre que puedan.

Me encontraba en un aula del Instituto Omega de Nueva York, enseñando la forma de entrar en contacto con los guías. En un momento determinado les comuniqué a los estudiantes que haríamos un ejercicio trabajando en parejas y, a continuación, les propuse que intentaran hablar directamente con sus guías. Una alumna que albergaba la esperanza de tener profundas revelaciones, levantó la mano y expresó con frustración: «No lo consigo. Lo único que oigo decir a mis guías es "Caramelo de goma". Dile a tu pareja que se divierta con "Caramelo de goma". Y esto es absurdo».

En cuanto pronunció esas palabras, el estudiante que estaba trabajando con ella exclamó asombrado: «¡Oh, Dios! ¿Por qué has dicho eso? Mi vecina me ha ofrecido uno de los cachorros de la nueva camada de su perra y me he estado preguntando toda la mañana si debería aceptarlo para no sentirme tan solo. ¡Y su nombre es precisamente "Caramelo de goma"! Lo que acabas de decir responde a mi pregunta».

Algunas veces tus guías se dirigen a ti por medio de símbolos. Una de mis clientas era constantemente bombardeada con imágenes de mariposas y me preguntó si yo conocía el motivo. «Acaba de llamarme mi vecino para preguntarme si quería un árbol de mariposas como regalo de cumpleaños. Yo ignoraba por completo que existiera tal cosa».

Le sugerí que cada vez que se encontrara con una mariposa en los próximos seis meses, apuntara en su diario qué era lo que estaba pasando en su vida. Una vez que comenzó a anotar todas las ocasiones en que veía mariposas, al releerlas se percató de que siempre aparecían al cabo de una hora de que se hubiera puesto en contacto con el Universo y con sus guías para asegurarse de que estaba en el camino correcto. Y aquélla era la forma que sus guías habían escogido para comunicarle que todo estaba en orden.

Otra mujer que asistía a una de mis clases me comentó que en cada ocasión que estaba a punto de cometer un error venía a su mente la canción de Elton John *Don't Let The Sun Go Down On Me*. La última vez que la había escuchado, acababa de iniciar una relación con un hombre que la volvía loca —o, al menos, estaba loca por su aspecto y su dinero (él era un deportista profesional muy atractivo)—. Al día siguiente de hablarme de ello, montó en su coche, encendió la radio y oyó otra vez la canción.

Soltó un chillido y apagó la radio. Tenía la sensación de que se trataba de una señal de que algo no iba bien. Finalmente, después de un romance turbulento que duró seis meses, decidieron separarse. Una de las últimas cosas que él le dijo fue: «Por cierto, detesto a Elton John».

Tus guías también eligen trabajar con símbolos que ya conoces. Por ejemplo, cuando mi hija Sonia era pequeña adoraba el libro *El conejo travieso*. Cuando me causaba problemas, yo le preguntaba si era mi conejo travieso. Más tarde se convirtió en una adolescente que ponía a prueba los límites, y cada vez que estaba a punto de caer en una conducta inaceptable aparecía algún tipo de conejo.

Una vez Sonia nos pidió permiso para quedarse a dormir en casa de una amiga e ir con ella a un concierto, pero nosotros consideramos que aún no tenía edad para hacerlo. Al día siguiente, cuando salía del colegio, un conejo pasó corriendo delante de ella. Entonces nos preguntó si podríamos llevarla al concierto y recogerla a la salida; por supuesto, aceptamos su propuesta. En otra ocasión ambas tuvimos una fuerte discusión; ella se marchó de casa enfurecida y encontró dos patas de conejo en dos sitios diferentes. Volvió a casa y se disculpó. Mientras ella estaba fuera, un conejo de madera se cayó de una de las estanterías de mi oficina sin motivo aparente; por eso yo también le pedí disculpas cuando regresó. El último ejemplo tuvo lugar cuando ella estaba considerando la idea de irse de viaje con una amiga y reflexionando si le apetecía pasar tanto tiempo con ella. Al cabo de un rato vimos que Patrick subía las escaleras del sótano con la copia original de su libro *El conejo travieso* entre las manos. Entonces Sonia decidió que no se marchaba de viaje.

¿Existe algo que periódicamente atraiga tu atención? No te preocupes si no puedes responder de inmediato esta pregunta; déjala abierta en tu conciencia y, con el paso del tiempo, llegará la respuesta.

Una clienta que está empezando a trabajar con signos y símbolos me relató una historia muy interesante. Cierto día estaba a punto de salir de compras con una amiga cuando oyó a sus guías: «No puedes salir hasta que barajes tus cartas». «¡Qué idea más extraña!», pensó, y continuó vistiéndose mientras la apartaba de su mente. Unos segundos más tarde sintió otra vez aquella voz festiva y juguetona, y cayó en la cuenta de que podían ser sus guías refiriéndose a la baraja de tarot que acababa de comprar y que había consultado aquella misma mañana. Como no le apetecía barajar las cartas en ese momento, ignoró el mensaje, cogió el bolso y se dirigió hacia la puerta.

Pero entonces oyó una vez más que la voz decía alto y claro: «No puedes salir hasta que barajes tus cartas». Entonces sintió un olor raro. Miró la puerta de cristal de su despacho, que estaba cerrada, y descubrió que la habitación estaba llena de humo. Al abrir la puerta encontró que una de las velas que había encendido por la mañana aún estaba ardiendo. El cristal que la rodeaba estaba tan caliente que había empezado a quemar la mesa. Apagó la vela y retiró las ascuas.

«Esto podía haber producido un incendio», dijo en voz alta. En ese momento vio su nueva baraja de Tarot junto a la vela. Agradeciendo a sus guías la advertencia, comenzó a barajar las cartas. «Gracias —dijo—. Siempre que deseéis que baraje las cartas, no tenéis más que decírmelo». Una de ellas se desprendió de la baraja. Era el as de corazones, que significa: «Estás protegido por el amor».

Cuando empieces a conectarte conscientemente con el mundo invisible, aprenderás a comprender su lengua. Está llena de símbolos, pistas, acertijos e incluso sonidos —todos ellos han sido seleccionados para transmitirte algo importante—. Aproxímate al mundo espiritual como si fuera una tierra extraña y exótica; admira sus paisajes, disfruta de sus costumbres nativas y acepta la hospitalidad de sus habitantes, sus guías espirituales. Antes de que puedas imaginarlo dominarás su idioma.

¿Sabías que...

...una forma de aprender a comunicarte con tus guías es convertirte en experto en el arte de los símbolos y los signos, y responderles en cuanto se manifiesten? Cuanto mejor los reconozcas, más sentido tendrán para ti.

Tu turno

Ten siempre a mano una libreta de bolsillo para hacer un seguimiento de todos los objetos, las imágenes, las frases y las melodías, pero también de los impulsos inesperados o pensamientos aleatorios que aparecen reiteradamente en tu vida. Después de dos semanas, vuelve a leer tus notas. ¿Existe algún patrón? Ahora que ha pasado el tiempo, ¿reconoces algún significado adicional o una nota de humor oculta en esos mensajes? ¿Alguien intenta comunicarte algo? Presta atención para saber qué es lo que está a punto de llegar.

Capítulo 24

Los nombres de tus guías

Una de las preguntas más frecuentes que hacen mis clientes es: «¿Cuál es el nombre de mi guía?». A estas alturas ya has aprendido que durante toda tu vida te conectas con muchos guías y no solamente con uno. Cuando abandonan su cuerpo físico, la mayoría carece de género y de nombre, aunque siguen existiendo en un plano energético. De todos modos, a veces adoptan un nombre, e incluso un género, para ayudarte a establecer una mejor conexión con ellos. En general, asumen la identidad con la que te conocieron en una vida pasada para que te resulte sencillo recordarlos y fomentar así que vuelvas a conectarte con ellos en un nivel consciente.

Otros guías, en especial los que proceden de otros sistemas solares o frecuencias que no son físicas, se limitarán a adoptar el nombre que mejor reproduzca su vibración. Las vocales y los sonidos abiertos tienen una frecuencia muy superior a las consonantes; por este motivo escucharás muchos nombres etéreos y ligeros como Ariel, Abu o algún otro sonido breve y abierto.

Algunos guías son seres queridos, familiares o amigos que han fallecido y aún siguen actuando energéticamente en la misma frecuencia en que los conociste —o en otra muy similar—. Para que puedas identificarlos, suelen usar su nombre terrenal. Cuando un nombre irrumpe en tu conciencia varias veces seguidas, puedes estar seguro de que dicha persona está cerca de ti. Como es obvio, el nombre de alguien que acaba de fallecer surgirá con frecuencia en tu mente; para poder discriminar si esto se debe al hecho de que acaba de abandonar el plano físico o a que está intentando comunicarse contigo, intenta percibir su espíritu o cualquier otra señal que asocies a dicha persona cada vez que escuches su nombre. Si lo consigues, es muy probable que su espíritu esté intentando ponerse en contacto contigo; en caso contrario estás pensando en ella debido a su reciente pérdida.

Mi clienta Edith estuvo casada durante más de cuarenta años con Stanley, a quien amaba con locura y con el cual había vivido al norte de Michigan. Cuando él murió repentinamente debido a un derrame cerebral, Edith estaba desconsolada. Varias semanas después del funeral, mientras se recuperaba con dificultad, cierto día comenzó a sentir la presencia de su marido por todas partes, aunque con especial intensidad en el porche trasero, donde él solía sentarse en su mecedora. Allí encontró un cardenal rojo posado sobre la silla y le preguntó: «¿Qué estás haciendo en la silla de Stanley?». El pájaro ni siquiera se movió. Ella se acercó un poco más y volvió a preguntar: «¿Por qué estás aquí?».

Edith recordó que a Stanley le encantaban los pájaros, de manera que el incidente la inquietó. Al día siguiente sintió otra vez la presencia de su marido y, a continuación, un fuerte impulso de dirigirse hacia el porche trasero, donde volvió a encontrar al mismo cardenal rojo sobre el apoyabrazos de la silla. Una vez más, el pájaro no se asustó de su presencia.

La situación se repitió durante diez días. Finalmente, Edith preguntó al cardenal: «Stanley, ¿intentas decirme algo?». El animal permaneció inmóvil. «Eres tú, ¿verdad?». Considerando que aquella ave era su marido y que la estaba escuchando, por fin consiguió desahogarse.

Lo más importante para ella era poder despedirse de su difunto marido, algo que no había podido hacer debido a su repentina muerte. Y eso fue precisamente lo que le transmitió al pájaro. Después de la despedida, éste echó a volar para no regresar jamás. Pero la conexión se había producido y Stanley seguía estando presente para ayudar a Edith a seguir adelante con la vida.

Una clienta que asistió a un taller de una semana de duración deseaba con desesperación comunicarse con uno de sus guías, pues necesitaba ayuda para resolver sus problemas matrimoniales. En cuanto le pidió que se diera a conocer, irrumpió en su mente el nombre de James seguido de «ojos azules y hábil con las palabras». Como le pareció que había sido demasiado fácil, pidió a James que le diera otra señal para confirmarle que el nombre era correcto y que realmente se trataba de una fuerza sanadora. Lo que le vino a su mente ahora fue: «Escribe una carta a tu marido para comunicarte con él. No hables». Ella se dedicó a reflexionar durante varios días y luego decidió seguir el consejo de James. Le escribió a su marido una carta de diez páginas, explicándole con todo detalle lo que pretendía que cambiara en su relación. Además, le aclaraba que ella ya estaba trabajando para modificar ciertas cosas y que esperaba que él hiciera lo mismo.

Dos días más tarde, mientras aún asistía al taller, su marido le envió un ramo de flores y una carta de respuesta en la que afirmaba haber comprendido todo lo que ella le había planteado y se comprometía a colaborar para resolver sus problemas —y estas palabras provenían de un hombre que, en general, contestaba con evasivas tanto verbal como emocionalmente—. Después de aquello, la mujer se convenció de que el nombre de su guía era James y que, gracias a sus sugerencias, le había demostrado con creces que era una fuerza sanadora.

Es posible que el hecho de que no surja ningún nombre en tu mente se deba a que no estás trabajando con un solo guía. Como ya he mencionado, suelo conectarme con unos guías que hablan como un trío y se denominan a sí mismos los Tres Obispos. También estoy en contacto con las Hermanas Pleyadianas, dos hermosos ángeles que en ciertas ocasiones pueden ser tres o más. Ellas también hablan al unísono.

Hace muchos años mi querida amiga Julia Cameron trabajaba en el guión de una película y escribía a sus guías con frecuencia; ellos siempre le respondían en plural y sin revelar sus nombres. Otra de mis amigas llama a sus guías los Ligeros.

A veces, pueden comunicarte su nombre a través de la escritura automática. Cuando el contacto se produce por este medio, pregunta a tu guía o guías: «¿Cómo debo dirigirme a ti/vosotros?» y espera a ver qué es lo que fluye de tu bolígrafo.

Sucede algo parecido cuando visualizas a tu guía en tu lugar sagrado. Formula la misma pregunta y presta atención para captar la respuesta.

Si el nombre cambia, esto significa que tu guía se ha marchado y otro ha ocupado su lugar, o que ha cambiado de frecuencia, se encuentra en una diferente vibración y tiene un nuevo nombre.

Tú puedes ponerle un nombre a tu guía, con la tranquilidad de saber que esto no cambia ni altera tu conexión con él. El nombre que eliges te granjea el cariño de tu guía, tal como sucede con los nombres de nuestras mascotas o con los apodos. Citando a Shakespeare en una escena de *Romeo y Julieta*: «¿Qué hay en un nombre? Aquello que llamamos rosa, la misma dulce fragancia tendría con otro nombre».

¿Sabías que…

…la mejor forma de descubrir el nombre de un guía, siempre que no se trate de un amigo o de un familiar que ha fallecido, es preguntárselo de manera telepática? Lo primero que acuda a tu mente será el nombre correcto.

Tu turno

Para conocer el nombre de tu guía, cierra los ojos y respira hondo. Luego pide a tu guía o guías que se manifiesten. Una vez que percibas su presencia, pregúntale: «¿Cómo debo dirigirme a ti/vosotros?». Acepta el primer nombre que surja en tu mente. Si no aparece ninguno, en lugar de preocuparte limítate a elegir tú uno. No le des demasiadas vueltas al asunto. A él le gustará el nombre que le hayas asignado.

Si percibes que te has conectado con un grupo de guías, solicítales que te comuniquen su nombre grupal y confía en lo que oyes. Una vez que te lo hayan revelado, llámalos por su nombre cada vez que necesites conectarte con ellos; entonces recibirás una respuesta. Asignar nombres a tus guías hace que las conexiones sean más personales y mantiene tus canales aún más abiertos a la energía superior; lo más importante no es elegir un nombre determinado, sino atenerse a él. Los nombres son como tarjetas de visita. Si eres metódico y constante, conseguirás forjar relaciones sólidas con tus guías y ampliarás tu capacidad para recibir su asistencia. Disfruta de tus nuevas figuras de apoyo.

Capítulo 25

Los guías te prestan ayuda, pero no pueden hacer tu trabajo

Si deseas tener una experiencia positiva con tus guías, es fundamental que comprendas el papel que desempeñan en tu vida. No sólo no les molesta brindarte su ayuda, sino que les encanta que recurras a ellos cuando los necesitas. Pero no pueden —ni quieren— ocuparse de todo. Aprendí esta lección hace muchos años. Mi mejor amiga, Lu Ann, y yo estábamos cargando mi coche en Chicago para salir de viaje hacia Denver a mediados de enero; después de haber vivido sola durante un año y medio había decidido volver a casa.

Mientras conducía, Lu Ann me preguntó si tenía un mapa de carreteras. «No, no lo necesito. Mis guías me indicarán el camino», contesté con arrogancia.

Una hora más tarde, cuando paramos para repostar gasolina, me percaté de que estábamos en Milwaukee, lo que significaba que habíamos viajado casi ciento cincuenta kilómetros en la dirección equivocada. Cuando le pregunté al empleado de la gasolinera si estábamos en la autopista que unía

Chicago con Denver, se echó a reír. Entonces, humildemente, decidí comprar un mapa.

Más allá de quienes sean tus guías o de cuál sea tu nivel de experiencia, cuando abras tu corazón para dejarte influenciar por ellos es esencial que comprendas que, a pesar de que siempre están dispuestos a ayudarte, nunca aceptarán asumir la responsabilidad de tu vida ni vivirla en tu lugar. Su tarea es ofrecerte claves e indicaciones que faciliten tu camino y fomenten un mayor crecimiento personal en tu viaje terrenal. Aunque pueda resultar tentador que un poder superior se ocupe de todo y nos salve de cometer errores potenciales, eso pronto se convertiría en algo insufrible. Después de todo, estamos aquí para aprender, y la única forma de hacerlo es el ensayo y el error. Tus guías no tienen ningún interés en hacer tu trabajo; sólo pretenden ayudarte a aprender tus lecciones de la forma más rápida y eficiente mientras tú disfrutas del proceso.

En otras palabras, no seas perezoso (como yo lo fui aquel día) y no te confundas pensando que puedes entregar tu vida a un piloto automático o delegar tu trabajo a tus guías, con la esperanza de que ellos se encargarán de todo. Los seres de nivel superior no pueden ni quieren hacerlo; su labor se limita a brindarte su apoyo. Te enseñarán el mejor camino para alcanzar tus metas pero no conducirán el coche, igual que un mapa de carreteras.

De todos modos, debo advertirte que existen entidades de bajo nivel, ligadas a la tierra y al ego, que se mostrarán muy dispuestas a tomar las riendas de tu vida si se lo autorizas. Denise, una de mis clientas, invocó a sus guías porque había contraído numerosas deudas y quería resolver el problema de la manera más rápida posible. En lugar de pedir ayuda para aprender a gestionar mejor su dinero, creyó que un guía espiritual podría conseguir que lo ganara fácil y rápidamente. La primera pregunta que hizo fue si debía ir al nuevo casino local instalado en un barco, un plan que le había sugerido un amigo que también estaba endeudado.

Con toda seguridad, una entidad de bajo nivel irrumpió en su mente y la animó a hacerlo. Convencida de que había sido conducida a ganar una fortuna, se dedicó a jugar en el casino metódicamente, semana tras semana, siguiendo el consejo de aquella insensata entidad a pesar de que cada día perdía más dinero. No solamente no consiguió librarse de las deudas acumuladas, tal como esperaba que su guía la ayudara a hacer, sino que contrajo aún más. En seis semanas perdió su casa y gastó más de 75 000 dólares de su tarjeta de crédito, que se sumaron a los 50 000 de la deuda inicial.

De nada le valió decirle a su marido —que estaba horrorizado y desolado— que la culpa de todas sus desgracias era de su guía. Esto no la sacó del apuro ni le permitió salvar sus bienes, por no mencionar que todo aquello terminó por desequilibrarla. En lugar de admitir que tenía un problema, se entregó ciegamente a aquella entidad y le dio el poder de manipularla, atrayendo a su vida más dificultades de las que ya tenía. Lo perdió absolutamente todo.

La mejor forma de trabajar directamente con tus guías es pedirles ayuda a sabiendas de que, a lo sumo, te insinuarán sugerencias a través de una súbita inspiración o un pequeño impulso que te pondrá en movimiento. A ti te corresponde decidir si escuchas sus consejos y actúas en consecuencia. Independientemente de lo que te ofrezcan, apela a tu juicio y a tu sentido común, y recuerda: hasta que tú no tomes una decisión, nada cambiará. Los guías no pueden hacer las cosas por ti, como tampoco pueden modificar una situación ni hacer magia. Sólo pueden ayudarte a tomar conciencia de la magia y la benevolencia naturales del Universo e inducirte a estar en armonía con ellas.

A continuación incluyo cuatro preguntas básicas que te ayudarán a decidir si merece la pena actuar conforme al mensaje recibido:

1. ¿Este consejo es práctico y no intimidatorio?
2. ¿Es tierno y afectivo?
3. ¿Tiene en cuenta a todos los que están involucrados en la situación?
4. ¿Me ayuda sin hacer daño a ninguna otra persona?

Si puedes responder afirmativamente a estas cuatro preguntas, el mensaje es digno de consideración. En caso contrario, es probable que proceda de una entidad de bajo nivel y no debes aceptarlo.

En cualquier caso, no te angusties por ninguna sugerencia de los guías. Si la consideras negativa porque te ofrece una información que preferirías no escuchar, porque no cuadra con tu punto de vista o te decepciona, no la rechaces de inmediato. La labor de los guías no es alabarte ni estar de acuerdo contigo. Su único compromiso es guiarte por el camino adecuado y, a veces, resulta un poco duro escuchar sus palabras. Si los consejos que recibes son negativos —por ejemplo, porque incluyen comentarios poco amables relacionados contigo o con otras personas y al oírlos te sientes amenazado o atacado, porque merman o apagan tu espíritu o lo llevan a proceder en contra de lo que piensas—, no te asustes; debes sobreponerte a tu impresión inicial y no concederles ninguna importancia. Quizás de una forma completamente involuntaria has permitido que una entidad ligada a la tierra se deslice hacia el interior de tu conciencia y juegue contigo o, lo que es más probable, tu propia baja autoestima se está expresando con una voz más alta de lo normal y se está interponiendo entre tú y tu espíritu.

Recientemente, tuve que hablar frente a una audiencia bastante numerosa en Chicago y mientras estaba firmando libros conocí a una mujer que parecía muy angustiada. Me comentó que su guía le había comunicado que ella y su mejor amiga pronto iban a morir en un accidente de coche. Ella deseaba conocer mi opinión. Le dije que no creía en esas tonterías y que no debía destinar ni un solo minuto a preocuparse por esa información. Pero también le advertí que debía ser muy cuidadosa cuando conducía, usar su sentido común y estar muy atenta cuando usaba su coche. «No conduzca si ha bebido, ni tampoco a gran velocidad. Obedezca las señales de tráfico y rece pidiendo protección cada vez que salga en su coche —le aconsejé—. Y relájese. Lo más probable es que se trate de una entidad de bajo nivel que la está asustando por el mero placer de divertirse».

Mis palabras lograron calmarla y yo también sentí cierto alivio por ella. No tenía ningún sentido atormentarse con algo tan negativo como su propia muerte inminente. Ningún guía haría algo semejante. La muerte es una comunicación sagrada entre cada persona y Dios, y ellos nunca interfieren en eso. Los guías de alto nivel jamás afligirían a nadie con una información tan perturbadora. Si ella estuviera realmente en peligro o incluso atrayendo problemas, su guía le advertiría que condujera con precaución pero jamás le anunciaría su muerte.

Todos los guías de vibración elevada te consideran un espíritu Divino, amado y valioso, que aquí en la tierra asiste a una clase muy difícil que le plantea muchos retos. Ellos comprenden tus desafíos, sienten compasión por tus luchas, y te aman y respetan por encima de todo. Los guías de alto nivel se sienten privilegiados por ser tus asistentes y te sirven de una forma positiva, respetuosa y compasiva.

Cuando hables con tus guías, pídeles que te orienten hacia el bien superior de tu alma y te ayuden a tomar mejores decisiones pero no les preguntes: «¿Qué debería hacer?». Si lo haces, les otorgas el poder de controlar tu vida y esto es algo que ellos no desean ni aceptarán jamás. Si pretendes que se hagan cargo de tu vida, se apartarán de tu lado, retirándose de tu frecuencia, y tendrás que volver a iniciar el proceso para comunicarte con ellos.

También es importante que reconozcas la diferencia que existe entre una observación de tus guías y tus propios deseos. La verdadera orientación es sutil, tiene en cuenta a todos los que están involucrados y siempre te guiará hacia el camino elevado de la responsabilidad personal, el crecimiento espiritual y la integridad. Si recibes una recomendación que hace caso omiso de todo lo anterior, debes sospechar. Acaso no sea más que tu propio ego intentando embaucarte para convertirte en un esclavo de tus impulsos.

Poco después de conocer en una boda a un hombre muy atractivo que le manifestó su interés por ella, una de mis clientas preguntó a su guía si debía divorciarse. Era muy infeliz en su matrimonio, pues su marido era alcohólico y ella, por su parte, además de ser adicta a las compras, dependía por completo de él. Anhelaba encontrar una salida fácil para aquella situación. Su guía permaneció en silencio pero su desdichado cerebro tomó la palabra: «Deja a tu marido porque este hombre te ama». Convencida de haber conocido al «hombre adecuado» y haber obtenido el permiso Divino para abandonar al «hombre inadecuado», presentó una demanda de divorcio, decidida a marcharse con la persona que acababa de conocer.

El marido, abrumado por la situación, le rogó que no siguiera adelante con el divorcio y le propuso hacer una terapia de pareja, pero ella ya había tomado una determinación y rechazó la idea. Estaba segura de que su decisión era correcta porque su «guía» así se lo había indicado. El divorcio se resolvió rápidamente y ella formalizó la relación con aquel hombre. No pasó mucho tiempo antes de que él le informara que no tenía ningún interés genuino en ella y le aconsejó que «se largara». Mi clienta se sintió desolada y confusa. «¡Fue mi guía quien me aconsejó que me divorciara! —se lamentó entre sollozos en mi despacho—. Confié en él. ¿Cómo puede haberme engañado?».

«Ningún guía haría algo semejante —le aseguré—. ¿Está segura de que era su guía y no su agenda personal?».

«Así lo creo —respondió dócilmente—. Percibí que era mi guía cuando me sugirió que dejara a mi marido». Sin embargo, cuando le formulé las cuatro preguntas básicas, fue incapaz de responder afirmativamente a ninguna de ellas.

«Entonces yo diría que no se trataba de su guía —reflexioné en voz alta— porque no creo que tomara esa decisión en su nombre ni que fuera tan insensible a lo que podría sentir su marido. Quizás no fue un guía, sino su propio deseo de salir cuanto antes de la situación».

«Puede ser —contestó mientras parecía estar reflexionando sobre el caos que había provocado en su vida por actuar precipitadamente antes de analizar las cosas—. Puede ser».

Una pequeña clave para poder discriminar si estás escuchando un consejo idóneo o si se trata de una información de bajo nivel, procedente de tu ego o de entidades de baja vibración, es que un auténtico guía siempre te infunde una sensación de paz y satisfacción, aunque sus palabras no sean exactamente las que tú deseas escuchar. El mensaje de un verdadero guía produce un «clic» o resuena energéticamente en lo más profundo de tu ser, se instala en tu cuerpo y te hace sentir bien, cualquiera que sea su contenido. Si el consejo no es apropiado, no conseguirá alojarse cómodamente en tu cuerpo y descubrirás que reverbera en tu cerebro como un balón que no deja de rebotar. Cuando recibas un consejo, escucha tu cuerpo y, en lugar de pensar, intenta sentirlo; pronto serás capaz de descifrar la diferencia.

No permitas que el miedo a las entidades de baja vibración ni el poder de tu ego te impidan pedir ayuda cada vez que te encuentres en un atolladero. El propósito y la intención de tus guías es contribuir a afianzar tu conexión directa con tu bien superior y se sienten muy felices de poder colaborar contigo. Cuanto más trabajes con tus guías, más firmes serán tu intuición y tu brújula interna. Ésta es la indicación más clara de que tus guías están trabajando positivamente contigo.

¿Sabías que un guía de alto nivel...

...te brinda su *ayuda* pero no asume el *control* de tu vida?
...te inspira pero no toma decisiones por ti?
...te ofrece sutiles sugerencias que no hacen daño a nadie?

...nunca es insistente?

...te ayuda a fortalecer tu intuición?

...te infunde una sensación de paz y protección?

Tu turno

Para evitar cualquier confusión y ser capaz de distinguir a tus guías de tu ego, cuando te comuniques con ellos evita las preguntas del tipo: «¿Debería...?» y pídeles que te indiquen cuáles son tus mejores opciones. Luego debes tener paciencia y esperar. Al formular este tipo de preguntas, el canal de comunicación con tus guías seguirá afianzándose y abriéndose, en tanto que tu ego y otras energías indeseables serán obligados a guardar silencio. Cada vez que preguntas: «¿Debería...?», estás pidiendo a una fuerza exterior que asuma el control de tu vida. Los guías elevados se niegan a hacerlo, pues lo consideran una irreverencia, pero tu ego estará siempre dispuesto a hacerse cargo de la situación si se lo permites.

Se requiere un poco de práctica y de atención para comunicarse correctamente y con la mejor intención con los guías. He aquí un pequeño truco que te mantendrá en el buen camino. Cada mañana comunica a tus guías: «Si caigo en la tentación de decir: "¿Debería...", haced el favor de tener en cuenta que pretendo decir: "Indicadme cuáles son mis mejores opciones"». De este modo les haces saber que no estás rehuyendo responsabilidades; sencillamente estás aprendiendo a tomar conciencia y puedes cometer errores a lo largo del camino. Una o dos semanas de práctica deberían ser suficientes para que consigas pedirles ayuda de la forma idónea.

Capítulo 26

Hablando con tus guías a través de oráculos

Cuando tenía doce años, me conectaba con mis guías a través de mi primer oráculo, una baraja normal de naipes. Aunque para la mayoría de las personas es un mero entretenimiento, en realidad los naipes proceden de un oráculo numerológico que se utilizaba en la antigua civilización de la Atlántida. Cada carta tiene un significado especial, que aprendí de mi madre mientras ella hacía lecturas en la mesa de nuestro comedor.

Al principio lo único que podía hacer era recordar lo que representaban, pero después de cierto tiempo las cosas cambiaron y conseguí trascender su significado básico para comprender su verdadero mensaje. Muchos años más tarde comencé a trabajar con mi maestro Charlie Goodman, quien me reveló que mis guías me hablaban a través de las cartas. Eso tenía sentido para mí, pues a través de los naipes estaba recibiendo un nivel de información que superaba con creces los significados básicos que me habían enseñado.

Recuerdo una vez que le estaba echando las cartas a mi buena amiga Vicky (en aquella época ella era bastante escéptica). Mientras estaba mirando las cartas dispuestas sobre la mesa, sentí con toda claridad que pronto iba a tener un coche nuevo. Dos días más tarde su padre la sorprendió con un Road Runner 1969. Aunque eché a perder la sorpresa, estaba muy contenta de no haberla desilusionado. Y aquel verano, mientras recorríamos Denver en su coche de diseño especial, Vicky estaba radiante de felicidad con el regalo que le había hecho su padre.

Cuantas más lecturas hacía con mis cartas, más percibía la presencia del guía que trabajaba conmigo. Finalmente supe que se trataba de Joseph. Lo sentía junto a mí en cuanto cogía la baraja y comenzaba a barajar los naipes.

Pero las cartas no son el único medio por el cual puedes comunicarte con tus guías. Existen muchos otros oráculos. Las cartas del tarot, los péndulos, las runas, el I Ching o cualquier otra versión más moderna de estos antiguos métodos de adivinación; todos los oráculos conectan tu mente consciente directamente con tu Ser Superior, con tu espíritu y con todas las fuerzas divinas del Universo.

Los oráculos han estado con nosotros desde los inicios de la raza humana. La leyenda dice que los dibujos de las cuevas prehistóricas de la región central de Francia fueron creados por los antiguos habitantes de Lemuria, quienes los utilizaban como un oráculo que les servía para comunicarse con los dioses.

Aunque no necesitas recurrir a los oráculos para comunicarte con tus guías, pueden facilitar en gran medida tu relación con ellos. Resulta más sencillo aprender a montar en bicicleta si se utilizan ruedas auxiliares aunque, como es evidente, también se puede aprender sin usarlas. De la misma forma, puedes comunicarte con tus guías sin apelar a ningún oráculo, pero si los utilizas podrás comprobar que es mucho más fácil acceder al proceso, al menos al principio.

Existen muchas clases de oráculos, y elegir uno u otro depende únicamente de una preferencia personal. Las runas, el I Ching, la astrología, los péndulos y, por supuesto, las cartas de tarot, que son mis favoritas. Creo que todos ellos son maravillosos porque te ofrecen canales de comunicación mucho más amplios con tus guías. A través de los oráculos, los guías pueden señalarte una determinada dirección, invitarte a tomar nota de algo que has pasado por alto, protegerte de tus digresiones internas y de las amenazas externas, y recordarte qué es lo importante —todo esto contribuye a que tu viaje espiritual sea mucho más sencillo.

Los oráculos son efectivos porque ofrecen a tus guías un idioma que tú eres capaz de comprender y, cuando se usan de forma apropiada, resultan idóneos para establecer una conexión directa con tus espíritus guías y tu Ser Superior.

Representan una magnífica ayuda para escuchar claramente a tus guías en lugar de oír un murmullo sordo en la parte posterior de tu mente, que es fácil de ignorar. Cuando trabajes con oráculos es aconsejable que reflexiones en voz alta sobre el sentido del mensaje; así lograrás recibir más consejos de los reinos superiores.

Mi madre tenía una gran amiga que se llamaba Mary; era vidente y siempre echaba las cartas a modo de oráculo. Su baraja estaba tan gastada por el uso que parecía que se iba a deshacer en sus manos cada vez que la cogía. Cuando hacía una lectura, barajaba las cartas hasta que sentía la presencia de los guías; sólo entonces se sentía preparada para comenzar la sesión. Mary, católica de origen hispano, me contó que sus guías eran san Francisco y san Alfonso. En cuanto sentía que sus «santos venían» comenzaba a colocar los naipes sobre la mesa, de uno en uno. Sus lecturas eran muy precisas, pues las cartas le revelaban mucho más de lo que cada una de ellas significaba.

Mary fue la primera persona, además de mi madre, que me echó las cartas. Me dijo que sus guías afirmaban que llegaría a ser famosa. Yo tenía trece años en ese momento y aquella revelación me pareció inconcebible. Mirando las cartas que estaban ante nosotras, le pregunté cuál de todas ellas indicaba lo que me estaba diciendo. Sacudiendo la cabeza, me explicó que no se trataba de ninguna de ellas en especial, sino de un mensaje de san Francisco. No sé si se podría afirmar que soy famosa, pero mis libros son bastante conocidos en todo el mundo, tal como predijo el santo. Hasta el día de hoy, cada vez que se publica uno de mis libros en un país extranjero, se lo agradezco a san Francisco y recuerdo a Mary.

Al trabajar con una baraja de cartas, o cualquier otro oráculo, es fundamental que no repitas una pregunta por el mero hecho de que no te haya gustado la primera respuesta. Si intentas manipular el oráculo en lugar de dejarlo revelar libremente su sabiduría, los guías se retirarán y el oráculo perderá su energía. Y esto no resultará útil.

Lo que pretendo decir es que para tener éxito con los oráculos debes ser sincero y aplicar el sentido común. Has de estar dispuesto a aprender y a ser respetuoso con los mensajes que te transmiten. Mi maestro Charlie solía decir: «Cuando estás espiritualmente maduro, los oráculos obran maravillas y te guían brillantemente a través de la noche.

Cuando no lo estás, se hallan poseídos por energías de bajo nivel que se mofan de ti y se divierten a tu costa».

Muchas personas intuitivas y videntes se sienten inclinadas a utilizar otro tipo de oráculos para establecer contacto con sus guías. Conocí una mujer –la difunta Ann Kroeger, que vivía en Boulder, Colorado– que era famosa en todo el mundo por su habilidad para diagnosticar con exactitud las dolencias físicas e indicar el tratamiento adecuado con la ayuda de su oráculo personal, un péndulo. Sujetándolo con firmeza sobre el cuerpo de una persona, podía discernir de qué estaba aquejada, tanto a nivel físico como emocional, y recomendar el tratamiento pertinente.

Mi querida amiga y mentora desde hace treinta años es Lu Ann (la misma que viajó conmigo a Denver). Ella también es vidente y suele utilizar las cartas para conectar con sus guías. No obstante, es mucho más aficionada al I Ching, un antiguo oráculo de adivinación chino, que le resulta más provechoso. Lo consulta cada mañana para que la guíe a lo largo del día y también lo utiliza en las lecturas de sus clientes. Mantiene un diario de todas las lecturas que hace con el I Ching, que se han convertido en una parte esencial de su conversación matutina con sus guías.

Mi otra mentora es la mejor amiga de Lu Ann; se llama Joan Smith y prefiere recurrir a la astrología para establecer contacto con sus guías. Aunque utiliza exclusivamente las cartas astrales como modo de obtener la información esencial, con el paso del tiempo ha empezado a recibir asistencia de sus guías para ayudarla a desentrañar los detalles de cada circunstancia y evento, incluso de alguna cita específica que las cartas astrales son incapaces de determinar. Por tanto, independientemente del oráculo que elijas y de si utilizas uno o varios, si eres honesto recibirás magníficos consejos.

Por motivos que no comprendo muy bien, los diferentes oráculos tienden a atraer a diferentes tipos de guías. El I Ching, las runas, el tarot y las cartas de adivinación suelen convocar a los guías de alto nivel, que pueden ofrecernos una gran cantidad de instrucciones y enseñanzas.

Sin embargo, el péndulo puede acertar o errar según cuál sea el tipo de guía que atraiga. En algunas ocasiones se manifiestan guías de alto nivel, pero también puede suceder que aparezcan entidades de nivel inferior. Me inclino a pensar que esto se debe a que un péndulo puede ser fácilmente manipulado por el estado de ánimo de quien lo usa y, por tanto, puede crear confusión. Esto no quiere decir que no pueda funcionar como un oráculo brillante que te ayude a ponerte en contacto con tus guías, pero debes tener en cuenta que puede ser veleidoso. Es preciso que estés muy concentrado y atento para invocar a los guías que aspiras a encontrar.

Soy una gran aficionada a la astrología y a la numerología, ya que combinan el uso de la lógica superior y de los canales intuitivos y, si el practicante está abierto a recibir esa información, pueden convocar la influencia de guías maravillosos. Pese a todo, es posible utilizar ambos oráculos sin tener los canales intuitivos lo suficientemente abiertos para recoger la guía superior. En consecuencia, a pesar de que pueden ser un canal directo para reunirse con tus guías espirituales, no siempre lo son.

¿Sabías que...

...el tarot, el I Ching, la astrología, la numerología, los cristales, las runas, los péndulos, la *uija* y las cartas de adivinación son los oráculos más habituales?

Tu turno

Cualquiera que sea el oráculo que elijas, recuerda que es un medio para consolidar los canales que comunican tu corazón con tu Ser Superior y tus guías. Y además es tan neutral como un teléfono. Tú marcas la pregunta, y el Universo te devuelve la llamada. Las reglas son simples:

— Familiarízate con tu oráculo.
— Guárdalo en una bolsa o en un monedero de seda.
— No dejes que nadie lo use.
— Sé sincero.
— Escucha, aprende y discrimina.
— No preguntes dos veces lo mismo.
— Deja que tu Ser Superior se ocupe del análisis final.
— Disfruta.

Siguiendo estas reglas básicas, todos los oráculos pueden ser un medio poderoso para dialogar con tus guías. Han trabajado conmigo durante los últimos treinta y siete años y aún tengo cosas que aprender de ellos.

Si te sientes atraído por los oráculos, pruébalos. Con la actitud y la intención adecuadas, te resultarán muy prácticos.

Si deseas saber algo más acerca de ellos, existen muchos volúmenes que pueden ofrecerte una información detallada, entre ellos mi libro *The Psychic Pathway* (El camino de la videncia). Como ya he mencionado, no es necesario usar oráculos, aunque es divertido recurrir a ellos –en especial las cartas de adivinación, que son mi oráculo personal favorito y a las que me dedicaré un poco más en el siguiente capítulo.

Capítulo 27

Cartas de adivinación oraculares

Las cartas de adivinación oraculares son un instrumento excelente para comunicarte con tus guías. Existen diversas barajas de adivinación que consisten normalmente en 56 a 72 cartas, cada una de ellas con un significado específico que ofrece un mensaje particular al consultante. Algunas cartas de adivinación, como el tarot clásico, son muy sofisticadas y complejas, y su principal objetivo es el desarrollo del alma; otras son mucho más básicas, como por ejemplo las cartas *Gypsy Witch Fortune Telling*, que se limitan a ocuparse de asuntos mundanos, como: «¿Puedo considerar a mi vecino como un amigo?».

Para usar una baraja de cartas a modo de oráculo, todo lo que debes hacer es barajarlas mientras te concentras en una pregunta, en un tema o incluso en una persona determinada y luego elegir algunas cartas al azar y colocarlas sobre la mesa en un orden predeterminado y concebido para responder a esa pregunta, tema o persona.

Existen literalmente cientos de diferentes barajas de cartas oraculares, incluidos los naipes comunes. La mayoría tienen cuatro elementos básicos: aire, agua, fuego y tierra, así como sus correspondientes aspectos físico, mental, emocional y espiritual.

Las cartas oraculares existen desde hace mucho tiempo y su historia se retrotrae a la Edad Media. Algunas barajas son incluso más antiguas y, según se rumorea, proceden de la antigua Atlántida. Los metafísicos de la antigüedad preservaban las enseñanzas espirituales de los maestros creando un conjunto de símbolos universales y colocándolos en las diversas barajas de cartas que han perdurado hasta la actualidad.

El oráculo más tradicional se conoce como tarot y, en general, se divide en dos grupos: 22 arcanos mayores y 56 arcanos menores, cada uno de los cuales representa una comunicación de tu Ser Superior y de tus guías. Las cartas principales representan leyes espirituales que todos debemos conocer y las secundarias simbolizan las infinitas formas en que se nos pide que nos familiaricemos con dichas leyes.

El tarot contiene una gran abundancia de sugerencias e información, pero es preciso dedicar mucho tiempo a su estudio para aprender a usarlo. Cada carta tiene un simbolismo y un significado específicos. Yo lo he estudiado durante más de treinta años pero tengo la sensación de que apenas estoy empezando a asimilar los significados más profundos que entrañan estas cartas. No obstante, no es necesario memorizarlos. En la actualidad, existe una infinidad de libros que enseñan a utilizar el tarot porque las Fuerzas Universales de la Luz desean que nos conectemos con nuestros guías espirituales lo más rápido posible, razón por la cual muchos intuitivos y artistas (entre los cuales me incluyo) han sido instruidos para crear versiones modernas y comprensibles del antiguo tarot. Por consiguiente, existen ahora muchas cartas oraculares que son más simples, entre las cuales se encuentran las que yo misma he creado, *Pregunta a tus guías*, basadas en los arcanos menores del tarot tradicional y muy sencillas de usar.

Cualquiera que sea la baraja que elijas, te conectará con tus guías en cuanto formules las preguntas y escojas las cartas para conocer las respuestas. El oráculo puede hablar contigo de muchas formas. Una de ellas es que una sola carta responda a tu demanda. Tú te limitas a formular una pregunta o a concentrarte en el tema que te interesa y luego eliges una carta. Para obtener una explicación más detallada puedes elegir varias cartas y disponerlas sobre la mesa según el orden indicado.

Yo he conseguido enormes éxitos con las cartas del oráculo y he descubierto que son fantásticos canales. También son muy útiles para transmitir mensajes relacionados con temas emocionales en los que tú no puedes ser neutral ni imparcial, como por ejemplo si debes continuar saliendo con alguien que acabas de conocer y te atrae pero que no te inspira confianza, o adquirir una casa que te ha gustado pero que excede tus posibilidades económicas. Las cartas te permiten evitar la parte subjetiva de tu cerebro que te hace escuchar exactamente lo que quieres, ofreciéndote una perspectiva más objetiva. Una vez dicho esto, debo agregar que no es aconsejable consultar un oráculo o intentar comunicarse con tus guías cuando te sientes emocionalmente cargado. En esas circunstancias es muy fácil malinterpretar sus señales, como también lo es ignorar los mensajes que recibes del oráculo cuando estás preocupado o excitado. Sin embargo, si estás dispuesto a recibir una influencia superior objetiva, las cartas funcionarán a la perfección.

Una vez más, lo importante es lo que estás buscando. ¿Aspiras a obtener respuestas o simplemente quieres oír lo que le conviene a tu ego? Si estás buscando una ayuda real, las cartas serán efectivas, pero no te servirán si pretendes conseguir soluciones rápidas o compasión. La belleza del tarot reside en que, al usar imágenes en lugar de palabras, se dirige a nuestra mente consciente y la vincula directamente con nuestra conciencia superior. Las cartas del tarot inician un diálogo con el Universo y te dan acceso a una mayor creatividad. El gran psicólogo Carl Jung dijo en una ocasión que si estuviera confinado en una cárcel y sólo le permitieran tener un objeto, elegiría el tarot porque en él reside la sabiduría del Universo.

Si deseas analizar una situación por medio del oráculo, comienza por elegir una carta por la que tu espíritu se sienta atraído. Puedes optar por una o varias, ya que el diálogo con los espíritus es un arte y no una ciencia exacta. Como me encantan las cartas, tengo una colección completa de barajas que suelo utilizar en diferentes ocasiones.

Algunas barajas parecen dirigir la conversación hacia un tema determinado; otras se ocupan de otro tipo de asuntos. Por ejemplo, con una baraja clásica de tarot –como puede ser el Rider-Waite– es posible abordar temas espirituales en profundidad, aunque estas cartas pueden resultar confusas si lo que pretendes saber es si debes o no realizar un viaje. Las cartas de los ángeles pueden ofrecer una enorme ayuda a tu alma cuando se trata de solventar conflictos emocionales, aunque te dejarán menos satisfecho si las consultas por un tema relacionado con tu trabajo.

Yo misma he creado varias barajas de adivinación debido a que las cartas sirven a diferentes propósitos. Diseñé el denominado *Confía en tus vibraciones* (*Trust your Vibes*) para ayudarte a tomar decisiones, y para desarrollar y fortalecer tus facultades intuitivas; las cartas conocidas como *Pregunta a tus guías* (*Ask your Guides*) fueron concebidas con el fin de potenciar el diálogo con ellos. También he elaborado una baraja de adivinación destinada a ayudarte a comprender las lecciones y el propósito de tu alma, que muy pronto saldrá a la venta. Y más adelante crearé algunas más.

Una clienta llamada Betsy me llamó muy emocionada para contarme que había usado mis cartas *Confía en tus vibraciones* porque necesitaba ayuda para escribir un libro para niños. Cada vez que se sentía bloqueada o insegura elegía una carta de la baraja y, antes de lo previsto, se sentía nuevamente motivada para continuar con el libro. Luego comenzó a utilizar la baraja *Pregunta a tus guías* para conseguir que se lo publicaran. Antes de ponerse en contacto con un editor o un agente potencial, escogía una carta para saber si esa persona podía darle al libro la oportunidad que merecía. Para su sorpresa y alegría, a los dos meses de haberlo terminado, el tercer agente al que envió su obra decidió publicarla. Me aseguró que sin la ayuda de las cartas le hubiera resultado muy difícil no desanimarse y abandonar el proyecto antes de finalizarlo. Por fortuna, ahora podía celebrar su éxito.

Otro de mis clientes, Marcus, barajaba todas las mañanas las cartas de su tarot clásico mientras hablaba directamente con sus guías, y luego elegía una mientras pedía que le comunicaran el «informe meteorológico» para el día. En cierta ocasión seleccionó la carta de la Torre, un arcano mayor que simboliza disgustos y destrucción. Cuando acudió a su trabajo, su jefe le notificó que la compañía había sido adquirida por otra empresa y que su puesto sería eliminado a final de mes.

Normalmente, una noticia semejante le hubiera producido una terrible ansiedad, pero la advertencia que había recibido por la mañana lo había preparado para poder afrontar la situación.

En una nueva sesión de tarot, salió la Estrella, una carta que indica que el Universo le deparará nuevas sorpresas. Esa misma tarde lo llamó su cuñado para preguntarle si podría interesarle asociarse con él para montar un negocio de comida rápida mexicana en Iowa. Tal como había indicado la carta de la Estrella, esa propuesta fue algo completamente imprevisto que no pudo haber llegado en un momento más oportuno. Lo último que escuché de Marcus fue que había aceptado la oferta de su cuñado y que todos los días seguía utilizando las cartas para consultar a sus guías.

La clave del éxito a la hora de usar las cartas del oráculo para obtener consejos o indicaciones es probar diferentes barajas para comprobar cuál es la más idónea para ti. Una vez que te hayas inclinado por una de ellas, dedícale tiempo para familiarizarte con ella y aprender a usarla. Considera que emplear una nueva baraja de cartas es como tener un nuevo ordenador. Con éste puedes comunicarte de un modo instantáneo con cualquier persona de cualquier parte del mundo, mientras que con las cartas del oráculo puedes ponerte en contacto con todo el Universo.

Muchas veces me han preguntado si es preciso aprender de memoria el significado de las cartas antes de trabajar con ellas. Algunos expertos en adivinación contestarían que es necesario, pero yo diría que no lo es. Creo que es mejor interpretar el oráculo directamente antes de consultar el libro de instrucciones. ¿Qué es lo que ve tu espíritu cuando mira la carta? ¿Qué dice tu voz interior? Puedes consultar el libro de instrucciones pero no debes dejar de confiar en tu propia intuición y además debes escuchar a tus guías; incluso puedes preguntarles cómo interpretar una carta si no tienes idea de cómo hacerlo o no consigues comprender su significado. Hacer una lectura de cartas es un proceso orgánico y puedes probar varios métodos hasta que encuentres el que se adapta mejor a ti.

Nunca utilices las cartas del oráculo sin ser completamente sincero. No te rías ni te burles de él, pues de lo contrario, atraerás a entidades de bajo nivel y no a los guías espirituales de nivel superior. Los primeros, como ya he mencionado, se divierten haciéndote llegar mensajes perturbadores y desordenados que sólo conseguirán confundirte e inquietarte. En general, esta gentuza resulta inofensiva, pero de todos modos son interferencias inútiles que los consultantes no deberían invitar a participar en la sesión.

No pretendo decir con esto que no puedas pasar un buen rato disfrutando de las cartas de adivinación; en realidad es justamente lo que deberías hacer, pues constituyen una gran fuente de consejos y de consuelo. Mi única sugerencia es que seas sincero, eso es todo.

Una de mis clientas utilizaba mi baraja para consultar cuál era su objetivo en la vida. Las cartas le sugirieron que tenía algo que ver con los niños y la escritura. Aquello no era algo que despertara su interés y no parecía tener ningún sentido. Sin embargo, un año más tarde se despertó en medio de la noche con la idea de escribir un libro para adultos en un formato infantil y aquel proyecto la absorbió por completo. A los seis meses había escrito un libro maravilloso titulado *Will You Dance?... A Children´s Story for Adults* (¿Quieres bailar?... Un cuento infantil para adultos). Ahora consulta las cartas antes de coordinar sus talleres de autoestima para adultos en todo el país, tal como había sugerido el oráculo.

Si lo deseas puedes consultar las cartas de adivinación todos los días, pero solamente haciendo una pregunta cada vez. Si se da el caso de que las circunstancias se modifican, puedes consultar nuevamente el oráculo sobre el mismo tema. Por ejemplo, el año pasado pedí a las cartas que me dijeran si debía apuntar a mi hija en un determinado colegio; la respuesta fue afirmativa, aunque también me indicaron que era más conveniente que la niña estudiara en casa. A pesar de que las cartas habían revelado que ese colegio era adecuado para mi hija, ese nuevo dato requería una segunda consulta. De una forma mucho más entusiasta y categórica que la primera vez, me comunicaron que era mejor que la niña se instruyera en casa. Decidí seguir este consejo y debo decir que por primera vez en mi vida escuché decir a mi hija que le encantaba estudiar.

Yo utilizo mis cartas de adivinación todo el tiempo porque son eficaces y divertidas, pero que sean amenas no significa que su sabiduría sea menos profunda ni mi intención menos sincera. Te resultará emocionante y placentero recibir información de las cartas, pues evitan que tu espíritu se desgaste. Sin embargo, que sean efectivas no depende de ellas, sino de ti. Cuanto más receptivo estés, más te servirán como medio de comunicación directa con tus guías.

¿Sabías que...

...todas las cartas de adivinación son importantes y el hecho de usar una baraja u otra es una mera cuestión de preferencia?

Tu turno

Baraja concienzudamente las cartas antes de utilizarlas para infundirles tu vibración personal y atraer a tus guías. Observa qué es lo que sientes cuando las tienes en la mano y si eres capaz de percibir su presencia mientras las barajas. No permitas que nadie las utilice y guárdalas en un lugar seguro, preferentemente envueltas en seda o satén para proteger y preservar su clara vibración. Familiarízate con ellas y trátalas con respeto, como si fueran tus amigas. Son un instrumento que aprenderás a apreciar si trabajas correctamente con él.

Cuando estés preparado para consultar las cartas, concéntrate en tus preguntas y preocupaciones, de una en una, mientras las barajas. Pensando en una única pregunta, elige las cartas y luego consulta el libro de instrucciones para saber cómo interpretar el oráculo. Además, ten cuidado de no articular tu pregunta como: «¿Debería...?», sino expresando: «Mostradme cuáles son mis opciones y enseñadme todo lo que necesito saber sobre este tema». Luego pide al oráculo capacidad de comprensión y supervisión.

Usa la baraja como un trampolín para establecer un contacto directo con tus guías y abre la mente y el corazón para recibir sus consejos, aunque éstos no parezcan tener sentido en ese momento. Bríndale al oráculo la oportunidad de interpretar la situación. En general, sus indicaciones se aclaran con el paso del tiempo. Los oráculos te permiten conocer lo que tu mente consciente ignora pero necesita saber.

Ahora que ya has aprendido cuál es la mejor forma de que tus guías trabajen para ti, vamos a concentrarnos en lo que debemos hacer para tener una vida llena de gracia y guiada por los espíritus.

PARTE VI

Una vida guiada por los espíritus

Capítulo 28

Tu Ser Superior: el mayor de todos los guías

De todos los guías con los que cuentas, el más importante es tu propio Ser Superior, la voz y la frecuencia de tu ser eterno y Divino totalmente realizado, que es tu vínculo directo con Dios, el Creador. Se trata de la conexión más poderosa, concreta, afectiva e inmediata que tienes con aquello que deseas, con lo que debes aprender y con todo lo que puedes contribuir en esta vida terrenal.

La primera labor de tus guías y ángeles es ayudarte a afianzar tu conexión consciente con tu Ser Superior, con el fin de que sea él —y no tu ego limitado y basado en el miedo— el que dirija tu vida. Los otros guías se sienten satisfechos cuando tu Ser Superior ve a través de tus ojos, interactúa con los demás, toma sus decisiones y evalúa tu progreso.

La voz de tu Ser Superior, en contraposición con la del resto de los seres espirituales, es tu auténtico guía. Cuando estás conectado con tu Ser Superior, no existe ninguna otra voz dentro de tu mente. Estás exclusivamente concentrado en la tarea de convertirte en un ser más creativo y alegre, y las preocupaciones de tu ego caen al borde del camino mientras tu corazón se expande.

La forma de visualizar a tus otros guías es considerarlos como mensajeros y entrenadores que te asisten en los asuntos de la vida y, al mismo tiempo, te conducen hacia su verdadero ser. Por otro lado, tu Ser Superior no es un mensajero, sino la expresión superior de ti mismo. Tus guías son los intermediarios y tu Ser Superior es el origen de lo que realmente eres. La tarea de tus guías es conectarte con tu Ser Superior; la de tu Ser Superior es conectarte con Dios.

Cuando trabajes con tus guías no debes albergar la esperanza de que ellos asuman el control de tu vida. Sin embargo, cuando te comuniques con tu Ser Superior, no sólo tienes el derecho de autorizarlo para que te guíe; también es deseable que lo hagas, ya que no se trata de una fuente exterior, sino de tu ser real.

Un cliente me preguntó por qué son necesarios los demás guías si el Ser Superior es tan poderoso. La respuesta es que no lo son, ya que su único papel es ayudarnos, brindarnos apoyo y deleitarnos. Son ayudantes opcionales y no esenciales en tu viaje por la vida. Además, tú necesitas a tu Ser Superior; sin él estarías perdido y consumido por el miedo y la ansiedad, como pueden atestiguar todas las personas que se han desvinculado de sus seres superiores o no se han familiarizado con ellos. El ego de estos individuos se hace cargo de su vida y, como consecuencia, la duda y la inseguridad los consume. A pesar de todas las estrategias de su ego para evitar su destino, hay algo que éste nunca conseguirá evitar: la muerte. Aunque seas rico, famoso y poderoso no podrás escapar de este destino inevitable. Y cuanto más insiste tu ego, peor te sientes tú.

Tu ego asume el control para aislarte de otras personas apelando a historias, proyectos y juicios sobre los demás y sobre ti mismo. Utilizará todo lo que esté a su alcance para evitar que te sientas vulnerable y pidas ayuda. Sus maniobras son vanas además de agotadoras y mermarán tu energía hasta el punto de impedir que disfrutes de las maravillas de la vida. Te sentirás débil, cansado, enfermo y prematuramente envejecido. Y no hay forma alguna de invertir la situación —cuando tu ego limitado e impulsado por el miedo se hace cargo de tu vida, consigue arruinarla.

El único antídoto para esta enfermedad terminal del alma es conectarte con la voz y la vibración de tu Ser Superior y permitir que Él sea tu guía. Éste es el ser que no muere, que vive eterna y sencillamente.

¿Cómo puedes conectarte con tu Ser Superior? El primer paso es silenciar la voz de tu ego. Tú ya sabes a qué voz me estoy refiriendo: a esa que suelta un discurso rimbombante, que culpa, se defiende, juzga, se justifica, se queja, no perdona ni olvida, siempre espera lo peor y no confía en nadie. Hasta que esa voz se calle, no podrás oír a tu Ser Superior.

Por lo general, cuando inicias la conexión con tu Ser Superior, su voz es muy sutil —más que la de ningún otro guía—. Una vez establecida la comunicación, la señal es cada vez más intensa y resulta difícil ignorarla. Es como probar el azúcar por primera vez: es tan dulce, tentadora y apetecible que quieres saborear un poco más.

La mejor forma de oír a tu Ser Superior y acallar el parloteo de tu ego es a través de la meditación. Medita entre diez y quince minutos diarios para dar un descanso a tu cerebro, alejar tus miedos y cambiar tu foco de atención de una manera consciente. No es complicado hacerlo; sólo es necesario interrumpir la conexión con el mundo exterior durante ese breve período de tiempo y concentrarse en la respiración, inhalando lentamente mientras cuentas hasta cuatro y exhalando de la misma forma. Eso es todo.

Si tu mente comienza a divagar, no te contraríes. Sigue respirando rítmicamente. Éste es un ejercicio simple pero requiere disciplina y práctica. La mente no desea ser controlada y luchará contra ti; tú debes estar preparado para ello y atenerte a la decisión de meditar cada día, si es posible siempre a la misma hora. Cuanto más practiques en un horario determinado, más fácil te resultará. Tu mente subconsciente se adaptará a la rutina y, de manera automática, se acoplará a tu determinación. Si eres constante, en un par de semanas lo habrás conseguido.

En segundo lugar, comienza a aplicar lo que denomino práctica meditativa. Me refiero al hecho de realizar determinadas acciones con el propósito de calmar la mente —salir a dar un paseo, doblar la colada, tejer, arreglar el jardín o pintar—, es decir, desviar tu atención de la cháchara mental y darte un respiro.

Estas dos prácticas te conectarán con tu Ser Superior. Te ayudarán a reconocer que Él puede orientarte de una forma satisfactoria, además de asumir toda la responsabilidad en tu nombre y evitar que entregues el control de tu vida a otra persona o culpes a los demás por adueñarse de ella.

Una vez que hayas establecido contacto con tu Ser Superior, podrás reconocer de inmediato cuándo te estás apartando de tu rumbo. Él te lo indicará a través de tu cuerpo, dándote un pequeño golpecito en el corazón, resonando en la parte posterior de tu cerebro o con un ruido de tus tripas, hasta conseguir que le prestes atención. Con estos medios, tu Ser Superior evita que te sientas en paz y a gusto en tu piel cuando has dado un rodeo y te has desviado de tu camino. Como un guijarro en el zapato o una astilla en tu dedo, tu Ser Superior te transmite su irritación y descontento cuando no actúas en conformidad con tu ser auténtico, entrañable y eterno.

Lamentablemente, muchas personas optan por vivir con este desasosiego; se empeñan en ignorar estos indicios o se complican la vida con una gran cantidad de problemas con el único fin de ocultar su desazón, desviando su atención a preocupaciones externas o incluso recurriendo a adicciones.

Pero, a partir del día en que decides escuchar estas señales y resuelves hacer todo lo necesario para mantenerte en tu camino, iniciarás una conexión absoluta con tu Ser Superior. En el mismo momento en que renuncies a tu ego en favor de tu Ser Superior, tu vida comenzará a encarrilarse.

También puedes entrenar a tu mente subconsciente para que haga caso omiso de tu ego y entregue el control a tu Ser Superior diciendo en voz alta: «Mente subconsciente, llévame ahora y siempre hacia mi Ser Superior». Cuando te sientas ansioso, disgustado, inseguro, preocupado, herido, confuso, vengativo o insignificante, repite esta frase.

Para consolidar todavía más la conexión, todas las mañanas antes de abrir los ojos pronuncia la siguiente afirmación: «Mente subconsciente, permite a mi Ser Superior, y sólo a él, que me guíe a través de este día».

Mi amigo Nelson apelaba a esta estrategia en la época en que su conflictivo matrimonio estaba llegando al final. A pesar de que tanto él como su mujer estaban de acuerdo en que había llegado el momento de tomar caminos separados, sus egos seguían enardeciéndose. La decisión más difícil fue vender la casa y dividir equitativamente el dinero. El día que la pusieron en venta, unos potenciales compradores les ofrecieron pagar al contado el precio que ellos habían estipulado, imponiendo dos únicas condiciones: que aceptaran la oferta en un plazo de dos días y que abandonaran la casa en un mes. Nelson estaba eufórico y preparado para seguir adelante con su vida e imaginó que a su mujer le sucedería lo mismo. Sin embargo, ella rechazó la oferta y se negó a cooperar.

Nelson se enfureció, pues era ella la que había tomado la iniciativa al sugerir el divorcio. Temeroso de perder una oferta tan ventajosa, su ego quería conseguirla a cualquier precio y me llamó para que lo aconsejara.

Le sugerí que lo consultara con su Ser Superior. «Pero no tengo tiempo —exclamó—. Tenemos que dar una respuesta al comprador mañana mismo. Invocar a mi Ser Superior es una filosofía magnífica pero no creo que consiga que mi ex mujer firme el contrato».

«Consúltalo con tu Ser Superior», repetí. Permaneció en silencio durante casi cinco minutos.

«¿Qué es lo que te ha sugerido?», pregunté.

«Me ha dicho que no haga absolutamente nada», respondió.

«¿Puedes hacerle caso? —inquirí—. Después de todo, parece tener sentido. Tú no puedes hacer nada, es tu ex mujer la que tiene que tomar una decisión».

«Sí, creo que es sensato —concedió—. Nunca fui capaz de convencerla de nada; ¿cómo podría conseguirlo ahora?».

Tal como se lo había aconsejado su Ser Superior, Nelson no hizo absolutamente nada. Diez minutos antes de la hora límite, su ex mujer lo llamó y, tras decirle simplemente: «Acepto la oferta», colgó el auricular. Al día siguiente firmaron los documentos y vendieron la casa sin intercambiar ninguna palabra de reproche. Su Ser Superior había acertado.

Mi clienta Mary Ellen se encontró en un serio aprieto cuando accidentalmente descubrió que su jefe y dos empleados estaban robando fondos de la empresa de inversiones en la que trabajaba. Su trabajo le gustaba mucho pero era la empleada más reciente y la única mujer, y era evidente que su llegada a la empresa no había sido bien acogida por muchos de sus colegas masculinos. Tenía miedo de contar lo que sabía porque pensaba que sus compañeros podrían reaccionar contra ella pero, por otro lado, si mantenía la boca cerrada podría verse implicada en aquel delito.

Acudió a mí preocupada, indignada y temerosa, para que la ayudara a dilucidar esa difícil situación.

«¿Qué sugiere tu Ser Superior?»

«No lo sé. Permanece en silencio. Si me enfrento a mi jefe, perderé mi trabajo; si denuncio las prácticas ilegales, ya nadie volverá a contratarme.»

Una vez más le indiqué: «Tranquilízate, no te dejes llevar por el miedo; dime qué es lo que propone tu Ser Superior».

Tras un prolongado silencio, respondió: «Mi Ser Superior me indica que presente mi dimisión por escrito, que explique a mi jefe los motivos de mi decisión sin dar nombres y que confíe en que encontraré otro trabajo».

Al cabo de un mes los robos continuaban. Ella se sentía cada vez más tensa e incómoda, y un día, por fin, decidió seguir el consejo de su Ser Superior y presentar su renuncia. Se marchó sin cobrar indemnización y sin carta de recomendación, porque no se atrevió a pedir ninguna de las dos cosas.

Al cabo de tres meses su antigua empresa se puso en contacto con ella. Habían despedido a su jefe y a los dos empleados

Pregunta a tus *Guías*

implicados en los robos y le ofrecían un nuevo contrato con un aumento de sueldo. Nadie mencionó jamás su renuncia ni sus acusaciones.

Al principio, confiar en tu Ser Superior y hacer caso omiso de tu ego puede parecer lo mismo que saltar a un precipicio con los ojos vendados. Tu ego pretende que te sientas acorralado para poder ejercer el control; sin embargo, si estás decidido a saltar al vacío pronto descubrirás que, al ser un espíritu, eres capaz de volar. Te librarás de los miedos de tu ego y comenzarás a vivir del modo que tu espíritu desea.

¿Sabías que...

...seguir las indicaciones de tu Ser Superior te otorga más libertad de lo que nunca imaginaste? Tu relación con él hace posible una vida auténtica y cordial en la que no hay lugar para el miedo. Nada puede otorgarte más poder que eso. Decídete de una vez a que tu Ser Superior gobierne tu vida y afírmalo de una manera rotunda. Es la forma más directa de materializar todos tus sueños.

Tu turno

El mejor modo de ponerte en contacto con tu Ser Superior es meditar. La meditación es una habilidad que se aprende. Comienza ahora mismo por inspirar lentamente. Observa cómo se expande tu conciencia por el mero hecho de inspirar más oxígeno. Repítelo. Ahora inhala mientras cuentas hasta cuatro, retén un momento el aliento y luego exhala contando otra vez hasta cuatro. No te apresures. Tómate tu tiempo. Sigue practicando hasta que encuentres un ritmo cómodo y placentero. Si lo deseas puedes poner música, preferentemente barroca, pues tiene el mismo número de latidos por minuto que la meditación profunda y te ayudará a relajar tu mente.

Sigue respirando tal como te he explicado hasta que logres un ritmo lento. Mientras respiras, repite las siguientes palabras: «Estoy» durante la inhalación, y «en paz» durante la exhalación. Si tu mente comienza a divagar no te preocupes, es normal. Concéntrate otra vez en tu respiración y repite la frase: «Estoy» (al inhalar) y «en paz» (al exhalar). Eso es todo. Ya estás meditando.

Dedica a esta práctica quince minutos diarios y, en un plazo de alrededor de una semana, estarás deseando que llegue el momento de la meditación para aquietar tu mente. Y cuando tu mente se calma, tú empiezas a ponerte en contacto con tu espíritu.

Capítulo 29

Seguir a tus propios guías puede ser todo un reto

El mayor desafío que deberás afrontar cuando trabajes con tus guías es aceptar sus indicaciones y confiar en ellas, en especial cuando nada en el mundo parece confirmar el mensaje que estás recibiendo. Llevar una vida intuitiva y guiada por el sexto sentido requiere coraje. Los guías te mostrarán el mejor camino posible para realizar tus objetivos y facilitarán tu vida cada día, pero a ti te corresponde decidir si estás dispuesto a seguir sus consejos.

Tenía un cliente llamado Paul, médium y vidente extraordinario que trabajaba en una panadería de Nueva Jersey. Estaba felizmente casado y tenía dos hijos pero su trabajo no le gustaba en absoluto. Sus guías le aconsejaron trasladarse a Columbus, Ohio, donde vivía su hermana, y abrir una consulta profesional como vidente. La mera idea lo aterrorizaba y lo entusiasmaba al mismo tiempo.

«¡Un sueño hecho realidad! –pensó–. ¡Qué maravillosa oportunidad de servir a los demás! Pero ¿cómo pagaré mi seguro? ¿Cómo conseguiré comprarme una casa?».

Todos los que lo rodeaban pensaron que estaba loco y le aconsejaron que no lo hiciera, pero su esposa afirmó: «Vamos a intentarlo», de modo que, sin ninguna garantía, abandonó su trabajo explicando a su jefe que era vidente y que tenía que seguir su camino. El hombre no solamente aceptó su renuncia de buen grado sino que además se convirtió en su primer cliente. Pocos meses después de haber iniciado su nueva vida, le ofrecieron la oportunidad de asistir a un programa de radio. Fue tal el éxito obtenido que volvieron a invitarlo una y otra vez. Poco después, la gente comenzó a ponerse en contacto con él para pedirle una cita y su carrera empezó a prosperar. Al final del año, estaba completamente instalado como médium y vidente. Escuchar a sus guías fue un desafío muy importante que supuso un gran riesgo, pero trabajar con ellos y confiar en sus consejos demostró ser la mejor decisión que había tomado en toda su vida.

Otra de mis clientas era una viuda llamada Jocelyn, que hablaba con sus adorables guías todo el tiempo. Ellos le aconsejaron hacer un crucero con sus amigas durante las vacaciones de Navidad, a pesar de que el precio excedía ligeramente su presupuesto. Sus hijos la tildaron de frívola y la criticaron por tomar una decisión irresponsable. Ella consideró la posibilidad de que tuvieran razón y decidió cancelar su reserva, pero sus guías gritaron al unísono: «¡No!» y en el último momento decidió seguir adelante con su proyecto. Para asegurarse de que sus hijos no le arruinaran sus planes, se negó a que la llevaran al aeropuerto.

En el crucero conoció a un hombre fantástico que vivía a unos quince kilómetros de su casa. Él también era viudo, había trabajado como quiropráctico y se acababa de jubilar. Entre ambos surgió una inmediata atracción mutua. Su relación continuó después del crucero y dos años más tarde se casaron. Lo mejor de esta historia es que sus hijos llegaron a encariñarse mucho con él, pues era una persona entrañable y una bendición para todos. Aún hoy Jocelyn les toma el pelo a sus hijos por haberle aconsejado en aquella ocasión que se quedara en casa, pero ellos nunca admiten haber hecho algo semejante.

¿Sabías que...

...trabajar con tus guías es una manera de vivir? Decidirte a aceptar la ayuda de las fuerzas superiores significa dejar atrás la antigua vida caracterizada por los miedos y la falta de control. Gracias a mi experiencia sé que quienes lo han hecho disfrutan de una vida mucho más alegre, abundante, sincrónica y llena de bendiciones.

Tu turno

Seguir los consejos de tus guías cuando todos los que te rodean te advierten que no lo hagas puede resultar difícil e incluso atemorizante. Lo único que puedo sugerir es que confíes en lo que sientes, que escuches tu corazón y no pidas opinión a otras personas. Después de todo, la guía espiritual pertenece a un nivel superior y no hay necesidad de hacer comparaciones. Si tienes dudas, las opiniones ajenas sólo conseguirán confundirte más; no obstante, si confías en tus guías comenzarán a sucederte cosas maravillosas —aunque quizás no tan rápidamente como te gustaría.

Capítulo 30

Buenas noticias frente a orientación

A la hora de trabajar con tus guías es fundamental estar abierto a todos los mensajes que recibes y abstenerte de modificarlos para que cuadren con tu agenda personal. Resulta innecesario decir que buscamos ayuda espiritual para obtener resultados positivos y finales felices. No obstante, la forma de conseguirlos puede diferir en gran medida del camino que has previsto. Pedir ayuda significa abrirse a nuevas perspectivas y aceptar la información recibida como una oportunidad para modificar tu propia comprensión de la situación y tomar decisiones más afortunadas. Cuando te empeñas en que tus guías o tu Ser Superior coincidan contigo o fomenten tu forma habitual de pensar aunque no sea acertada, las cosas no salen bien.

Uno de los aspectos más comprometidos de la comunicación con tus guías es poner en práctica sus sugerencias cuando te resistes a aceptar sus palabras. Una de mis clientas consultó a sus guías sobre su matrimonio a través de las cartas y recibió serias advertencias de futuras pérdidas, engaño y traición.

Disgustada por la información recibida, se deshizo de la baraja de cartas. Su marido, comerciante y banquero dedicado a las inversiones era, según sus propias palabras, «un ejemplo de dignidad» y jamás la decepcionaría. Además, no existía ninguna posibilidad de que tuviera un romance, ya que nunca pasaba ni una sola noche fuera de casa, y ella estaba convencida de su fidelidad. Es posible imaginar su sorpresa cuando, varios meses más tarde, su marido fue detenido por abuso de información privilegiada y apropiación indebida de fondos, y finalmente sentenciado a cinco años de prisión.

Mortificada y profundamente dolida por el hecho de que hubiera sumido a su familia en una situación tan vergonzosa, por no mencionar la ruina financiera, exclamó: «Aquella estúpida baraja de cartas me lo advirtió. Nunca debería haberla usado». Como si la baraja hubiera sido la culpable de que su marido hubiese caído en desgracia.

«Es una forma interesante de ver las cosas —afirmé—. Lo que yo creo es que sus guías intentaron prevenirla a través de las cartas. ¿Por qué enfadarse ante dicha advertencia? Ellos la estaban alertando para que tomara conciencia de lo que sucedía y tal vez para que compartiera con su marido su preocupación sobre una posible traición o engaño. Pero usted decidió deshacerse de la baraja. ¿Acaso alguna vez había albergado alguna sospecha?».

«Así es —admitió avergonzada—. Yo observaba que mi marido estaba más estresado que nunca, perdía los estribos con frecuencia y lo veía un poco desconectado de lo que sucedía a su alrededor —ése no era su ser habitual y fue el motivo esencial por el que consulté las cartas—. Sentía que algo no iba bien y quería descubrir de qué se trataba».

«Bien, pero dada su reacción yo diría que al arrojar las cartas a la papelera cometió la clásica equivocación de matar al mensajero e ignorar a sus guías», le indiqué.

«¿Qué hubiera hecho usted en mi lugar?», preguntó con recelo.

«Teniendo en cuenta las circunstancias, me hubiera enfrentado a mi marido, diciéndole que recibía malas vibraciones y preguntándole qué le sucedía».

«Pensé hacerlo, pero tuve miedo. A decir verdad, no quería enterarme de nada. Estábamos viviendo por encima de nuestras posibilidades y disfrutaba de una posición demasiado cómoda como para hacer preguntas. ¡Ojalá lo hubiera hecho!».

«Dado que su marido está ahora en la cárcel, apuesto que él también hubiera preferido que lo hiciera».

Por lo tanto, cuando pidas orientación de tus guías debes atenerse a ciertas reglas básicas: no preguntes aquello cuya respuesta no quieres conocer y si el consejo que recibes no te gusta, no mates al mensajero.

Tus guías sólo pueden decirte la verdad, al menos los que pertenecen al nivel superior. Tú eres quien decide qué hacer con la información que te ofrecen. Si es negativa, debes ser sincero contigo mismo antes de reaccionar. ¿Tú o alguien de tu entorno está haciendo algo que atrae lo negativo? ¿Estás negando algo, evitando apelar a tu buen criterio o ignorando abiertamente una situación que podría llegar a obsesionarte? ¿Tienes alguna compañía que perturba tu calma o aflige tu espíritu? En este caso, presta atención. Al menos eso es lo que te sugieren tus guías.

Puedo afirmar con absoluta sinceridad que en mis treinta y siete años de profesión ninguno de mis clientes se mostró realmente sorprendido cuando les comuniqué que sus guías eran portadores de malas noticias. Nuestra conciencia es mucho más aguda de lo que somos capaces de admitir y, en general, tendemos a ocultar las realidades desagradables. Sin embargo, los guías no pueden ni quieren hacerlo. Si tú les preguntas, ellos responderán de una manera imparcial y la respuesta no siempre será lo que te gustaría escuchar.

Otro ejemplo se lo debo a una clienta que, antes de iniciar la lectura, me comunicó: «No se le ocurra darme malas noticias».

Respetuosa de su petición, omití decirle que su trabajo estaba en peligro (lo que descubrí a través de la lectura) y la animé a ponerse en sintonía con sus vibraciones para encontrar el empleo de sus sueños lo antes posible, ya que había llegado el momento oportuno. Unos días más tarde la despidieron de la empresa y me llamó para recriminarme por no haberla advertido.

«Usted misma impuso las condiciones –le expliqué–. De todos modos, se lo insinué. Hablamos mucho de su trabajo y sus guías le aconsejaron buscar uno nuevo. Ahora ya conoce el motivo de esa sugerencia.» Colgó el teléfono muy enfadada. Al cabo de tres semanas recibí una postal en la que me informaba que acababa de conseguir un trabajo magnífico y que estaba muy arrepentida de haber reaccionado de una forma tan exagerada. Resulta muy tentador rechazar los consejos que no son halagadores o que no coinciden con tu punto de vista, en especial cuando utilizas un oráculo. Sé que algunos de mis clientes que recurren a las cartas buscando ayuda barajan, eligen una carta y si el mensaje no concuerda con sus deseos, se limitan a descartarlo. Una mujer llamada Gina sacó una vez tres cartas de la baraja del tarot mientras preguntaba si debía abrir su propio restaurante. Los guías le advirtieron que si se precipitaba podía correr el riesgo de asociarse con personas inadecuadas. No obstante, ella hizo caso omiso de ese consejo. Antes de consultar el oráculo ya había decidido qué tipo de negocio montaría e incluso quién sería su futuro socio y cuando los guías le sugirieron que cambiara sus planes, se mostró visiblemente disgustada.

A pesar de su consejo, llevó adelante su proyecto de una forma impulsiva, alquilando el primer local que encontró y fundando una sociedad con un hombre al que apenas conocía. El restaurante cerró después de siete meses y ella demandó a su ex socio por haber abandonado el negocio, dejándola a cargo de todas las deudas. Volvió a verme, desmoralizada por su fracaso y sin poder aceptar aún todo lo que había sucedido.

«Los guías se lo advirtieron —le recordé—. Y usted no quiso escuchar».

«Lo sé —se lamentó—. No estaba dispuesta a escuchar más que lo que quería oír, es decir, que mi proyecto era brillante y tendría un gran éxito».

Mi maestro Charlie siempre me decía que no debía invocar a mis guías a menos que estuviera preparada para recibir sus respuestas. Si les pides consejo pero los ignoras constantemente, tus guías te considerarán una persona poco sincera y se alejarán, tal como sucedió en el cuento infantil de *Pedro y el lobo*.

¿Sabías que...

...no ser receptivo a los consejos que te ofrecen tus guías es quizás el mayor obstáculo que debes superar para comunicarte con ellos? Después de todo, no es fácil aceptar sugerencias cuando ya se ha tomado una decisión.

Tu turno

La mejor forma de garantizar una buena relación con tus guías y establecer una comunicación fácil y fluida es practicar el proceso de cuatro pasos que explico a continuación:

Paso 1: disponte a recibir ayuda. Esto significa empezar cada día preparando tu corazón y tu mente para que tus guías puedan orientarlos.

Paso 2: espera ayuda. Como sucede con cualquier otra cosa que esperes de la vida, cuanto más dispuesto estés a recibir ayuda, más la atraerás.

Paso 3: confía en lo que te comunican tus guías. Pronuncia en voz alta lo que escuchas e intenta percibir lo que sientes. (No es lo mismo que escribirlo, aunque ésta es otra forma de crear una comunicación fácil y fluida con los guías.) En el caso de que recibas una advertencia o escuches algún comentario difícil de asimilar, repítelo en voz alta para discernir si es apropiado, y si experimentas una sensación de alivio deberás admitir que efectivamente lo es. Si la sugerencia es sensata, te darás cuenta en el mismo momento en que la pronuncies en voz alta. ¡Anímate a hacerlo!

Paso 4: comienza a actuar lo antes posible en conformidad con el mensaje recibido. Quizás te parezca que te estoy invitando a arrojarte a un precipicio, pero no es así. Es mucho más aterrador ignorar a tus guías y moverte en la dirección equivocada que proceder según lo aconsejado. Esto requiere práctica, de manera que relájate, tómate el tiempo necesario y pásalo bien. Puedes empezar dando pequeños pasos hasta que te sientas a gusto confiando en tus guías y comprobando que obtienes resultados positivos. Más adelante puedes formular preguntas más serias. Muy pronto habrás establecido una relación constante con tus guías, y tu vida fluirá fácil y armónicamente. Confía en mí.

Capítulo 31

Encontrar «ojos creyentes»

Mientras aprendes a confiar en tus guías, puede ser muy útil que comentes los consejos que has recibido con uno o dos amigos sensibles y receptivos. Este gesto está destinado a encontrar apoyo y de ningún modo significa que alguien se pueda sentir autorizado para juzgar ni cuestionar la guía que estás recibiendo. Tus interlocutores deben ser personas de mente abierta y «ojos creyentes» que comprendan la situación, que te motiven a escuchar a tus guías y que, por conocerte bien, sean capaces de ayudarte a identificar todo lo que entorpezca la recepción clara de los mensajes.

Fui muy afortunada al tener una madre y muchos hermanos con quienes podía hablar libremente de mis guías sin temor a que me censuraran ni se burlaran de mí. Cuando me sentía tensa, insegura o confusa por los mensajes que mis guías me comunicaban, o debido a los miedos de mi ego, mi madre o alguno de mis hermanos me ayudaban a aclararme, limitándose a escuchar lo que les contaba.

También me ayudó mucho mi maestro Charlie, no tanto porque se prestara a confirmar la veracidad de los mensajes como porque me alentaba a confiar en todo lo que escuchaba —a pesar de que lo considerara demasiado sutil o vago— y a aceptar todo lo que circulaba por mis diversos canales intuitivos en desarrollo.

También tuve, y aún conservo, grandes amigas, como mis mentoras Lu Ann y Joan, mi mejor amiga Julia Cameron y mi amiga chamán Debra Grace. Y, por supuesto, cuento con la compañía de mi marido, Patrick, y de mis hijas, Sonia y Sabrina. Los cuatro hablamos de nuestros guías con la misma soltura con que conversamos sobre el tiempo. Tener la posibilidad de compartir la relación que mantengo con mis guías es un factor esencial para afianzar nuestra comunicación diaria.

Es posible que ya existan ciertas personas en tu vida con las que puedes hablar francamente de tus experiencias con los guías. En este caso, no necesito destacar su importancia.

Pero si acabas de iniciarte en el apasionante y maravilloso mundo de los guías y no tienes a nadie con quien compartirlo, pide a tus ayudantes espirituales que te hagan conocer a la persona adecuada. Una de las formas más rápidas de identificarla es recurrir a las cartas del oráculo como, por ejemplo, la baraja que he creado y a la que he dado el nombre de *Pregunta a tus guías*. Déjala a la vista de todos y comparte con tus amigos y tu familia su nueva afición. Aquellos que sean capaces de sumarse a tu interés y brindarte su apoyo lo harán de inmediato. Los que se mofen de ti no estarán dispuestos a modificar su modo de pensar, de modo que ni siquiera intentes convencerlos porque nunca lo conseguirás. En lugar de invertir tu energía en ellos, dedícala a quienes no necesitan ser persuadidos.

Conectarse con los guías es una experiencia muy subjetiva. Rara vez dos puntos de vista opuestos coinciden en un punto medio; aplica el sentido común y actúa con prudencia antes de compartir tu experiencia con otras personas. Evita que te bombardeen con percepciones negativas para no sabotear la delicada y energética conexión que estás forjando con tus guías.

¿Sabías que...

...si hablas abiertamente de tus guías y compartes lo que sientes, o los mensajes que te transmiten, puedes encontrar apoyo? La clave del éxito reside en el modo en que abordas la experiencia. Si lo haces con naturalidad y mostrándote positivo y agradecido, como si estuvieras hablando de un nuevo amigo, tus interlocutores creerán en lo que dices y manifestarán su interés por el tema. No pierdas el tiempo hablando con quienes no dan crédito a tus palabras.

Tu turno

Para conseguir el éxito es fundamental contar con personas con las que puedas comentar la relación que tienes con tus guías; por ese motivo he decidido incluir grupos de *chat* en mis cursos *online* para que las personas de todas partes del mundo puedan compartir sus experiencias. Los *chats* han demostrado ser muy valiosos para que todos disfruten de una vida más placentera, basada en el sexto sentido.

También tengo un programa semanal de radio a través del cual invito a los oyentes a relatar la relación que mantienen con sus guías a través de www.hayhouseradio.com™ o en mi página web: www.trustyourvibes.com

En esta última existe una sección donde cualquiera puede enviar sus historias sobre videncias para que todos puedan leerlas y obtener apoyo. Desde aquí invito a todos los lectores a participar en estas conexiones.

Éstos son apenas algunos medios de conocer a tus propios «ojos creyentes» para que te asistan en la labor de levantar el velo energético que existe entre la tercera y la cuarta dimensiones. Esto facilitará la comunicación con tus guías, que pronto se tornará natural. Buscar abiertamente el apoyo de otras personas puede parecer aventurado, pero el riesgo será superado con creces por las recompensas que recibirás de todos los creyentes de ideas afines.

Da las gracias a tus guías

Es esencial que comuniques a tus guías de una forma explícita cuánto aprecias su colaboración y que les agradezcas todo lo que hacen por ti.

A ellos les complace enterarse de que reconoces y aprecias su empeño por ayudarte y por allanar tu camino. Pero lo más importante para tus guías es que cuando dedicas parte de tu tiempo a reconocer y valorar su ayuda, tu corazón se expande y aumenta tu capacidad para recibir su amor y la ayuda Divina. Y cuanto más lo hagas, más trabajarán ellos para guiarte y más te regirás por sus consejos.

Hay muchas formas de agradecer a los guías. La más sencilla (aunque también la más fácil de olvidar) es decir en voz alta: «Gracias, guías», cada vez que recibes su ayuda. Mejor aún, puedes expresarles tu gratitud por anticipado. Un simple «gracias» llega muy lejos en el reino del espíritu, pues reconoce la presencia de tus guías en tu vida y su contribución a ella, además de afirmar el Plan Divino cuyo objetivo es fomentar el desarrollo de tu alma en todos los sentidos.

Sin embargo, he descubierto que los guías son especialmente receptivos y están mucho más contentos cuando les manifiestas tu agradecimiento a través de una forma un poco más ceremonial.

Por ejemplo, siempre que mis guías me ofrecen una determinada bendición o una ayuda relevante –para inspirarme con una nueva idea o aunque no sea más que para distraerme de excesivas preocupaciones– me gusta expresar lo mucho que aprecio sus mensajes encendiendo mi barra de incienso favorita en su honor. Mientras lo hago, les digo: «Este incienso es para vosotros porque valoro enormemente todo lo que hacéis por mí».

También les rindo homenaje ofreciéndoles flores frescas, una idea que se me ocurrió durante mi primer viaje a la India hace más de veinte años. Cada vez que visitaba un templo, en el exterior había mujeres vendiendo caléndulas para ofrecer a los dioses. Estas hermosas guirnaldas eran dádivas para honrarlos y, como estaban destinadas únicamente al placer Divino, la ofrenda no era aceptada si el creyente había olido el aroma de las flores. Este obsequio floral no fue algo nuevo para mí. Fui educada en la fe católica y cada 1 de mayo realizábamos hermosas ofrendas de flores a la Madre María con el propósito de enaltecerla, y agradecerle su amor y su apoyo.

Como esto lo llevo en lo más profundo de mi corazón, suelo ofrecer ramilletes de flores a mis guías, en especial a los que me ayudan durante mis lecturas, colocando flores frescas en mi despacho todos los días. A sabiendas de que no son para mí, sino para complacer a mis guías, me abstengo de inhalar su aroma directamente, aunque disfruto de la fragancia que impregna la habitación.

También doy las gracias a mis guías encendiendo velas aromáticas, otra hermosa tradición heredada de mi educación católica. Durante mi infancia íbamos a la iglesia todas las semanas; yo destinaba una parte de mi paga para el cepillo, y luego encendía una vela a santa Teresa, a quien consideraba mi guía especial Rose. Hasta el día de hoy sigo encendiendo velas votivas de siete y catorce días, como muestra de mi aprecio por los guías.

Otra maravillosa forma de expresar gratitud a tus guías por la ayuda recibida es cantarles una bella canción o interpretar alguna pieza musical. Las canciones y la música instrumental crean una vibración armónica de alto nivel que convoca al amor.

Existe aún otra posibilidad: crear un altar para tus guías y ubicar en él imágenes, fotos o iconos de todos tus seres queridos. Construí mi primer altar al pie de mi cama cuando tenía doce años. Allí coloqué el rosario que me regalaron para mi primera comunión, una foto de mi familia tomada en Navidad, una copia de mi boletín de calificaciones de tercer grado, donde imperaban los sobresalientes, un dibujo de mi guía Rose, algunos pétalos secos de lilas que saqué del arbusto que había en el patio de nuestra casa, una pequeña llama votiva blanca en un recipiente de cristal y una campana que hacía sonar cada vez que deseaba llamar a mis guías.

Sigo teniendo un altar que ocupa prácticamente toda una pared de mi despacho. En él guardo los objetos sagrados que he adquirido en mis viajes por el mundo durante los últimos treinta y cinco años. Ya no es solamente un altar; es un santuario lleno de imágenes felices y sagradas, obras de arte y diversos objetos que me recuerdan mis bendiciones. Cuando estoy frente a él no solamente atraigo a mis guías, sino que también refuerzo mi estrecha conexión personal con Cristo, con María y con Dios.

Para crear un altar, elige una mesa o una estantería y colócala en uno de los rincones de una habitación a la que acudas con frecuencia. Desígnalo como tu propio altar espiritual y cúbrelo de símbolos, fotos y objetos que invoquen felicidad, paz y amor. Prueba diversos objetos hasta dar con aquellos que eleven tu vibración, abran tu corazón y te infundan una profunda sensación de agradecimiento. Pueden ser fotos personales y sagradas, campanas, flores, velas —e incluso un pequeño espejo, porque reflejará la luz y también tu imagen.

Otra forma de mostrar tu reconocimiento por la labor de tus guías es mantener tu casa limpia y ordenada. Si eso es pedir demasiado, al menos limítate a hacerlo alrededor del altar. Es una muestra de respeto por ellos, pues les ofrece un lugar claro y tranquilo para descansar, y además la convierte en una zona con excelente conductividad para establecer tus conexiones. Un altar es un punto de encuentro con tus guías, y cuanto más calmo y limpio esté, más claro será el canal a través del cual te conectarás con ellos.

Si estimas que tus guías te han brindado un gran apoyo, recompénsalos con un banquete en su honor. Para ello, coloca en tu altar velas, flores frescas, incienso, fotos felices y sagradas, campanas y una plegaria de gratitud por escrito en un lugar privilegiado. Haz saber a tus guías que les has preparado un banquete y pídeles que se acerquen a disfrutar de él. Esto creará una vibración increíblemente alta y poderosa en tu hogar, un obsequio que no dejará de ofrecerte recompensas. Pronto sentirás que las energías Divinas se acercan a recibir sus presentes, y a dejarte a cambio amor y bendiciones.

Palabras finales

¿Sabías que...

...mi maestro, el doctor Tully, me comentó en cierta ocasión que lo mejor que se puede hacer por los demás, por sí mismo y por el mundo es ser feliz? Es la forma más acertada de apreciar tus bendiciones y el apoyo de tus guías.

Tu turno

Una de las formas más elevadas de honrar y apreciar a tus guías y a todos los ayudantes Divinos es estar dispuesto a vivir con el corazón alegre y una mirada positiva, dejando los miedos a un lado. Entonces no sólo aceptarás las bendiciones Divinas, sino que también te convertirás en un guía y una bendición para otras personas.

Que Dios te bendiga y tus ángeles te protejan,
que los corredores se conecten contigo, que tus ayudantes te asistan,
que tus sanadores te apoyen, que tus maestros te iluminen,
que tus guías de la alegría te deleiten,
que los espíritus de la naturaleza te equilibren,
que tus guías animales recuerden tu alma y
que tu Ser Superior te conduzca a una vida de paz,
gracia, creatividad y aportaciones, y
que tu viaje personal en la tierra esté lleno de amor y de risas.

Con todo mi amor y mi apoyo,
Sonia.

Agradecimientos

Me gustaría dar las gracias a mi madre, Sonia, por apartar el velo del mundo del espíritu y hacerme conocer el amor del cielo. Y a mi padre, por ser la tierra firme en mi mundo altamente espiritual. A mi marido, Patrick, y a mis hijas, Sonia y Sabrina, por su amor y paciencia perpetuos y su buena disposición para comprender mi trabajo en la vida. A Lu Ann Glatzmaier y Joan Smith, por haber sido mis «ojos creyentes» y mis hermanas del alma desde que puedo recordarlo. A mis maestros el doctor Tully y Charlie Goodman por compartir su sabiduría y sus técnicas conmigo, y ayudarme a establecer el mayor nivel de comunicación guiada por los espíritus.

A Reid Tracy, mi nuevo ángel terrenal, y a toda la gente que trabaja en Hay House por su dedicación y su apoyo incansable. A mi creativa «guante de béisbol» y adorada amiga Julia Cameron por ayudarme a traer este libro al mundo. A mis editores, Bruce Clorfene y Linda Kahn, por hacer de este libro un manuscrito presentable y a todos mis clientes por dejarme compartir sus historias. Pero, por encima de todo, quiero dar las gracias a Dios y a todos los seres benditos del Universo por su amor, su guía y el trabajo arduo que hacen en mi nombre mientras me mantienen permanentemente en mi camino. Soy vuestra agradecida y humilde servidora.

Sobre la autora

Sonia Choquette es escritora, narradora de historias, sanadora vibracional y maestra del sexto sentido, conocida en todo el mundo gracias a su sabiduría y su capacidad para curar el alma. Es autora de ocho best sellers, entre ellos *Diary of a Psychic* (Diario de una vidente) y *Trust Your Vibes* (Confía en tus vibraciones), y de numerosos programas de audio y barajas de cartas. Sonia se educó en la Universidad de Denver, en la Sorbona de París, y es Licenciada en Metafísica por el Instituto Americano de Teología Holística. Reside con su familia en Chicago.

Página web: www.soniachoquette.com

Índice